Erika Bestenreiner

Sisi und ihre Geschwister

PIPER

Zu diesem Buch

Die Geschwister der legendären Kaiserin Elisabeth: Da ist Nene, von Sisi bei Kaiser Franz Joseph ausgestochen, die dann den Erbprinzen von Thurn und Taxis heiratet und früh Witwe wird. Die schöne Sophie, die Ludwig II. von Bayern heiraten soll – der aber eine »rein freundschaftliche Beziehung« vorzieht. Marie hingegen wird Königin, aber Krieg und Revolution zwingen sie zur Flucht aus ihrem Königreich Neapel, worüber sie sich mit einer leidenschaftlichen Liebesaffäre hinwegtröstet. Ganz anders der »Aussteiger« Carl Theodor, der gegen den heftigen Widerstand seiner Familie Medizin studiert und ein in ganz Europa berühmter Augenarzt wird. In gewohnter Meisterschaft porträtiert Erika Bestenreiner die Figuren dieses historischen Dramas. Kaum ein Romanautor könnte sich so viele verschiedene Schicksale ausdenken, wie sie in Sisis Familie versammelt sind – Geschichten vom Leben der herzoglichen Familie der Wittelsbacher, von Politik und Liebe und von der Suche nach Glück in der Welt der großen Dynastien.

Erika Bestenreiner, geboren 1926 in Wien, schloß ihr Studium der Germanistik und Romanistik mit der Promotion ab. Danach als freiberufliche Journalistin und Autorin tätig. Bis zu ihrem Tod lebte sie in Grünwald bei München. Auf ihr sehr erfolgreiches Buch »Luise von Toscana. Skandal am Königshof« folgten »Sisi und ihre Geschwister«, »Franz Ferdinand und Sophie von Hohenberg« sowie »Charlotte von Mexiko« und zuletzt »Die Frauen aus dem Hause Coburg«.

Erika Bestenreiner

Sisi und ihre Geschwister

Mit 16 Seiten farbigem Bildteil

PIPER

Mehr über unsere Autorinnen, Autoren und Bücher:

www.piper.de

Von Erika Bestenreiner liegen im Piper Verlag vor:
Franz Ferdinand und Sophie von Hohenberg
Charlotte von Mexiko
Die Frauen aus dem Hause Coburg
Sisi und ihre Geschwister
Luise von Toscana

Unser Versprechen für mehr Nachhaltigkeit
• Klimaneutrales Produkt
• FSC®-zertifiziertes Papier
• Hergestellt in Europa

FSC www.fsc.org MIX Papier | Fördert gute Waldnutzung FSC® C021394

Ungekürzte Taschenbuchausgabe
ISBN 978-3-492-24006-2
1. Auflage Dezember 2003
11. Auflage April 2024

Umschlaggestaltung: semper smile, München
Umschlagabbildung: Josef Stieler (»Elisabeths Geschwister auf der Terrasse in Possenhofen«, 1854; Fürst Thurn und Taxis Hofbibliothek, Regensburg)
Satz: Eberl & Koesel Studio GmbH, Krugzell
Gesetzt aus der New Baskerville
Gedruck von ScandBook in Litauen
Printed in the EU

Inhalt

9 Prolog

12 Possenhofen – ein mehr oder weniger intaktes Elternhaus
Die Eltern, Herzog Max in Bayern und Prinzessin Ludovika – Herzog Max in Bayern – Herzogin Ludovika in Bayern

20 Verlobung in Ischl
Die Eltern Franz Josephs, Erzherzog Franz Karl und Prinzessin Sophie von Bayern – Kaiser Ferdinand I. – Der Thronverzicht - Franz Joseph wird Kaiser – Eine Braut für Franz Joseph – Die Verlobung – Possenhofen im Hochzeitsfieber – Hochzeit in Wien – Traf Kaiser Franz Joseph eine falsche Entscheidung?

43 Die morganatische Ehe
Herzog Ludwig in Bayern und Henriette Mendel – Die Freifrau von Wallersee

48 Die Heldin von Gaeta
Marie Herzogin in Bayern – Das Königreich Neapel und beider Sizilien – Heirat per procurationem in München – Marie Prinzessin von Kalabrien reist in ihr zukünftiges Reich – Krieg in Italien – Eheschwierigkeiten in Wien – Königin Marie von Neapel – Die Verteidigung der Festung Gaeta

75 Der Herzog als Arzt
Herzog Carl Theodors Ehe mit Prinzessin Sophie von Sachsen – Zweite Ehe mit Prinzessin Maria José von Braganza

80 Ein Graf aus Belgien
Königin Marie von Neapel in Rom – Heirat Mathildes, Herzogin in Bayern – Eine Liebesbeziehung und ihre Folgen – Heimliche Geburt in Augsburg

92 Sisi greift in die Politik ein
Krieg zwischen Österreich und Preußen – Gyula Graf Andrassy – Der Ausgleich mit Ungarn – Krönung in Budapest – Das »ungarische« Kind

104 Noch eine geplatzte Verlobung
Zwei Wagnerverehrer finden sich – Die Verlobung – Edgar Hanfstaengl – Die Verlobung wird gelöst

113 Kultobjekt Schönheit
Die Schönheitsrezepte der Kaiserin – Großmama Sisi – Tod Erzherzogin Sophies – Ringstraßenwelt und Weltausstellung

126 Die Nichte der Kaiserin
Marie Louise Freiin von Wallersee – Einladung nach Gödöllö – Marie Louise wird verheiratet

139 Die kühne Amazone
Die Kaiserin in England – Reitjagden mit Bay Middleton – Jagd in Irland – Kriege am Balkan - der Berliner Kongreß – So lebte man in Wien – Marie Louise Larischs Kinder - Feste in Wien – Marie Louise und Heinrich Baltazzi – Tod König Ludwigs II. von Bayern – Wiedersehen mit Mary Vetsera

155 Der Augenarzt
Herzog Carl Theodor wird Augenarzt – Ein Stammhalter für Herzog Carl Theodor – Tod von Herzog Max in Bayern – 70. Geburtstag und Tod Herzog Carl Theodors

161 Die Herzogin von Alençon
Heirat von Herzogin Sophie in Bayern und Herzog Fernand Alençon – Depressionen trüben die Ehe – Das Herzogspaar in Italien – Ein Sohn wird geboren - von Vincennes nach Paris – Noch eine Liebesbeziehung und ihre Folgen – Schwester Marie Madeleine – Tod beim Wohltätigkeitsbasar in Paris

174 Die Erbprinzessin von Thurn und Taxis
Das Haus Thurn und Taxis – Verlobung von Helene Herzogin in Bayern mit dem Erbprinzen von Thurn und Taxis – Hochzeit in Possenhofen –

Einzug in Regensburg – Nach zwei Mädchen ein Sohn - Helene in Korfu – Tod des Erbprinzen von Thurn und Taxis – Staatsbesuch in Salzburg – Erbprinzessin Helene als Vormund ihrer Kinder – Helenes Töchter heiraten – Goldene Hochzeit am Tegernsee – Fürst Maximilian Maria Lamoral – Fürst Albert von Thurn und Taxis – Tod Helenes und Heirat des jungen Fürsten

198 Hurra, ein Prinz!
Kronprinz Rudolfs Jugend – Kaiser Franz Joseph und Anna Nahowski – Der Kaiser und die »Freundin« – Eine Gattin für Rudolf – Eine Tochter für das Kronprinzenpaar

216 Ein Jagdschloß im Wienerwald
Der Ehehimmel verdüstert sich – Mizzi Caspar – Rudolfs Krankheit – Gräfin Larisch und Mary Vetsera – Die Fahrt nach Mayerling – Der letzte Abend – Die Theorie des Arztes Gerd Holler – Die Wahrheit wird vertuscht

241 Die Gräfin von Trani
Heirat in München und Geburt einer Tochter – Mathilde wird Schwiegermutter - Hochzeit Mädis in Sigmaringen – Krankheit und früher Tod der Fürstin von Sigmaringen – Folgen des Ersten Weltkrieges und Tod Mathilde Tranis

252 Gräfin Larisch und der Kaiser
Gräfin Larisch in Rottach am Tegernsee – Tod der Freifrau von Wallersee – Zweite Ehe von Herzog Ludwig in Bayern – Scheidung der Gräfin Larisch und Heirat mit dem Opernsänger Brucks – Marie Louise Brucks als Autorin – Schwierigkeiten im Kaiserhaus - Der Sprachenstreit – Die aufmüpfigen Erzherzöge – Das Buch »jener Gräfin Larisch« – Schloß »Wotansquell« – Brucks als Theaterdirektor - Die Memoiren Marie Louises – Scheidung Herzog Ludwigs und Tod Otto Brucks'

269 Ein Ende in Armut
Wirren am Balkan - Ein Attentat und seine Folgen – Der Erste Weltkrieg – Rotkreuzschwester Marie Louise - Das Ende des Krieges – Marie Louise in der Neuen Welt - eine neue Ehe – Rückkehr nach Deutschland - literarische Tätigkeit

278 Das Ende aller Wege
Wien im Jahre 1898 – Kaiserin Elisabeth in ihren letzten Lebensjahren – Millenniumsfeier in Budapest – Genf – Luigi Lucheni – Das Attentat – Verhaftung Luchenis – Heimkehr der toten Kaiserin und ihre Bestattung in der Kapuzinergruft – Verurteilung und Tod Luchenis

304 Der Mythos Elisabeth

Anhang

311 Zeittafel

315 Literaturverzeichnis

319 Anmerkungen

324 Stammtafel

326 Personenregister

333 Bildnachweis

Prolog

Die Spitze der scharf geschliffenen Feile durchdrang das schwarze Oberkleid der Dame, deren Mieder sowie das weiße Batisthemd und bohrte sich, ohne nennenswerten Widerstand zu finden, durch Haut und Muskelschichten ins Herz. Die Dame fiel rücklings zu Boden, doch wurde der Sturz durch ihre schwere Frisur gemildert. Man half ihr auf und säuberte das beschmutzte Kleid. Sie war zunächst nur erstaunt, fragte, was dieser furchtbare Mensch eigentlich gewollt habe, und ob der Anschlag etwa ihrer Uhr gegolten haben könnte. Man ging betroffen und ratlos etwa hundert Meter weiter bis zur Anlegestelle und betrat das Schiff. Erst hier brach die Gräfin zu Hohenems – unter diesem Namen war die Dame im Hotel abgestiegen – zusammen. Das Schiff kehrte zurück, die Gräfin wurde auf eine improvisierte Bahre gelegt und ins Hotel zurückgebracht. Hier stellte der Arzt nur noch den Tod fest. Elisabeth, Kaiserin von Österreich, Königin von Ungarn und Böhmen, von Dalmatien und Galizien, Markgräfin von Mähren, gefürstete Gräfin von Tirol, Herrin von Triest und Königin von Jerusalem, war ermordet worden.

Der Attentäter, ein italienischer Anarchist namens Luigi Lucheni, wurde festgenommen. Er triumphierte ob des gelungenen Mordanschlages auf das gekrönte Haupt und wünschte sich heldenhaft die Todesstrafe. Dabei hatte er es ursprünglich nicht auf die Kaiserin abgesehen, aber sein eigentliches Ziel, Prinz Henri von Orléans, der Kronprätendent von Frankreich, hatte es sich anders überlegt und war nicht nach Genf gekommen. Dabei wäre auch Henri nur sein Opfer zweiter Wahl gewesen, denn an erster Stelle seiner Liste rangierte König Umberto von Italien; um aber nach Rom zu gelangen, fehlte dem mittellosen Anarchisten Lucheni das Fahrgeld. Also erstach er, einem spontanen Entschluß folgend, statt dessen die Kaiserin von Österreich. Die Wunde, die er in ihr Herz gebohrt hatte, war so klein, daß das Blut nur ganz allmählich in den Herzbeutel strömte und die Herztätigkeit langsam stillegte. Elisabeth starb eines sanften Todes. Wäre sie an jenem 10. September nicht in Genf gewesen, wäre nichts geschehen. Es war Elisabeths Schicksal, sich zur falschen Zeit am falschen Ort zu befinden.

Eine Spontanhandlung von historischer Bedeutung stand auch an jener Schnittstelle der Zeiten, an der die fünfzehnjährige Elisabeth, auch Sisi genannt, in die Geschichtsschreibung eintrat. Die Brautwerbung des jungen Kaisers Franz Joseph I. hätte eigentlich ihrer älteren Schwester Helene gelten sollen. Darauf hatten sich die Familien schon geeinigt, als das Auge des dreiundzwanzigjährigen Monarchen auf die hübsche Elisabeth fiel... Nun, wie junge Leute eben sind. Wie anders wäre womöglich die Geschichte des Hauses Habsburg – und damit die Weltgeschichte – verlaufen, hätte Franz Joseph sich damals anders entschieden.

Eine Woche nach dem entsetzlichen Geschehen am Genfer See bewegte sich der Trauerzug in altertümlich barockem Prunk von der Kapelle der Wiener Hofburg, wo die Tote aufgebahrt worden war, zu der am Neuen Markt gelegenen Kapuzinerkirche. Die Kaiserin hatte zwar einmal geäußert, am Meer, am liebsten auf ihrer Lieblingsinsel Korfu, begraben zu werden. Doch ein Wunsch, noch dazu ein so ausgefallener, zählte nicht bei Obersthofmeister Fürst Montenuovo, dem strengen Wächter über das Zeremoniell im Hause Habsburg. Eine Kaiserin hatte ihre letzte Ruhestätte in der Kapuzinergruft zu finden. Auch eine Frau, die ein Leben lang versucht hatte, jeder Etikette zu entfliehen, mußte sich im Tode fügen. In der Kapuzinerkirche warteten der Gatte der Ermordeten, Kaiser Franz Joseph, und der deutsche Kaiser Wilhelm II. – der ihm in großer Verbundenheit beistand. Dahinter befanden sich ihre Kinder, die Erzherzoginnen Gisela und Valerie, und die Familie der Kaiserin.

In diesem Jahr 1898 lebten von den acht Kindern des Herzogs Max in Bayern und seiner Gemahlin Ludovika nur noch vier: Elisabeths Brüder Ludwig und Carl Theodor sowie ihre Schwestern Marie und Mathilde. Elisabeth hatte sich ihren Geschwistern zeit ihres Lebens innig verbunden gefühlt. Daß sie bisweilen unbewußt und ungewollt auf deren Leben Einfluß nahm, brachte ihr Rang als Gattin eines der mächtigsten Monarchen Europas mit sich.

Possenhofen – ein mehr oder weniger intaktes Elternhaus

Die Eltern, Herzog Max in Bayern und Prinzessin Ludovika

Die Ehe der Eltern Max Herzog in Bayern mit Ludovika, der jüngsten Tochter des Königs von Bayern, Maximilian I. Joseph, war eine jener Fürstenehen, die nicht glücklich verlief. Wie so oft, fanden Herz und Politik nicht zueinander. Ludovika hätte einen Prinzen aus dem portugiesischen Haus Braganza vorgezogen, was jedoch nicht erwünscht war, weil die Aussicht darauf, daß der Prinz jemals den Thron von Portugal besteigen würde, gering war. Als es dann wider Erwarten doch dazu kam, war es zu spät. Da stand die Braut bereits im Begriff, zum Traualtar zu schreiten. Wahrscheinlich aber war Ludovikas Wunsch, den portugiesischen Prinzen zu heiraten, von vornherein aussichtslos. Denn der Vater der Braut, König Max I. von Bayern, und der Großvater des Bräutigams, Herzog Wilhelm in Bayern, hatten schon längst die Ehe Ludovikas mit seinem Enkel Max beschlossen.

Dem jungen Herzog ging es nicht anders. Er hatte nicht die geringste Lust, die Tochter des Königs zu heiraten. Max war damals gerade in ein bürgerliches Mädchen verliebt, und soll Ludovika unumwunden mitgeteilt haben, daß er sie nicht liebe und wohl auch nie lieben werde. Die Vorstellung liegt nahe, daß dieses freimütige Geständnis die Bereitschaft der Zwanzigjährigen, die Ehe mit einem Mann dieser Art einzugehen, nicht eben steigerte. Doch da die Politik allemal vor der Liebe rangierte, war Widerstand zwecklos und den beiden Fürstenkindern blieb nichts anderes übrig, als den Weg zu beschreiten, den das Schicksal ihnen gewiesen hatte.

Die beiden wollten wirklich nicht heiraten. Als das Brautpaar am 9. September 1828 in Tegernsee zum Traualtar schritt, sagt man, habe es ausgesehen, als würde es zu einer Beerdigung gehen. Und anstatt sich beim Jawort anzusehen, soll jeder den Kopf in die andere Richtung gewandt haben.

Und es war nicht nur persönliche Antipathie, die Ludovika bewog, Max abzulehnen. Sie fühlte sich auch rangmäßig zurückgesetzt. Ihre älteren Schwestern Elisabeth, Amalie und Marie waren nämlich durch ihre Heirat Königinnen geworden; Elisabeth mit König Friedrich Wilhelm IV. von Preußen; deren Zwillingsschwester Amalie mit König Johann von Sachsen; Maria mit dessen Nachfolger Friedrich August II. Sophie schließlich hatte den österreichischen Erzherzog Franz Karl zum Mann genommen, in der Erwartung, er würde der nächste Kaiser von Österreich sein. Eine Rechnung allerdings, die sie ohne den damals noch allmächtigen Staatskanzler Fürst Metternich gemacht hatte, wie man noch sehen wird. Immerhin aber hatte Sophie in das mächtige Haus Habsburg eingeheiratet, was nicht zu verachten war, während Ludovika, zwar auch Königstochter, sich mit einem Herzog in Bayern begnügen sollte.

Herzog Max in Bayern

Das »in« war der feine aber gravierende Unterschied zum »von« Bayern.

Diese bayerischen »in«-Herzöge stammten vom Pfalzgrafen Johann Karl von Birkenfeld-Gelnhausen ab, dessen Sohn Johannes anhaftete, einer nicht ganz standesgemäßen Ehe entsprossen zu sein, weswegen er jahrelang um die Erbfolge kämpfen mußte. Die weitere Generationenfolge dieser gewissermaßen linken genealogischen Linie weist die Namen Wilhelm, Pius und schließlich Maximilian, genannt Max, auf, den Bräutigam besagter Prinzessin Ludovika, dem es, wie schon erwähnt, im wesentlichen versagt geblieben ist, sie glücklich zu machen.

Es gab nicht nur Standesunterschiede zwischen den beiden. Auch menschlich gesehen waren die Ehepartner denkbar verschieden. Sie hatten einander nichts zu sagen. Max war, wie es leichtlebig veranlagte Menschen oft sind, ein vielseitig interessierter Mann: literarisch, historisch, touristisch, musikalisch. Seine Bibliothek umfaßte 27000 Bände. Unter dem Pseudonym »Phantasus« veröffentlichte er Gedichte und Novellen, aber auch historische Betrachtungen von Kaiser Friedrich III. bis zur Erschießung Kaiser Maximilians von Mexiko sowie Beschreibungen seiner vielen Reisen, die ihn bis tief in den Orient führten. Er spielte angesichts der Pyramiden auf seiner Zither und sang dazu bayrische Gstanzln. Er ritt mit seinen Begleitern wochenlang auf Kamelen durch die Wüste und brachte aus Ägypten vier Negerknaben mit, die er dort auf dem Sklavenmarkt gekauft hatte. Halb München verfolgte interessiert ihre Taufe und amüsierte sich über die absonderlichen Liebhabereien des Herzogs. Wen wundert es da, daß er diese Vorliebe für Außergewöhnliches, diesen Freiheitsdrang, der ihn beseelte, als Erbe manchem seiner Kinder mitgegeben hat. Ein Erbe, das sich wohl am ausgeprägtesten an Elisabeth, der Kaiserin von Österreich, offenbarte. Auch sie machte den zwergwüchsigen Negerknaben Rustimo, den sie angeblich vom Schah von Persien erhalten hatte, zum Spielgefährten ihrer Tochter Valerie. Als Dokument dieses Zusammenseins ließ sie die beiden photographieren.

Elisabeth hatte auch die Unrast ihres Vaters, seine Reiselust und seinen Freiheitsdrang mitbekommen, nicht aber seine Lebensfreude, seine Leichtlebigkeit und die Gabe, das Beste aus dem Gegebenen zu machen. Sie hingegen verfiel in Melancholie, in zunehmenden Lebensüberdruß, der sich bis zu Selbstmordgedanken steigerte.

Die reiche Hinterlassenschaft seiner Mutter, einer Prinzessin Arenberg, zu der unter anderem Besitzungen in Frankreich und ein Palais in Paris gehörten, ermöglichten Herzog Max einen großzügigen Lebensstil ohne jede höfische Verpflichtung. Zu Hause umgab er sich mit einem Kreis hauptsächlich bayrischer bürgerlicher Gelehrter und Künstler, seiner berühmten »Artusrunde«, wo viel getrunken und musiziert, aber auch ernsthaft diskutiert wurde. Von Etikette hielt er nichts. Seine bevorzugte Kleidung war die Lederhose, sein Lieblingsinstrument die Zither, was ihm den Namen »Zithermax« eintrug. Zu vorgerückter Stunde sang er dazu in geselliger Runde Gstanzln, deren Texte, wie es bei diesem literarischen Genre üblich ist, weit davon entfernt waren, salonfähig zu sein.

Das einzige Gedicht, das von ihm erhalten ist, trägt den Titel »Meine Zither«:

Das Liebste auf der weiten Welt
Ist mir der trauten Zither Spiel.
Ich schätz es mehr als alles Geld
Und kostet's auch der Mühe viel.
Bin froh und guten Mutes ich,
So freut sie sich mit ihrem Herrn.
Und fühl' ich trüb und traurig mich,
So teilt sie meinen Kummer gern.
Drum ist mir wohl bei ihr allein,
Weil sie, die einz'ge mich versteht,
Ich lass die Menschen Menschen sein
Und spiel mit ihr von früh bis spät…

Er bekam viel Beifall für sein Zitherspiel, und es bereitete ihm ein diebisches Vergnügen, wenn es ihm gelang, dabei nicht erkannt zu werden. Angeblich soll Herzog Max später seine Tochter Elisabeth sogar öfter zu ländlichen Veranstaltungen mitgenommen haben, wo er ebenfalls inkognito mit der Zither aufspielte, während sie dazu tanzte und danach mit der Schürze die Münzen auffing, die ihr die Bauernburschen zuwarfen. Einige dieser Münzen soll sie sogar aufbewahrt haben und ihren Hofdamen als »einziges ehrlich verdientes Geld« gezeigt haben. Gewiß handelt es sich nur um eine Anekdote, aber vielleicht ist doch ein Körnchen Wahrheit daran.

Im Hof des herzoglichen Palais' an der Ludwigstraße, das Max von dem Architekten Klenze im Stil der Hochrenaissance erbauen ließ, hatte er einen Zirkus einrichten lassen, in dem die Gäste neben gewagten Clownsnummern auch den Herzog selbst als Kunstreiter bewundern konnten. Pferde waren sein besonderes Hobby. »Wenn wir keine Prinzen wären, wären wir Kunstreiter geworden«, soll er einmal gesagt haben. Im Palais hatte Herzog Max ein »Café chantant« im Pariser Stil einrichten lassen, dessen 44 Meter langer Fries besonderes Aufsehen erregte und von den Gästen mit allem Für und Wider diskutiert wurde. Der Münchner Maler Schwanthaler hatte dort das antike Leben in all seiner Freizügigkeit dargestellt.

Wenn Max von einer seiner vielen Reisen heimkehrte, war er sich seiner ehelichen Pflichten durchaus bewußt. Immerhin war Ludovika eine recht reizvolle Frau und zehn Kinder, von denen acht überlebten, legen davon – sowie von Maxens Übereinstimmung mit seiner Ehegemahlin in diesem einen Punkt – Zeugnis ab. Im Jahre 1831 wurde Ludwig geboren, 1834 die erste Tochter Helene. Es folgte im Jahre 1837 Elisabeth, 1839 Carl Theodor. Marie wurde 1841 geboren und Mathilde 1843. Die jüngste Tochter,

Sophie, erblickte 1847 das Licht der Welt, der jüngste Sohn, Max Emanuel im Jahre 1849.

Zum Ärger seiner Gattin vergnügte sich Herzog Max aber auch des öfteren mit einem hübschen Bauernmädchen. Wenn diese Beziehung Folgen hatte und ein Kind daraus hervorging, sorgte er für dessen Unterhalt und fand auch die Mutter großzügig ab. Daß zwei seiner unehelichen Kinder mit ihm essen durften, war sogar gang und gäbe, während seine ehelichen Sprösslinge, einer häuslichen Etikette folgend, sich dagegen anzumelden hatten. Kein Zweifel, daß Herzogin Ludovika über die Liebesabenteuer ihres Gatten nicht eben erfreut war und ihrem Mißvergnügen deutlich Ausdruck verlieh, was diesen dann meist veranlaßte, möglichst rasch den heimischen Herd wieder zu verlassen.

Wenn Herzog Max auch seinen Standesgenossen oft zu Kritik Anlaß bot – die Landbevölkerung liebte ihn! Er war ein Mann nach ihrem Geschmack, ohne Hochmut, ohne Standesdünkel. Er war einer der Ihren.

Herzogin Ludovika in Bayern

Der Herzogin von eher schlichter und häuslicher Art – ihr Wirkungskreis beschränkte sich auf Heim und Kinderstube, ihre Geselligkeit auf den engen Kreis ihrer Verwandten – blieb nichts anderes übrig, als gute Miene zum bösen Spiel zu machen und die Eskapaden ihres Herrn Gemahl zu tolerieren. Es brauchte Zeit, bis sie es lernte. Ganz verwunden hat sie die Demütigungen, die er ihr jahrelang zufügte, wohl nie. Den ersten Jahrestag ihrer Ehe habe sie von früh bis spät nur geweint, erzählte sie später ihren Kindern. Und ihre Schwestern wußten ein Lied von ihren permanenten Klagen zu singen.

Die Kinder wuchsen in ziemlicher Freiheit auf, vor allem im Sommer in Schloß Possenhofen. Während das Palais in

München mit aller Pracht eingerichtet war, die Böden mit edelsten Hölzern eingelegt, die Wände mit Gemälden reich geschmückt, war Possenhofen dagegen eine ländliche Villa, mit Holztreppen und niedrigen Räumen, in der es keinesfalls streng zuging. Nicht nur die Hunde der Herzogin durften tun was sie wollten, auch für die Kinder war es das Paradies schlechthin. Hier gab es einen großen Garten, der bis an das Ufer des Starnberger Sees hinunterreichte, Natur und Tiere, Hasen, Hühner, Meerschweinchen und Lämmer, hier konnten sie nach Herzenslust umhertollen, reiten und rudern, schwimmen und segeln. Und wenn ihr Vater im Lande war, dann nahm er sie mit hinaus in Wald und Flur, eine willkommene Gelegenheit, den langweiligen Unterrichtsstunden der Hauslehrer zu entrinnen. Die taten zwar ihr möglichstes, ihnen alles Nötige beizubringen, aber es fehlte ihnen wohl an der nötigen Autorität, ihren Willen auch durchzusetzen. Dasselbe läßt sich von Ludovika sagen. So ließ die Allgemeinbildung der Kinder einiges zu wünschen übrig.

Mit dem Vater hingegen wurde gespielt und Spaß gemacht, Néné und Sisi begleiteten ihn auch in den Wald auf die Pirsch und erkletterten so manchen Berg. Vor allem Sisi war im Gegensatz zu Néné eine vorzügliche Reiterin, die nichts den Knechten überließ und ihr Pferd mit Hingabe selbst striegelte und putzte. Dem Herzog gefiel es, da konnte Ludovika über dieses bäuerliche Gehabe schimpfen soviel sie wollte.

Elisabeth war der Liebling des Herzogs. In ihr fand er so manches wieder, was seinem eigenen Wesen entsprach: die Liebe zu den Pferden und zur Reitkunst, zur Natur und den Bergen. Aber Elisabeths Vorliebe für den Vater, die ihre jungen Jahre geprägt hatte, schwand mit der Zeit. Unzufrieden wie sie mit ihrer Ehe und mit ihrem Leben als Kaiserin war, hatte sie auf einmal größtes Verständnis für ihre Mutter, die in ihrem Zusammenleben mit ihrem Mann ebenfalls nie glücklich gewesen war. Und sie gab die Schuld daran dem Vater.

Sie liebten alle ihr »Possi«, wie sie es nannten, und kehrten auch später, als sie längst verheiratet waren, immer wieder dorthin zurück. Vor allem, wenn sie ein Kummer drückte oder sie weder aus noch ein wußten, dann war das Schlößchen am Starnberger See der Ort, an dem sie sich Trost, Zuspruch und Hilfe erhofften.

Verlobung in Ischl

Die Eltern Franz Josephs, Erzherzog Franz Karl und Prinzessin Sophie von Bayern

IN ÖSTERREICH TRAT am 2. Dezember 1848 Kaiser Ferdinand zurück und machte seinem Neffen, dem damals achtzehnjährigen Franz Joseph, Platz auf dem habsburgischen Kaiserthron. Der junge Kaiser war der älteste Sohn der bayrischen Prinzessin Sophie, Ludovikas Schwester, die durch ihre Heirat mit Franz Karl zur österreichischen Erzherzogin wurde. Als die damals Neunzehnjährige ihrem zukünftigen Mann zum ersten Mal gegenüberstand, hatte sie alle Mühe, ihre Enttäuschung zu verbergen. Denn der Erzherzog Franz Karl, zweiter Sohn des berühmten österreichischen Kaisers Franz I., war weder mit körperlichen noch mit geistigen Gaben gesegnet; von unscheinbarem Äußeren, vermittelte sein etwas zu groß geratener Kopf zudem den Eindruck von Einfältigkeit. Sein einziges Interesse galt der Jagd und seine Freude bestand darin, täglich mit einem Sechsergespann durch Wien zu fahren. Doch darf ihm die Geschichte ein gewisses Maß an Aufrichtigkeit nicht absprechen: von Politik verstünde er nichts, bekannte er offenherzig, und eigentlich wünsche er sich nichts anderes als seine Ruhe zu haben.

Doch war die Ehe mit dem nach Ruhe strebenden Erzherzog beschlossene Sache, daran gab es nichts mehr zu rütteln. Der einzige Trost für die nicht nur ehrgeizige, sondern auch kluge Sophie bestand in der begründeten Aussicht, einmal Kaiserin von Österreich zu werden.

Eigentlich dachte jeder in Österreich, daß Franz Karl einmal die Nachfolge seines Vaters antreten werde, denn Ferdinand, der Erstgeborene, repräsentierte ein unglückseliges Produkt jahrhundertelanger Inzucht innerhalb der Familie Habsburg. Er war ein hochgradiger Epileptiker, hatte einen übergroßen, deformierten Kopf und ein schräg verzerrtes Gesicht, sein Mund stand meist offen, die geistige Beweglichkeit war stark eingeschränkt. Niemand hielt es für möglich, daß er je den Thron besteigen könne.

Doch mit unendlicher Geduld bemühten sich seine Erzieher, seinen Zustand zu verbessern. Ein Jahr mußte geübt werden, bis Ferdinand imstande war, ein Glas zu halten und es aus einer Karaffe zu füllen, ein weiteres, bis er eine Treppe bewältigte. Und als Zeit und Mühen wider Erwarten einigen Erfolg brachten, machte der allmächtige Staatskanzler Metternich seinen ganzen Einfluß geltend, um dem Prinzip der Erbfolge zum Siege zu verhelfen. Ferdinand war der ältere Sohn, also war er der zukünftige Kaiser.

Ein Thronfolger mußte auch heiraten. Die Auserwählte war Prinzessin Maria Anna von Piemont-Sardinien, nicht hübsch, aber tugendsam und fromm, was in diesem Fall auch nötig war; mit ihren 28 Jahren war sie für damalige Begriffe eigentlich schon eine alte Jungfer. Als Kaiser Franz bei der Hochzeitsfeier in Schönbrunn seinen Sohn sah, soll er mit einem tiefen Seufzer gemurmelt haben: »Daß Gott erbarm'!«

Daß der mühsam Gläser und Treppen bewältigende Kaiser auch noch die Ehe vollzog, ist unwahrscheinlich, und Maria Anna war wohl zeit ihres Lebens für Ferdinand mehr Pflegerin als Ehefrau.

Erzherzogin Sophie, auf diese Weise um die erhoffte Kaiserinnen-Würde betrogen, begann dennoch etwas freudiger in die Zukunft zu blicken. Wenn sie schon keine Kaiserin wurde, dann wollte sie wenigstens die Mutter eines Kaisers werden und Österreich den Thronfolger schenken, den Maria Anna nie haben würde. Doch das war leichter gesagt als getan. Nach einigen Jahren ehelichen Bemühens seitens des vom Schicksal ja auch nicht gerade mit Gaben überschütteten Gatten Franz Karl hatte es zwar fünf Fehlgeburten gegeben, aber noch immer keinen Nachwuchs. Da verordneten ihr die Hofärzte eine Solbadekur in Ischl. Ob Zufall oder nicht, der Erfolg jedenfalls konnte sich sehen lassen. Am 18. August 1830 brachte Sophie ihr erstes Kind zur Welt. Das war der ersehnte Thronfolger, dem noch drei weitere Söhne folgten. Da man das Solebad Bad Ischl mit ihrer glücklichen Geburt in Verbindung brachte, nannte man sie scherzhaft die »Salzprinzen«.

Die stolze Mutter tat von Anfang an alles, um Franz Joseph, wie sein Name lautete, zu einem würdigen Kaiser zu erziehen – von Gottes Gnaden und streng konservativ, wie es ihrer eigenen Gesinnung und der des Hauses Habsburg entsprach.

Durch Sophies Schwangerschaft wurde das kleine verträumte Bad Ischl im Salzkammergut gleichsam aufgewertet. Denn die kaiserliche Familie erkor es zu ihrem bevorzugten Aufenthaltsort. Da die Habsburger fast alle leidenschaftliche Jäger waren, mochten die ausgezeichneten Jagdreviere rund um Bad Ischl nicht unwesentlich dazu beigetragen haben. Und wo der Kaiser sich aufhielt, da war die »Hautevolee« und alle, die sich dazu zählten, nicht fern.

Das Revolutionsjahr 1848 mit allen seinen Begleiterscheinungen kam Sophies Zukunftswünschen zu Hilfe. Mit der ihr eigenen Energie gelang es ihr, Kaiser Ferdinand zur Abdankung und ihren Mann Franz Karl, der ja eigentlich nun Thronfolger war, zum Thronverzicht zu bewegen. Man nannte sie nicht umsonst »den einzigen Mann am Kaiserhof«.

»Wichtige Gründe haben Uns zu dem unwiderruflichen Entschluß gebracht, die Kaiserkrone niederzulegen und zwar zu Gunsten Unseres geliebten Neffen, des durchlauchtigsten Erzherzogs Franz Joseph, Höchstwelchen Wir für großjährig erklärt haben, nach dem Herr Erzherzog Franz Karl, Höchstdessen Vater, erklärt haben, auf das Recht der Thronfolge zu Gunsten Höchstihres vorgenannten Sohnes unwiderruflich zu verzichten«,[1] las Kaiser Ferdinand am Morgen des 2. Dezember 1848 im Prunksaal des fürsterzbischöflichen Palais' in Olmütz vor. Dorthin hatte sich der Hof vor den Wirren der Revolution in Wien zurückgezogen. Franz Joseph, in weißem Waffenrock und roten Hosen beugte vor seinem Vorgänger das Knie. Kaiser Ferdinand neigte sich zu ihm herab und legte ihm die Hände auf den Kopf. »Gott segne dich, sei nur brav, Gott wird dich schützen, es ist gern geschehen«,[2] soll er damals gesagt haben. Vielleicht war er wirklich froh, die Bürde seines Amtes los zu sein.

Ein Herzenswunsch war für Erzherzogin Sophie in Erfüllung gegangen. Sie selbst beschreibt die Toilette, die sie zu diesem feierlichen Anlaß gewählt hatte: »Kleid aus weißem Moiré; Kopfputz in rosa und weiß; das Halsband und die Ohrringe mit Türkisen und Diamanten, die mein Gemahl mir anläßlich der Geburt des lieben Franzi geschenkt hat; ein Bouquet aus Türkisen und Diamanten am Oberteil des Kleides, eine indische Schärpe in rot und gold.« Zwar war sie nun selbst keine Kaiserin geworden, sie war jedoch klug genug, um zu erkennen, daß ihr Gemahl keineswegs das für einen Kaiser nötige Format besaß. Anstatt die Gattin eines unbedeutenden Monarchen zu sein, zog sie es vor, als tatkräftige Kaisermutter zu wirken, die nicht nur die Regierungsgeschäfte ihres Franzi genau überwachte, und so lenkte, wie sie es für richtig hielt, sondern es zudem als ihre Pflicht erachtete, diesem zu einer würdigen Gattin und der habsburgischen Monarchie zu einer repräsentativen Kaiserin zu verhelfen.

Mit seinem blonden Haar, den hübschen Gesichtszügen und der schlanken Gestalt hatte sich Franz Joseph zu einem ausgesprochen gut aussehenden jungen Mann entwickelt, dem die Uniform, die er am liebsten trug, besonders gut stand. Und was noch mehr zählen mochte, er war der Herrscher über das nach Rußland größte Reich Europas. Es reichte von Südpolen bis Dalmatien – von der westlichen Lombardei bis zur Bukowina.

Sein »großer Titel« war beeindruckend: Franz Joseph I. von Gottes Gnaden Kaiser von Österreich; König von Ungarn und Böhmen; König der Lombardei und Venedigs, von Dalmatien, Kroatien – Slawonien, Galizien, Lodomerien und Illyrien; König von Jerusalem; Erzherzog von Österreich, Großherzog von Toskana und Krakau; Herzog von Lothringen, von Salzburg, Steyer, Kärnten, Krain und Bukowina; Großfürst von Siebenbürgen, Markgraf von Mähren; Herzog von Ober- und Niederschlesien, von Modena, Parma, Piacenza und Guastalla, von Auschwitz und Zator, von Teschen, Friaul, Ragusa und Zara; gefürsteter Graf von Habsburg und Tirol, von Kyburg, Görz und Gradisca; Fürst von Trient und Brixen; Markgraf von Ober- und Niederlausitz und in Istrien; Graf von Hohenems, Feldkirch, Bregenz, Sonneberg etc; Herr von Triest, von Cattaro und der windischen Mark, Großwoiwod der Woiwodschaft Serbien ...[3] Und das war noch nicht einmal alles.

Seine Herrschaft war absolut, ohne Parlament und Verfassung. Seine Minister verfügten über keinerlei Macht. Sie waren nur Ratgeber, die ihre Meinung äußern durften. Das Militär unterstand ihm vollkommen. Im Jahre 1851 hatte Franz Joseph die »Märzverfassung« von 1849, den Reichsrat mit zwei Kammern, dem Oberhaus und dem Unterhaus, wieder abgeschafft. »Wir haben das Konventionelle über Bord geworfen und Österreich hat nur mehr einen Herren«, schrieb er an seine Mutter. Und Sophie notierte am Rand des Briefes: »Gott sei gelobt.«[4]

Ex-Kaiser Ferdinand und seine Gattin Anna zogen sich nach Prag zurück, wo sie auf dem Hradschin residierten. Seltsamerweise erwies sich Ferdinands Gesundheit als recht stabil, denn er erreichte das respektable Alter von 82 Jahren. Auch sein geistiger Zustand hatte sich anscheinend gebessert. Zumindest gelang es ihm, die reichlich vernachlässigten Güter seines Neffen, des Herzogs von Reichstadt, zu neuer Blüte zu bringen – so daß sie bald erhebliche Gewinne erzielten und das Vermögen des Ex-Kaisers beträchtlich erhöhten.

Der Herzog von Reichstadt war der einzige Sohn Kaiser Napoleons und Ferdinands Schwester Marie Luise. Bei seiner Geburt von seinem stolzen Vater zum »König von Rom« ernannt, kam der beim Sturz Napoleons Vierjährige zu seinem Großvater an den Kaiserhof in Wien und wurde von diesem zum Herzog von Reichstadt ernannt. Der Enkel hieß nun Franz. Nichts sollte an Napoleon erinnern. Der Herzog starb im Alter von 21 Jahren an Tuberkulose.

Eine Braut für Franz Joseph

Die ersten Versuche Erzherzogin Sophies, eine passende Braut für ihren »Franzi« zu finden, waren nicht von Erfolg gekrönt. Erzherzogin Elisabeth, die Tochter des ungarischen Palatins, hätte Franz Joseph zwar gefallen. Aber – hier Herz, da Politik – Elisabeth war Ungarin, und Sophie haßte die Ungarn aus ganzem Herzen. Ein unruhiges und ständig aufbegehrendes Volk, ein Adel, der eifersüchtig auf seine angestammten Rechte pochte und der sich nie mit der habsburgischen Herrschaft abgefunden hatte, obwohl diese schon seit Jahrhunderten bestand. Was hatte der ungarische Aufstand des Jahres 1848 nur für Unglück mit sich gebracht! Eine Kaiserin, die aus Ungarn kam, war in Sophies Augen untragbar und ihrem Sohn daher auszureden.

Die sächsische Prinzessin Sidonie wiederum gefiel Franz Joseph nicht. Nummer drei, die Nichte des preußischen Königs, die hübsche Prinzessin Anna, hätte dem jungen Kaiser an sich zugesagt, doch wünschte man in Preußen alles andere als eine Verbindung mit Habsburg. Sollte es nämlich zu einer Auseinandersetzung um die Vorherrschaft in Deutschland kommen, was irgendwann zu erwarten war, wäre die Ehe zwischen einer preußischen Prinzessin und einem Kaiser von Österreich einer Lösung nur hinderlich. Da schlugen auch alle Vermittlungsversuche der Königin-Tante fehl.

Sophie besann sich ihrer eigenen Verwandtschaft. Die älteste Tochter ihrer Schwester Ludovika würde vom Alter zu Franz Joseph passen. Zwar war Helene, eine Herzogin in Bayern, keine besonders gute Partie für einen Kaiser von Österreich. Aber in Bayern war man wenigstens streng katholisch und eine Verbindung mit dem treuen Partner Österreichs im Deutschen Bund war politisch durchaus zu begrüßen. Daß Franz Joseph und Helene als Cousin und Cousine ersten Grades eng miteinander verwandt waren, störte Sophie nicht. Verwandtschaftsehen in Fürstenhäusern waren trotz häufiger negativer Folgen gang und gäbe. Es hatte sie zwischen Habsburg und Wittelsbach schon öfter gegeben. Der dazu nötige päpstliche Dispens war nur eine Formalität.

Obwohl es immer wieder eine Menge unglücklicher Beispiele permanenter Inzucht gab, war die Gefahr, die in solchen Ehen lag, den Menschen damals wohl nicht ganz bewußt.

Ludovika, die ihre ältere Schwester nicht nur innig liebte, sondern auch bewunderte, ja sogar verehrte, fühlte sich von dem Plan überaus geschmeichelt. Ihre Tochter Néné, wie Helene in der Familie genannt wurde, eine Kaiserin von Österreich! Schon der Gedanke daran war zu schön, um wahr zu sein. Es war mehr als sie sich je erträumt hatte.

Trotz ihrer nahen Verwandtschaft kannten sich die jungen Leute kaum. Ein einziges Mal hatte Ludovika mit ihren vier ältesten Kindern die Schwester besucht, als die kaiserliche Familie 1848 vor der Revolution in Wien in das sichere Innsbruck geflüchtet war. Damals hatte Franz Joseph, kaum achtzehnjährig, den Backfisch Néné wenig beachtet, während die kleine Sisi sich mit ihrem Cousin Karl Ludwig angefreundet hatte. Die beiden fanden Gefallen aneinander und der Abschied fiel ihnen schwer. Tante Sophie hingegen war weder nach Sisis Geschmack noch nach dem ihrer Geschwister. Dauernd hatte sie an ihnen allen etwas auszusetzen gehabt. Vor allem die dürftigen Französischkenntnisse Helenes waren Ziel ihrer Kritik gewesen. Überhaupt fand sie, daß die Schulbildung der herzoglich-bayrischen Kinder ziemlich zu wünschen übrig ließ. Das hatte sie ihrer Schwester recht unverblümt mitgeteilt. So würden die Mädchen bestimmt keine gute Partie machen! Französisch war nun einmal die Sprache der höheren Kreise!

Ludovika hatte die Rüge der Schwester beschämt zur Kenntnis nehmen müssen, ohne ihr jedoch Taten folgen zu lassen. Daran mußte die Erzherzogin jetzt denken, als sie eine Verbindung mit dem bayrischen Herzogshaus ins Auge faßte. Aber diesem Mangel ließ sich wohl mit einiger Mühe abhelfen. Die ernsthaft geartete, etwas spröde und über ihr Alter hinaus reife Helene schien ihr dennoch gut zu ihrem Sohn zu passen.

Von nun an drehte sich in München und Possenhofen alles um Helene. Sie mußte Sprachen lernen, vor allem ihr Französisch verbessern, sie mußte tanzen und reiten, auch wenn sie keinen Spaß daran hatte, sich im Cercle halten und im Auftreten vor vielen Menschen üben. Aber auch österreichische Geschichte und Genealogie durfte nicht vernachlässigt werden, nicht zu vergessen die Regeln des höfischen Zeremoniells, die am Wiener Hof besonders streng gehandhabt wurden. Beinahe Tag und Nacht saß die arme Néné über ihren Büchern und versuchte das zu behalten, was ihr die Lehrer in letzter Minute beizubringen versuchten. Besonderes Interesse dafür hatte sie nie gehabt. Auch die Kleiderfrage wollte bedacht sein; schließlich sollte Néné würdig präsentiert werden. Also kamen Schneiderinnen ins Haus, Stoffe wurden ausgewählt, vor allem solche in hellen Farben, die der dunkelhaarigen Helene mit ihren etwas herben Gesichtszügen besonders gut standen.

Das zukünftige Ehepaar sollte sich ganz zwanglos in Bad Ischl im Salzkammergut begegnen und dort verloben. So planten es wenigstens die Mütter. Um die Absicht nicht gar zu offenkundig zu machen, nahm Ludovika Helenes jüngere Schwester Elisabeth mit auf die Reise.

Sisi hatte eine kleine Romanze mit einem jungen Grafen hinter sich. Allerdings hatte man rechtzeitig etwas dagegen unternommen und den jungen Mann aus ihrer Umgebung entfernt. Als dieser kurz darauf starb, war Sisi von seinem Tod sehr getroffen. Ein wenig Abwechslung würde ihr daher guttun. Die Unternehmung sollte wie ein Verwandtschaftsbesuch aussehen. Ein entscheidender Fehler.

Natürlich schloß die Einladung nach Ischl auch Herzog Max ein, denn das erforderte die Höflichkeit. Aber dieser lehnte dankend ab. Er konnte Sophie nicht ausstehen, was allerdings durchaus auf Gegenseitigkeit beruhte.

Die Fahrt in den österreichischen Kurort am 16. August 1853 war von Hindernissen begleitet, da Ludovika aufgrund eines Migräneanfalls die Reise unterbrechen mußte. Deshalb verzögerte sich nicht nur die Ankunft, auch die Kammerzofen mit den Reisekörben, die all die hübschen

Kleider für Néné enthielten, waren nicht rechtzeitig eingetroffen. Das war besonders ärgerlich, denn die Herzogin und ihre Töchter trugen infolge eines Todesfalls in der Familie für die Reise Trauerkleidung. Der regierende Herzog Georg Karl von Sachsen-Altenburg, ein Bruder der Königin, war gestorben, demzufolge der Hof eine vierwöchige Trauer verfügt hatte. War das wirklich nötig gewesen? muß Erzherzogin Sophie damals gedacht haben, als Schwester und Nichten endlich eintrafen. Trauerkleidung für einen entfernten Verwandten, den man kaum kannte? Sie betrachtete Helene mit deutlicher Mißbilligung. Gut sah das Mädchen wirklich nicht aus in ihrem schwarzen hochgeschlossenen Kleid! Es ließ sie besonders blaß und streng erscheinen, ganz so als sei sie wirklich in Trauer um einen geliebten Menschen.

Aber nun ließ es sich nicht mehr ändern, denn die Zeit drängte. Sie konnte nichts anderes tun, als ihre Kammerfrau zu Hilfe zu schicken, um wenigstens in aller Eile Helenes Frisur zu ordnen. Helene war schließlich die Hauptperson. Denn den Kaiser, der ebenfalls zum Tee bei seiner Mutter erscheinen sollte, ließ man nicht warten. Die junge Elisabeth hingegen kämmte ihr Haar selbst und flocht es in zwei lange Zöpfe. Mit ihren feinen Gesichtszügen, die noch recht kindlich waren, aber dennoch schon ihre künftige Schönheit ahnen ließen, und ihrer grazilen Gestalt sah sie reizend aus. Und das einfache, schwarze Kleid stand ihr sogar ganz ausgezeichnet. Was man von Helene wirklich nicht behaupten konnte. Das Bewußtsein, daß sie hier zur Schau gestellt wurde und die nächste Stunde über ihr ganzes künftiges Leben entschied, mochte zu einer gewissen nervösen Anspannung beigetragen haben. Abgesehen davon machte Helene auf Sophie einen recht guten Eindruck. Sie war höflich und zurückhaltend und sprach nur, wenn sie gefragt wurde. Sophie war davon überzeugt, daß sie sich nach einer gewissen Lehrzeit zu einer würdigen Kaiserin entwickeln würde. Sisi hingegen war völlig unbefangen, sie redete wie sie es gewohnt war, ein junges Mädchen, das mit Recht dachte, daß sie das alles hier eigentlich gar nicht betraf.

Und dann geschah es. Das, was man den »Coup de foudre«, die Liebe auf den ersten Blick, nennt. Wenigstens für Franz Joseph. Sisi hingegen war sich des Eindrucks gar nicht bewußt, den sie auf den jungen Kaiser machte. Es genierte sie sogar, daß er sie jetzt beim Tee und abends beim Diner unverwandt betrachtete, anstatt seine Pflicht als Tischherr zu erfüllen und sich dem Mädchen neben ihm zu widmen, das ihm als Braut zugedacht war. Helene nämlich. Aber nichts davon!

Am nächsten Morgen versuchte Erzherzogin Sophie vergebens, Franz Josephs begeisterte Schwärmerei vom Liebreiz Elisabeths als Unsinn abzutun. Wie süß Sisi sei, frisch wie eine aufspringende Mandel und mit Lippen wie Erdbeeren. Sophie war entsetzt. Ihr Sohn und dieser fünfzehnjährige Fratz? Auch wenn sie zugeben mußte, daß dieser Fratz wirklich bezaubernd aussah.

Statt dessen pries sie die Vorzüge Helenes, was für eine gute Figur sie habe, wie edel ihre Gesichtszüge waren und wie damenhaft ihr Benehmen. Doch sie predigte tauben Ohren. Der junge Mann, der bisher immer die mütterliche Autorität anerkannt hatte, der ihren Ratschlägen blindlings gefolgt war, hörte diesmal nicht auf sie.

Die Verlobung

Der Ball am Vorabend von Franz Josephs Geburtstag brachte die Entscheidung. Der Saal war mit Blumengirlanden dekoriert, die Damen in kostbaren Abendkleidern, in den kunstvoll frisierten Haaren glitzerte der Schmuck. Die Herren kamen in Frack oder, wie der Kaiser gewöhnlich, Uniform. Ludovika sah diesem Ball mit freudiger Erwartung entgegen. Denn der Kotillon, den der Kaiser selbstverständlich mit Helene tanzen würde, würde allen Anwesenden zeigen, daß sie seine Braut war. Schon vor Wochen war Nénés Kleid genäht und nun noch einmal sorgfältig aufgebügelt worden. Für Sisi war ein rosa Kleidchen bestimmt, schlicht und kindlich, ganz so wie es sich für ihre fünfzehn Jahre gehörte. Es war Nénés großer Abend...

An der Seite ihrer Mutter betraten die beiden Mädchen den Saal. Helene in einer herrlichen Robe aus weißer Seide, die Stirn mit Efeu bekränzt, Sisi in einem einfachen weiß-rosa Musselinkleidchen, nur einen Diamantpfeil im goldbraunen Haar, der die schweren Zöpfe zurückhielt. Der Gegensatz konnte nicht größer sein. Sie waren beide hübsch, beide schlank und hochgewachsen und mit üppigem Haar, hier die elegante damenhafte Néné, da die kindlich-reizvolle Sisi in ihrem einfachen Jungmädchenkleid. Im Saal knisterte es vor Spannung. Die Richtung, die die Blicke des Kaisers nahmen, war nicht zu übersehen. Schon seit dem Vortag wisperte und flüsterte es überall, und die Gerüchteküche hatte Hochkonjunktur.

Um Mitternacht kam dann der große Augenblick. Franz Joseph tanzte nicht mit Helene, wie es vorgesehen war, sondern mit Elisabeth den Kotillon und überreichte ihr sein Bukett und später auch alle anderen Blumensträußchen, die den Damen zugedacht waren, mit denen er hätte tanzen sollen. Allen war klar, was das bedeutete. Allen. Bis auf Sisi. Sie wußte gar nicht, wie ihr geschah.

Sogar Erzherzogin Sophie konnte nicht umhin, von Sisis Liebreiz beeindruckt zu sein. »Die Haltung der Kleinen ist so anmutsvoll, so bescheiden, so untadelig, so graziös, ja beinahe demutsvoll, wenn sie mit dem Kaiser tanzt. Sie war wie eine Rosenknospe, die sich unter den Strahlen der Sonne entfaltet, als sie neben dem Kaiser beim Kotillon saß... Es waren nur die vielen Menschen, die sie einschüchterten«, beschrieb sie den Eindruck ihrer Schwester Marie.[5]

Am nächsten Tag bat der Kaiser seine Mutter, bei Herzogin Ludovika um Sisis Hand anzuhalten. Sophie fiel aus allen Wolken, als sie ihre schönen Pläne zerrinnen sah. Sie hatte zwar Schlimmes geahnt, daß es ihrem Sohn aber so ernst war, damit hatte sie denn doch nicht gerechnet. Erneut wies sie auf die Vorzüge Helenes hin, wie klug sie sei, wie verständig, bereits ein in sich gefestigter Mensch, Elisabeth hingegen noch ein halbes Kind, das man noch erziehen müsse. Doch Franz Joseph war verliebt. Er war in der Liebe nicht mehr ganz unerfahren. Sogenannte »hygienische Damen«, die vom Obersthofmeisteramt nach gründlicher ärztlicher Untersuchung sorgfältig ausgesucht worden waren, hatten ihn in die Praktiken der körperlichen Liebe eingeführt. So wurde es seit langem am Kaiserhof gehandhabt, so war es auch bei Franz Joseph. Persönliche Bindungen gab es keine. Sie wären auch höchst unerwünscht gewesen. Nun aber waren Herz und Gefühl im Spiel. Welcher junge Mann, ob Kaiser oder Handwerksgeselle, ist da mütterlichen Bedenken, und seien sie noch so vernünftig, zugänglich?

Tante Ludovika hingegen ließ sich nicht lange bitten, den Wunsch ihres Neffen zu erfüllen. Wie sollte sie auch! Sie war ja so glücklich und stolz, daß ein Kaiser eine ihrer Töchter erwählt hatte. Möglich, daß ihre mütterliche Seele Néné ein wenig bedauerte, aber im Grunde genommen war es ihr gleichgültig, für welche Tochter er sich entschied. Hauptsache, eine wurde Kaiserin!

Sisi sagte ja, wenn auch nicht ohne Bedenken. Sie fühlte sich zu unbedeutend für den Kaiser von Österreich und seine hohe Würde erschreckte sie. »Sie habe den Kaiser ja lieb«, soll sie gesagt haben. »Wenn er doch bloß kein Kaiser wäre!«[6] Eine Aussage, die charakteristisch und bestimmend für ihr kommendes Schicksal werden sollte. Aber »einem Kaiser gibt man keinen Korb«, entschied Herzogin Ludovika. Das hätte ihr gerade noch gefehlt, daß dieses Kind die ehrenvolle Wahl eines der mächtigsten Herrscher Europas ablehnte. Die Bedenken, die sie selbst wegen Sisis Jugend und Unerfahrenheit hatte, waren bald zerstreut. Sie kam ja in die Obhut ihrer Tante. »Tante Sophie ist gar so lieb und gut für sie, und welch ein Trost für mich, sie einer so lieben Schwester als zweyte Mutter übergeben zu können«, schrieb Ludovika noch am selben Tag an Auguste von Bayern.[7]

Am 19. August morgens um acht Uhr erschien der Kaiser im Hotel seiner Braut, um sie zum Frühstück abzuholen, das im Kreise der Familie in Sophies Salon stattfand. Um elf Uhr ging man gemeinsam zur Messe in die Pfarrkirche, wobei Erzherzogin Sophie der Braut ihres Sohnes als der künftigen Kaiserin den Vortritt ließ. So wollte es das Protokoll. Die Volkshymne erklang. »Gott erhalte, Gott beschütze unseren Kaiser, unser Land«, sangen draußen die Leute. »Das ist meine Braut«, sagte drinnen der Kaiser und bat den Pfarrer um seinen Segen.

Die Prophezeiung, die anläßlich von Elisabeths Geburt gemacht worden war, schien sich zu bestätigen: denn Sisi, geboren am 24. Dezember, war nicht nur ein »Christkind«, sie war zugleich ein Sonntagskind und hatte bereits bei ihrer Geburt zwei Zähne! Wenn das keine glücksverheißenden Zeichen waren?

Sisi war neben Franz Joseph, dem Kaiser, auf die Knie gesunken. Der Kopf schwirrte ihr. Sie wußte nicht aus noch ein. Sie fühlte nur, wie verlegen und unsicher sie war. Der Kaiser gefiel ihr ja, wenn auch seine Umarmungen sie eher erschreckten als beglückten. Ihr ging das alles viel zu schnell.

Am Abend war ganz Ischl von einer Unzahl Kerzen und Lampen in den österreichischen und bayrischen Farben erleuchtet. Neben der habsburgischen Flagge hing nun auch die bayrische. Vor dem Nachthimmel erschienen vielseitig bestrahlt die von einem Brautkranz umgebenen Initialen FJ und E.

Am 21. August 1853 schrieben die *Münchner Neuesten Nachrichten:* »Gestern, 20. August um ein Uhr fand in Ischl die offizielle Verlobung des Kaisers von Österreich mit der Prinzessin Elisabeth Amalie Eugenie, der zweiten Tochter des Herrn Herzogs Max in Bayern, statt. Dem feierlichen Akt wohnten das kaiserliche Brautpaar, die Eltern des Kaisers und die Mutter der hohen Braut, Frau Herzogin Max, bei. Die hohen Eltern der erlauchten Braut begehen am 9. September die 25jährige Jubelfeier ihrer am 9. September 1828 zu Tegernsee vollzogenen Ehe.« Ob es dem Silberhochzeitspaar wirklich nach Jubel zumute war, kann bezweifelt werden ... Und einen Tag später fügte die Zeitung hinzu: »Groß war das Erstaunen, als gestern die freudige Kunde der Verlobung Seiner Majestät des Kaisers Franz Joseph von Österreich mit Ihrer Königlichen Hoheit Prinzessin Elisabeth Herzogin in Bayern sich verbreitete. Eine herzliche Teilnahme für dieses freudige Ereignis in der allverehrten Familie unseres Königlichen Hauses sprach sich allgemein laut aus, und die Folgerungen aus dieser neuen Verbindung mit dem mächtigen habsburgischen Kaiserhaus sind eine neue Garantie der Befestigung der freundlichen Verhältnisse zwischen den beiden Nachbarstaaten. S. M. Kaiser Franz Joseph, welcher in zartester Jugend und Zeiten der schwersten Bedrängnisse den österreichischen Thron bestieg, hat am 18. August sein 24. Lebensjahr vollendet. Möge seine Regierung fortan glücklich sein und seine Ehe segnen.«

Was Helene, die ursprünglich Erwählte, in diesen Tagen empfand – da alle Aufmerksamkeit der jüngeren Schwester galt, darüber ist nur wenig vermerkt. Laut Hamann war sie »verstört und unglücklich«, denn nur zu rasch hatte es sich herumgesprochen, daß die Braut eigentlich sie hätte sein sollen. Wenn Ludovika ihre älteste Tochter betrachtete, hatte sie allen Grund, sich Sorgen zu machen. Vor allem, was ihre Zukunft betraf. Würde sich überhaupt noch ein Bewerber finden für die sitzengelassene Braut? Man kann sich gut vorstellen, wie ungeheuer enttäuscht und gekränkt Helene war. Und wie wütend auf Sisi. Dieser intrigante Fratz! Tut, als ob sie kein Wässerchen trüben kann, und macht dem Kaiser schöne Augen! Und schnappt ihr damit den Mann vor der Nase weg! Nicht daß Franz Joseph ihr viel bedeutete, sie kannte ihn ja kaum; was schmerzte, was in ihrem Herzen brannte, war die Schande, verschmäht worden zu sein! Welch ein Affront! Und das in aller Öffentlichkeit! Was würde man erst hinter ihrem Rücken tuscheln, schadenfroh, wie die Menschen waren! Konnte sie ihnen überhaupt noch unter die Augen treten? Wie qualvoll war es schon, gemeinsam mit Franz Joseph, Sisi und Erzherzogin Sophie in derselben Kutsche zu fahren, denn die Jungverlobten durften auf keinen Fall allein ausfahren: Das wäre höchst unschicklich gewesen. Helene wurde den Gedanken nicht los, daß sie eigentlich an Sisis Stelle sitzen sollte, und spürte statt dessen nur mitleidsvolle Blicke!

Possenhofen im Hochzeitsfieber

Nach zwei Wochen Aufenthalt in Bad Ischl trat die Familie des Herzogs in Bayern die Heimreise nach Possenhofen an. Damit änderte sich mit einem Schlag Sisis Leben. Was vorher für Helene gegolten hatte, galt nun für sie. Als Franz Josephs Braut mußte sie all das lernen und nachholen, was sie im Grunde genommen gar nicht interessierte. Besonders schwer war es, jetzt auf einmal Sprachen lernen zu müssen, vor allem ihr Französisch zu vervollkommnen. Bisher hatte sie allenfalls höchstens ein wenig Englisch mit

Helene gesprochen, hauptsächlich, damit die anderen sie nicht verstanden. Üblich war in München und Possenhofen der bayrische Dialekt. Nun war es mit der goldenen Freiheit vorbei, denn die Zeit drängte und mußte genutzt werden. Nur die Stunden mit Graf Majlath, der sie in österreichischer Geschichte unterwies, weckten ihr Interesse. Es war ihre erste Begegnung mit einem Ungarn.

In München und Wien waren indessen die Diplomaten und Beamten tätig. Die finanziellen Fragen mußten geregelt, die Einwilligung des Königs von Bayern und der Dispens des Papstes zur Heirat eingeholt werden. Der Herzogin oblag es unterdessen, sich um den »Trousseau« der Braut zu kümmern. Das hektische Treiben, das Elisabeth umgab, machte sie zusehends nervöser, der Abschied von allem Gewohnten, der immer näher rückte, bedrückte sie zunehmend. Eigentlich wollte sie es sich gar nicht vorstellen, die Heimat zu verlassen. Der preußische Gesandte, der ihrer Verabschiedung beiwohnte, brachte es auf den Punkt: »Die junge Herzogin scheint bei allem Glanz und aller Hoheit der Stellung, die ihrer an der Seite ihres erhabenen kaiserlichen Bräutigams wartet, doch den Abschied von ihrer bisherigen Heimat und ihrem hohen Familienkreis schwer zu empfinden, und der Ausdruck hiervon warf einen leisen Schatten über das in der Fülle jugendlicher Anmut und Schönheit strahlende Antlitz der durchlauchtigsten Prinzessin.«[8]

Auch Herzogin Ludovika begann sich bei allem Stolz Sorgen um ihre Tochter zu machen. Wird Sisi, ein zwar hübsches, aber doch noch recht kindliches Mädchen, an die Freiheit des ländlichen Possenhofen gewöhnt, sich zurechtfinden in der fremden Umgebung, wird sie den kritischen Blicken der an das strenge Zeremoniell gewöhnten Hofgesellschaft genügen?

»Die Stunde der für morgen festgesetzten Abreise der durchlauchtigsten Kaiserbraut, Prinzessin Elisabeth in Bayern, ist auf morgen früh 8 Uhr bestimmt«, berichteten die *Münchner Neuesten Nachrichten* am 19. April 1854. »Die hohen Eltern und Geschwister werden gleichzeitig mit der durchlauchtigsten Braut die Reise antreten.«

Die österreichische Gesandtschaft prangte in festlich grünem Schmuck. In der Höhe des ersten Stocks war ein Tableau angebracht, das die verschlungenen Initialen zeigte. »Im Hermelinmantel F.J. auf schwarzgelbem und E. auf weißblauem Schild, über denselben die Kaiserkrone, von der Höhe herab umweht von der österreichischen und der bayrischen Flagge mit den beiden Hauswappen«, beschrieben die *Münchner Neuesten Nachrichten* und informierten anschließend über die abends stattfindenden Festbeleuchtung und die zu diesem Anlaß geplanten Musikstücke.

Verabschiedet vom bayrischen Königspaar, den beiden Münchner Bürgermeistern und anderen hohen Honoratioren, trat die künftige Kaiserin von Österreich in einer sechsspännigen Kalesche die Reise an. Vom väterlichen Palais bis weit über das Siegestor hinaus standen die Menschen zu beiden Seiten der Ludwigstraße. Hochrufe wurden laut. Die »sichtlich gerührte Braut« dankte und winkte. Die »tief ergriffene Mutter schwamm in Tränen«, wie die Zeitung schilderte. Die Fahrt ging zunächst nach Straubing, von wo sie mit dem festlich geschmückten Dampfschiff »Stadt Regensburg« donauabwärts bis Linz fortgesetzt wurde. Der Kaiser hatte sich eine besondere Überraschung für seine Braut ausgedacht. Er empfing sie bereits in Linz, kehrte aber in der Nacht noch nach Wien zurück, um sie dort offiziell zu begrüßen.

»Linz schwimmt in einem Jubelmeer«, wußte die Presse zu melden. Pünktlich zur festgesetzten Zeit legte die

»Franz Joseph« im feierlich dekorierten Nußdorf an. Der Kaiser schritt als erster an Deck auf die Braut zu, »es war ein tief ergreifender, unendlich schöner Moment, als die Mutter des Monarchen die in Anmut strahlende Prinzessin in ihre Arme schloß und sodann dem Kaiser zuführte. Sie trug ein rosa Seidenkleid, eine weiße Kaschmirmantille und einen rosa Seidenhut mit weißem Schleier«, stand in der Presse. Jeder konnte sehen, wie glücklich und stolz der junge Kaiser war, seine Braut endlich in die Arme schließen zu können. Jubelnde Menschen säumten dicht gedrängt die Straßen, die mit Fahnen und Triumphbogen geschmückt waren. Musikkapellen spielten. Auf Spruchbändern stand: »Es lebe die Rose von Bayern!«[9]

Man freute sich, daß endlich wieder eine junge Kaiserin in die Hofburg einzog. Wien bereitete der Braut einen enthusiastischen Empfang. Alle waren sich einig, daß ihr Kaiser eine wunderschöne Frau haben würde. Daß Elisabeth sich später die Gunst der Bevölkerung verscherzte, sollte an ihr selbst liegen.

Zunächst fuhr man zum Schloß Schönbrunn, wo die Familie aus Bayern übernachtete. Dort wurden der todmüden Elisabeth nach einer beinahe viertägigen Reise und den endlosen Empfangsfeierlichkeiten ihre neue Obersthofmeisterin vorgestellt, eine ältliche, verkniffen wirkende Frau, die von Erzherzogin Sophie ausgewählt worden war und die ihr wie eine strenge Gouvernante erschien. Sie überreichte ihr ein dickes Heft, das den Titel »Alleruntertänigste Erinnerungen« trug und alle Einzelheiten der Hochzeitsfeierlichkeiten enthielt, die sie sich genau einzuprägen hatte. Das Protokoll hatte das Zeremoniell bis ins kleinste festgelegt. Es gab nichts, was dem Zufall überlassen wurde. Das Heft enthielt auch genaue Angaben darüber, wer den »großen Zutritt« bei Hof hatte und wer den »kleinen«, was mit der Stellung und dem Rang in der Adelshierarchie zusammenhing. Schon in der Verlobungszeit hatte

Franz Joseph ihr behutsam erklärt, daß sie ihre Tante und Schwiegermutter nicht mehr mit dem vertrauten Du anreden dürfe, sondern selbstverständlich Sie zu ihr sagen müsse, wie auch er es im Umgang mit seiner Mutter tat. Sein ganzes Leben lang wird er das vertraute Du nur seiner Frau und seinen Töchtern gestatten.

Am nächsten Tag – Sonntag – erfolgte um fünf Uhr nachmittags der Einzug in die Hofburg in einem von acht Zeltern gezogenen Galawagen mit goldgefaßten Rädern und Türfüllungen, die von Rubens bemalt worden waren. Das Oberteil war aus Glas, so daß auch die Bevölkerung Gelegenheit hatte, die Braut zu sehen, die »mit holdseligem« Lächeln für die Ovationen dankte, während sich »in ihrem lieblichen Antlitz die feierliche Erregung dieses Tages spiegelte«.

Tags darauf um 18 Uhr 30 kündigte ein feierliches Glockengeläute das Nahen des Brautzuges in die Augustinerkirche an. Der Kaiser, in weißer Feldmarschallsuniform, wurde von seinem Oberstkämmerer begleitet. Die Braut schritt zwischen Erzherzogin Sophie und Herzogin Ludovika. »Sie trug ein reich mit Gold und Silber besticktes, am Gürtel mit Edelgestein besetztes Kleid aus weißer Seide, in ihrem reichen Haar das Diadem, das Frau Erzherzogin Sophie an ihrem Vermählungstag getragen hat. Von den Armen und vom Hals erglänzte reicher Brillant- und Perlenschmuck. Natürlichen Rosen, zu einem Kranz geflochten, war der Platz neben dem Diadem angewiesen.«[10] Schon anläßlich eines Besuches in Possenhofen hatte Kaiser Franz Joseph seiner Braut das Diadem übergeben. Elisabeth hatte es zwar mit gebührendem Dank entgegengenommen, besonders erfreut war sie aber nicht darüber, gerade den Schmuck ihrer Schwiegermutter an ihrem Hochzeitstag tragen zu müssen.

An die tausend Menschen drängten sich in der Kirche, um Zeuge des glanzvollen Ereignisses zu sein. Das Licht aus unzähligen Kerzen funkelte auf den Galagewändern, den juwelenbesetzten Trachten der ungarischen Magnaten und auf dem Schmuck der reichsten und mächtigsten Adeligen des Landes. Der Erzbischof von Wien, Kardinal Rauscher, nahm die Trauung vor. Als das Brautpaar sich nach dem Ringwechsel die Hände reichte, donnerte die erste Geschützsalve, zu Beginn des Tedeums ertönte die zweite, und als das Brautpaar die Kirche verließ, um sich in die Hofburg zu begeben, folgte der dritte Ehrenschuß. Dort erwartete die Braut eine lange und ermüdende Gratulationscour. Die Würdenträger des Hofes, der Generalität, die Angehörigen der Hocharistokratie und alle jene, die die Ehre hatten, ihre Glückwünsche darzubringen, gingen streng nach der Rangordnung vorbei, während Elisabeth auf einem Thronsessel saß und deren Handküsse entgegennahm.

Sie ließ das alles wie in Trance an sich vorübergehen, beständig darauf bedacht, ihre Schüchternheit zu überwinden. Sie war weder stolz noch glücklich. Das ganze Zeremoniell war ihr entsetzlich peinlich und nur mit Mühe gelang es ihr, nicht in Tränen auszubrechen. Sie mochte es nicht, angestarrt zu werden, und daß selbst alte Damen vor ihr, der Sechzehnjährigen, in den üblichen Hofknicks versanken, empfand sie überhaupt als unangebracht. Vergebens sagte sie sich, daß sie nun die erste Dame des Staates war und ihr daher alle jene Huldigungen zustanden. Ganz wird sie sich an die Neugier der Menschen nie gewöhnen, und ihre Scheu vor ihnen wird zunehmen, je älter sie wird. Es war später Abend, als man zum Diner schritt, das zum Glück nur für die Familie ausgerichtet war.

Ein Wagen brachte die Neuvermählten zum Schloß Laxenburg. Genau nach Zeremoniell wurde Sisi von ihrer Mutter in das Schlafzimmer geleitet, wo sie von der Obersthofmeisterin und vier Zofen zu Bett gebracht wurde. Eine halbe Stunde später führte Erzherzogin Sophie ihren Sohn herein. So wollte es das Protokoll.

Sisi hatte ihr Gesicht in den Kissen vergraben und stellte sich schlafend. »Wie ein junger Vogel in seinem Nest«,[11] notierte Sophie in ihrem Tagebuch. Es steht nirgends geschrieben, ob Elisabeth darüber Bescheid wußte, was in einer Hochzeitsnacht vor sich ging. Üblich war es damals jedenfalls nicht, die jungen Mädchen aufzuklären, ob sie nun der Aristokratie oder dem Bürgertum entstammten. Kronprinzessin Stephanie, die Gattin Kronprinz Rudolfs, verlieh viele Jahre später dem katastrophalen Erlebnis ihrer Hochzeitsnacht Ausdruck und gab damit die Gefühle wieder, die wohl auch so manches andere Mädchen dabei empfand: »Welche Nacht! Welche Qual, welcher Abscheu! Ich hatte nichts gewußt, man hatte mich als ahnungsloses Kind zum Altar geführt. Ich glaubte an meiner Enttäuschung sterben zu müssen.« Es ist eher anzunehmen, daß den Mädchen der unteren Bevölkerungsschichten, bedingt durch die Enge der Wohnverhältnisse, ungewollt und unbeabsichtigt ein gewisser »Anschauungsunterricht« zuteil wurde. Am Kaiserhof glaubte man jedoch zu wissen, daß die Ehe des hohen Paares erst in der dritten Nacht vollzogen wurde, was auf große Rücksicht des Kaisers schließen läßt, der seine junge Frau nicht allzusehr bedrängen wollte.

Traf Kaiser Franz Joseph eine falsche Entscheidung?

Man muß die Frage leider mit Ja beantworten. Nüchtern betrachtet wäre es wohl für alle Beteiligten besser gewesen, Franz Joseph hätte Helene gewählt. Denn Elisabeth war trotz ihrer Vorzüge, ihrer Schönheit und ihrem Charme, weder eine gute Gattin noch eine fürsorgliche Mutter. Und sie war schon gar keine Kaiserin, die die Verpflichtung erfüllte, die sie ihrem Land gegenüber hatte. Gewiß, sie hatte es schwer mit Erzherzogin Sophie, die aus ihr eine

Kaiserin machen wollte, wie sie sich eine solche vorstellte. Als Resultat dieser Bestrebungen ist Sophie als der Prototyp einer bösen Schwiegermutter in die Geschichte eingegangen. Die »böse Frau« hat Sisi sie im geheimen genannt.

So ist durchaus denkbar, daß es gerade Helene, die Ernste, Vernünftige, leichter mit ihr gehabt hätte; weil sie sich eher gefügt, weniger nach Freiheit und Unabhängigkeit gestrebt und sowohl Protokoll als auch Zeremoniell als natürliche Bürden einer Kaiserin klaglos auf sich genommen hätte. Und nicht zuletzt, weil sie stolz auf ihre hohe Stellung gewesen wäre. Auch Franz Joseph wäre mit Helene letztendlich glücklicher geworden. Mit einer verständnisvolleren Frau, mit Kindern, deren Erbanlagen sich anders gemischt hätten. Wie anders wäre womöglich die Geschichte des Hauses Habsburg – und damit die Weltgeschichte – verlaufen, hätte Herzogin Ludovika damals ihre jüngere Tochter nicht nach Ischl mitgenommen. Elisabeth befand sich in Ischl genauso wie Jahrzehnte später bei ihrer tödlichen Begegnung mit Lucheni in Genf zur falschen Zeit am falschen Ort und wurde Opfer einer spontanen Entscheidung. Es wird sich noch erweisen, welche Auswirkungen diese Entscheidung auf die Heiratsaussichten ihrer Schwester Helene hatte.

Die morganatische Ehe

Herzog Ludwig in Bayern und Henriette Mendel

Er kam, sah und siegte ... So kann man beschreiben, was aus Liebe begann und in einer Ehe endete, in einer sogenannten morganatischen allerdings nur, denn die Braut war eine Bürgerliche. Eine Schauspielerin noch dazu, was besonders anrüchig war. Mit einer Bühnenkünstlerin vergnügte man sich, aber man beendete das Verhältnis zu gegebener Zeit mit einem Abschiedsgeschenk oder einer Abfindung, sollten sich Folgen eingestellt haben. Keinesfalls heiratete man sie. Vor allem nicht, wenn man Ludwig in Bayern hieß und als ältester Sohn dem Linienchef Herzog Max einmal nachfolgen sollte.

Ludwig, genannt Louis, im Jahre 1831 als erstes Kind von Herzog Max in Bayern und seiner Gemahlin Ludovika geboren, galt als der schneidigste Reiter des IV. Chevaulegers-Regiments »König«, in dem er in Augsburg als Major im aktiven Dienst stand. Er folgte damit der Familientradition, denn auch sein Vater war Oberst-Inhaber eines Chevaulegers-Regiments. Ludwig war groß, sehr schlank und sah in seiner flotten, bunten Uniform besonders gut aus. Sein privates Interesse galt hauptsächlich dem Theater, in dessen Kreisen er sich lieber aufhielt als zu Hause oder gar bei Hof. So lernte er auch die hübsche junge Schauspielerin Henriette Mendel kennen.

Henriette, das vierte der zwölf Kinder des Ehepaares Johann Adam Mendel und seiner Frau Anna Sophie wurde 1833 geboren und stammte aus bescheidenen Verhältnissen. Der Vater, Leibjäger beim hessischen Großherzog in

Darmstadt, hatte es durch seine langjährigen treuen Dienste erwirkt, daß Henriette ebenso wie ihre Schwester Elise vom Großherzog unterstützt und zur Schauspielerin, Elise zur Sängerin, ausgebildet wurde. Weder besonders begabt, noch mit Leib und Seele ihrem Beruf ergeben, spielte Henriette als »jugendliche Naive« und »sentimentale Liebhaberin« nur kleine Rollen, zuerst in Darmstadt, später in Augsburg, wo sie sich ihrer Schönheit und Anmut wegen großer Beliebtheit erfreute. Die Soldaten und Offiziere des Regiments schätzten die Angehörigen des Augsburger Theaters. Als »Fahrendes Volk« galten Schauspielerinnen in den Augen der meisten Leute als leichte Beute. Sogar in bürgerlichen Kreisen hätte man »eine von der Bühne« nur widerwillig in der Familie aufgenommen. Daß jedoch ein echter Herzog und Angehöriger des Königshauses um die Gunst einer Schauspielerin warb, war ein Ereignis.

»Mit Stiefel und Sporen sei er direkt in ihr Herz galoppiert«,[12] so beschreibt es später die Tochter der beiden.

Der hochadeligen Familie, welche zweifellos bald von der Beziehung von Ludwig und Henriette erfahren hatte, war die Angelegenheit zunächst ziemlich gleichgültig. Ein junger Mann müsse sich austoben, meinte man da wohl, und wer wäre dazu besser geeignet als ein Mädchen vom Theater. Eines Tages würde Ludwig der Tradition seines Hauses folgen und eine passende ebenbürtige Partie machen. Als Erstgeborener und Nachfolger seines Vaters war er dazu geradezu verpflichtet.

Doch Ludwig kümmerte sich nicht um die Tradition. Er liebte Henriette und nur sie und er wollte kein Verhältnis mit ihr, er wollte sie heiraten. Sie hatte ihren Schauspielberuf inzwischen aufgegeben und lebte mit Ludwig in der Augsburger Maximilianstraße.

Am 24. Februar 1858 um 10.15 Uhr schenkte Henriette einer Tochter das Leben, als deren Vater Herzog Ludwig in Bayern in das Kirchenbuch eingetragen wurde. Das

Mädchen wurde am 25. Februar in der Stadtkirche St. Ulrich und Afra von Stadtkaplan Jakob Türk auf den Namen Louise Marie Elisabeth getauft. Als Patin wurde Frau Herzogin Louise (Ludovika) in Bayern genannt, die sich allerdings durch Frau Amalie Kolb, Arztgattin, vertreten ließ. Von offener Ablehnung seitens des herzoglichen Hauses kann also keine Rede sein. Kaplan Türk, angeblich ein unehelicher Sohn König Ludwigs I., begegnen wir an anderer Stelle wieder.

Allerdings mußte Ludwig um seine Ehe kämpfen. Er spielte zwar für die bayrische Erbfolge keine Rolle, aber die Vorstellung, künftig eine Bürgerliche in der Familie zu haben, wollte man dort nicht so recht akzeptieren. Eine Fürsprecherin fand Ludwig überraschenderweise in seiner Mutter, die wohl an ihre eigene standesgemäße, aber unglückliche Ehe dachte, vor allem aber in seiner Schwester Sisi.

Sie hatte in Wien ihre liebe Not mit Erzherzogin Sophie, aber auch mit Tradition und Protokoll. Daher brachte sie für den Wunsch ihres Bruders, der Etikette ein Schnippchen zu schlagen und die Frau seiner Wahl zu heiraten, größtes Verständnis auf. Sie unterstützte ihn, wo immer sie konnte. Man sagt sogar, daß sie persönlich bei König Maximilian II. von Bayern vermittelnd eingriff. Als Ergebnis dieser Bemühungen verzichtete Ludwig auf sein Erstgeburtsrecht. Das bedeutete den Verlust beträchtlicher Einkünfte und den Verzicht seines Anspruchs auf die bayrische Thronfolge, in seinem Fall eine bloße Formalität.

Einen solchen hätte Prinz Karl Theodor, Königlich-bayrischer Feldmarschall und einziger Bruder König Ludwigs I. vielleicht sogar gehabt, hätte er nicht bürgerlich geheiratet. Und das sogar zweimal! »Der Adel des Geistes meiner beiden Frauen hat mich genügend für ihren Stammbaum entschädigt«, sagte er später zu seinem Neffen Ludwig. »Ich war glücklich und das ist mehr als viele unseres Standes nach der Ehe mit Ebenbürtigen sagen können.«[13] Vielleicht hat auch dieses Beispiel Ludwig zu seinem Entschluß ermutigt.

Die Freifrau von Wallersee

Am 9. Mai 1859 brachte Henriette einen Sohn zur Welt, am 19. Mai erhob König Maximilian sie samt ihren Nachkommen in den bayrischen Adels- und Freiherrenstand. Sie erhielt den Titel einer Baronin von Wallersee. Bereits eine gute Woche später fand in der bischöflichen Hauskapelle ihre Hochzeit mit Herzog Ludwig in Bayern statt. Die beiden Kinder wurden dadurch legitimiert. Einen Tag nach der Trauung wurde der neugeborene Karl Emanuel Freiherr von Wallersee getauft, starb aber schon nach kaum drei Monaten an der Bauchschwindsucht, einer damals öfter vorkommenden Todesursache bei Babys. Die kleine Marie Louise blieb das einzige Kind des Ehepaares. Kaiserin Elisabeth empfand großes Mitleid mit den trauernden Eltern. Sie wußte was es bedeutet, ein Kind zu verlieren. Ihr erstgeborenes Töchterchen, die kleine Sophie, war im Alter von knapp zwei Jahren gestorben.

Die Erhebung Henriettes in den Freiherrenstand änderte allerdings nichts daran, daß adelsstolze Kreise, ein Teil der Familie eingeschlossen, sie weiterhin als unerwünschten Eindringling in ihre erlauchte Gesellschaft betrachteten. Um so mehr fühlte sich Kaiserin Elisabeth verpflichtet, die Schwägerin, die sie persönlich sehr schätzte, zu protegieren und sich, wo immer es ging, an ihre Seite zu stellen.

Obwohl Henriette sich durch ihre Bescheidenheit und ihr Taktgefühl Achtung und Zuneigung durchaus verdiente, existierte sie im offiziellen Bayern nicht. Morganatische Ehen wurden nicht dokumentiert. Auch Ludwig wurde deswegen von vielen seiner Standesgenossen mißachtet.

Ein neues Heim, ebenfalls in der Augsburger Maximilianstraße gelegen, wurde zum repräsentativen Wohnsitz der kleinen Familie, zu dem im Sommer ein Häuschen am Starnberger See kam und für den passionierten Jäger Ludwig eine Jagdhütte im Gebirge.

Zum Theater pflegte Ludwig weiterhin Kontakt. Und das in einer seltsamen Rolle, die man eigentlich kaum für möglich hält. Er betätigte sich öfter als eine Art von Inspizient. Durch seine unkonventionelle Heirat hatte er zwar bewiesen, wie wenig er von höfischen Geboten hielt, aber auf der Bühne war es ihm wichtig, daß die Etikette streng eingehalten wurde. So durfte eine Prinzessin ja nicht allein, sondern immer nur von einer Hofdame begleitet sein ...

Die Zuneigung der Kaiserin zur Familie ihres Bruders erstreckte sich im Laufe der Jahre auch auf die kleine Baronesse Marie Louise von Wallersee. Vielleicht fand sie in der Nichte, die lieber mit Tieren spielte als mit Puppen und meist im Pferdestall zu finden war, eine ihr verwandte Seele. Jedenfalls wird sie den Lebensweg Marie Louises jahrelang mitbestimmen. Bis ein Ereignis eintreten wird, das die beiden für immer trennt.

Die Heldin von Gaeta

Marie Herzogin in Bayern

Nachdem Elisabeth – ob glücklich oder unglücklich – auf dem Kaiserthron in Österreich saß, bemühte sich Ludovika, auch für ihre nächste Tochter einen attraktiven Ehepartner zu finden. Attraktiv, das hieß in ihren Augen, daß er seiner Auserwählten in absehbarer Zeit eine Königskrone in Aussicht stellte. An ihrem Mann hatte Ludovika keine Hilfe. Er lachte höchstens über ihre »Kuppeleiversuche«, falls er überhaupt zu Hause war. Ende des Jahres 1857 führten ihre Anstrengungen zum Erfolg.

Am 17. Dezember berichteten die *Münchner Neuesten Nachrichten* aus Wien: »Der Kronprinz von Neapel wird in der zweiten Hälfte des nächsten Monates hier eintreffen und sich Anfang Februar nach Bayern begeben. Die Vermählung mit Prinzessin Helene, einer Schwester unserer Kaiserin, wird im Laufe des Herbst stattfinden.« Die Meldung war reichlich fehlerhaft, vor allem, was die Braut betraf. Es handelte sich nicht um Helene, sondern um die damals sechzehnjährige Prinzessin Marie. Und persönlich würde der Kronprinz auch nicht kommen. Dennoch war Herzogin Ludovika stolz auf die Bewerbung. Der künftige König von Neapel war für eine Herzogin in Bayern eine großartige Partie.

Im Prinzip ja. Kannte Ludovika wirklich nicht die Situation, die in Neapel seit Jahren herrschte? Oder hielt sie sie für unbedenklich?

Das Land hatte eine wechselvolle Geschichte hinter sich. Ursprünglich spanisches Vizekönigtum fiel es 1735 als Sekundogenitur an die spanischen Bourbonen, die es nach dem Zwischenspiel der napoleonischen Herrschaft beim Wiener Kongreß erneut zugesprochen bekamen. Sie nannten sich nun »Könige von Neapel und beider Sizilien«, wobei das »zweite« Sizilien die heutigen süditalienischen Provinzen wie Apulien, Calabrien und Basilicata umfaßte.

Als stabil erwies sich das Reich jedoch nicht. Das absolutistische Regime führte zu Attentaten und Aufständen. Der streng-konservative König Ferdinand II. verteidigte seine Herrschaft mit blutigen Maßnahmen. Ein umfangreiches Spitzelwesen sorgte dafür, daß verdächtige Elemente unschädlich gemacht wurden. Die von ihm angeordnete Beschießung des rebellischen Messina brachte ihm den Beinamen »Re Bomba« ein. Im Revolutionsjahr 1848 konnte ein Aufstand nur mit österreichischer Hilfe unterdrückt werden. Der Thron, den die zukünftige Königin an der Seite ihres Gatten Franz II. einmal einnehmen sollte, schwankte also bedenklich.

Obwohl Marie ebenso wie ihre Schwestern sehr hübsch war, hatte die geplante Heirat vor allem politische Gründe. Wenn Franz sie heiratete, wurde er zum Schwager des mächtigen Kaisers von Österreich. Und Österreich, ebenfalls absolutistisch regiert, hatte schon einmal geholfen, das Regime in Neapel zu stützen. Wie bei Fürstenheiraten üblich, kannte die Braut den Bräutigam nur von einer Elfenbeinminiatur, die man ihr aus Neapel zukommen ließ. Daß das Äußere des jungen Mannes darauf sehr schmeichelhaft wiedergegeben war, hatte sie über Elisabeth von den habsburgischen Verwandten erfahren, die in Italien herrschten. Wohl war Marie also nicht zumute, als die Heirat festgesetzt wurde. Sie konnte nur das Beste hoffen.

»Am Nachmittag gegen 3 Uhr fand am königlichen Hof die feierliche Anwerbung Seiner königlichen Hoheit des Kronprinzen beider Sizilien um die Hand Ihrer Königlichen Hoheit, der Prinzessin Marie, Herzogin in Bayern, durch den für diesen Akt persönlichen bevollmächtigten Gesandten, Herrn Grafen von Ludolf, statt«, stand am 23. Dezember 1858 in den *Münchner Neuesten Nachrichten.* Und am 4. Januar 1859: »Der feierliche Trauungsakt durch Prokuration des Kronprinzen beider Sizilien mit Prinzessin Marie findet am 8. Januar 1859 in der Allerheiligen-Hofkirche statt. Als Stellvertreter des Bräutigams fungiert Seine Königliche Hoheit Prinz Luitpold.«

Auch sonst wußte die Presse genau Bescheid und berichtete minutiös, etwa – daß der königliche Hof in Gala, die Damen im »Hofmantel« zu erscheinen hatten und Prinz Luitpold in Begleitung des Gesandten Grafen von Ludolf und des Gesandtschaftsattachés Cavaliere Bianchini exakt um 7 Uhr 15 die Kirche betrat und dann »die Königlichen Hoheiten Herzog und Herzogin Max in Bayern mit Prinzessin Marie, die Braut zwischen den Eltern, auf der Tribüne an der Epistelseite Platz nahmen«. Es folgten »die Majestäten und der gesamte Hof unter Paradierung der Hartschier-Leibgarde«. Selbst da fehlte das Militär nicht. Denn »mit dem Eintritt der Majestäten in die Hofkirche wurden 60 Kanonenschüsse abgefeuert«.

Das Zeremoniell war auch hier genau geregelt und kompliziert: »Nachdem Seine Majestät den Befehl zum Eintritt des die Trauung vollziehenden Herrn Erzbischofs gegeben hat, verrichtete der Herr Erzbischof am Altar die Weihe der Ringe. Hierauf begaben sich Seine Königliche Hoheit Prinz Luitpold zu dem bereitstehenden Betschemel. Sodann wurde Seine Königliche Hoheit Herzog Ludwig als Brautführer eingeladen, die durchlauchtigste Braut dahin und zwar zur Linken des Bräutigams zu geleiten. Der Pfarrer der St. Ludwigskirche verlas nun wörtlich die Prokuration in deutscher Übersetzung.« Es folgte die Aufforderung zum Jawort, zuerst an Prinz Luitpold, dann an die Braut. Die geweihten Ringe wurden wechselseitig angesteckt, die beiden Hände ineinandergelegt, worauf der Erzbischof den Segen erteilte. Die Feierlichkeit endete mit einem Tedeum. In den Gemächern des Königs fand ein Familiendiner statt.

Eine solche Art der Trauung war in fürstlichen Familien durchaus Brauch. Die Entfernungen zwischen den Ländern waren groß, die Straßenverhältnisse schlecht. Eine Reise dauerte oft Wochen. Ein mittelalterliches Zeremoniell wenigstens blieb Marie erspart. Dazu gehörte es nämlich, daß sich Braut und der Ersatzbräutigam nebeneinander ins Bett legten. Vollständig angekleidet natürlich und in Gegenwart von Zeugen. Für den symbolischen Vollzug der Ehe reichte dann eine Berührung an Hand und Fuß der Braut. Früher lag zwischen ihr und dem »Bräutigam« sogar ein Schwert. Nicht anders als ihre Schwester Elisabeth hatte auch Marie einiges an Feierlichkeiten mitzumachen. Das diplomatische Corps und der gesamte hoffähige Adel Münchens mußte empfangen werden, eine Galavorstellung im Hoftheater und ein Hofball waren zu absolvieren. Ob sie sich diesen Verpflichtungen auch so unwillig unterzog wie Elisabeth?

Zum gleichen Zeitpunkt, so wurde es den Lesern im selben Blatte mitgeteilt, befanden sich die ersten österreichischen Truppen in Stärke von 30000 Mann auf dem Weg zum lombardo-venetianischen Kriegsgebiet.

Marie Prinzessin von Kalabrien reist in ihr zukünftiges Reich

Am 13. Januar reiste Marie nach der Mittagstafel in Begleitung ihres Bruders Ludwig per Bahn über Leipzig und Prag nach Wien. Dort wurde sie im festlich geschmückten Nordbahnhof vom Kaiserpaar, den dort anwesenden Erzherzögen und vielen Würdenträgern empfangen und durch die Stadt zur Hofburg geleitet. Auch das ließ sich die Presse nicht entgehen. »Auf den Straßen war die elegante Bevölkerung zahlreich versammelt und das schöne Wetter begünstigte die Reise der hohen Frau«, wußte sie am 16. Januar 1859 zu melden.

Die geplante baldige Abreise Maries nach Triest mußte verschoben werden. Der Schwiegervater Maries, König Ferdinand II. von Neapel und beider Sizilien, war erkrankt. Obwohl die Communiqués über die Art seiner Krankheit widersprüchlich waren und eine ganze Weile durchaus optimistisch klangen, sollte er sich nie mehr erholen.

Marie war nicht gerade traurig über die Verzögerung, und Elisabeth, glücklich ihre Schwester bei sich zu haben, tat alles, um ihr den Aufenthalt in Wien so schön und so abwechslungsreich wie möglich zu gestalten. Mutter Ludovika fürchtete schon, ihre Tochter würde sich so an das Leben dort gewöhnen, daß ihr die Reise nach Neapel um so schwerer fallen würde. Immer, wenn jemand von ihrer Familie zu Besuch war, blühte Elisabeth auf. Sie spürte nichts von den Wehwehchen, die sie sonst quälten, was darauf schließen läßt, daß diese eher psychischer als physischer Natur waren.

Doch Ende Januar war es endgültig soweit. In Begleitung der Kaiserin und Herzog Ludwig reiste Marie mit einem Extrazug nach Triest. Dort hatten die Geschwister Gelegenheit, Zeugen einer mittelalterlich anmutenden Zeremonie zu werden.

Der große Saal des Statthalterpalastes war durch eine Schnur in der Mitte abgeteilt worden. Sie war Symbol für die Grenze zwischen Bayern und Neapel. Zwei Beine eines Tisches, der darunter stand, befanden sich in »Bayern«, zwei in »Neapel«. Marie mußte sich auf den Sessel setzen, der auf der bayrischen Seite stand, worauf die Delegationen der beiden Mächte, jede auf ihrer Seite, unter Wahrung aller höfischen Formen die notwendigen Dokumente austauschten. Nach gebührender Verabschiedung Maries seitens der Bayern wurde die Seidenschnur entfernt und die Braut mußte sich in den »neapolitanischen« Sessel setzen. Nach der Vorstellung der Delegation ihres neuen Landes geleiteten sie ihre Mitglieder schließlich zur Jacht »Fulminante«, die im Hafen bereitlag. Jetzt galt es endgültig und mit vielen Tränen Abschied von den Geschwistern zu nehmen. Die Segel wurden gelichtet, die Jacht nahm Kurs auf Bari. Marie, Prinzessin von Kalabrien, Kronprinzessin von Neapel und beider Sizilien war allein. Ein siebzehnjähriges Mädchen, das bisher nur im Kreise ihrer Familie gelebt hatte, war nun völlig sich selbst überlassen. Die Menschen, die sie umgaben, waren ihr fremd, genau wie die Sprache, von der sie höchstens ein paar Worte verstand. Das einzige Lebewesen, das sie aus der Heimat hatte mitnehmen dürfen, war ihr Kanarienvogel.

König Ferdinand, der trotz aller hoffnungsvollen Berichte schwer krank und schon deutlich vom Tode gezeichnet war, reiste dennoch nach Bari. Er war aber bereits so schwach, daß er die Schwiegertochter nicht empfangen konnte. So mußte die Reise nach Neapel einige Male aufgeschoben werden.

In Bari stand Marie dem Kronprinzen zum ersten Mal von Angesicht zu Angesicht gegenüber. Die Enttäuschung hätte nicht größer sein können. Denn dieser Franz Prinz von Kalabrien, wie sein Titel lautete, war von seiner äußeren Erscheinung noch weit unscheinbarer als sie es sich je vorgestellt hatte. Und nur zu bald sollte sie erkennen, welch Geistes Kind er war. Von einem nahezu religiösen Wahn befallen, beschränkte sich sein Interesse auf Kirchenliteratur und Heiligenlegenden. Seine eigene Mutter hatte er nie gekannt. Seine Stiefmutter, Marie Therese aus dem Hause Habsburg, hat seine Schwäche von Anfang an ausgenützt und jede Willensregung in ihm unterdrückt. Er hatte große Angst vor ihr.

Das war jedoch nicht alles. Nur zu bald sollte Marie erfahren, daß der Mann, dessen Gattin sie eigentlich schon war, gar nicht imstande war, die Ehe zu vollziehen. Eine körperliche Anomalie, eine sogenannte Phimose, verhinderte es. Maries Gatte war impotent. Eine Operation hätte das Problem leicht beheben können, aber Franz' offenbar nur gering ausgeprägtes erotisches Verlangen unterlag anscheinend der Furcht vor dem Eingriff.

Die kirchliche Trauung fand in Bari statt, wo sich der Hof wegen der angeblich nur »leichten« Erkrankung des Königs immer noch aufhielt. Die historische Dokumentation der Hochzeitsnacht ist widersprüchlich. Einem Bericht zufolge verbrachte Marie die Nacht, von der sich Frauen im allgemeinen die Nacht ihres Lebens erträumen, allein in einem altertümlichen Himmelbett, umgeben von düsterem, steifem Prunk. In einer anderen Darstellung wurde sie altem Brauch entsprechend mit ihrem schüchternen Ehemann im Hochzeitsgemach eingeschlossen, während er fast die ganze Nacht in einer Ecke kniete und betete und sie unaufhörlich weinte. Einer dritten Version gemäß ist davon die Rede, der Kronprinz habe die ganze Nacht – im abgeschlossenen Hochzeitsgemach – an Übelkeit gelitten und sie mit Durchfällen und Erbrechen verbracht. Was immer sich auch damals wirklich abgespielt haben mochte, eine Hochzeitsnacht dieser Art lag ganz gewiß jenseits aller Vorstellungen der Braut.

Am 9. März landete die königliche Familie nach einem Pressebericht in Castellamare, von wo der König in einem

»Bettwagen« nach Caserta reiste. Dort wurde er an einer »Schenkelgeschwulst« operiert. Was ihm wirklich fehlte, wurde nie enthüllt… Dem *Brockhaus* zufolge litt er an den Folgen eines Attentats, worüber begreiflicherweise nicht gerne gesprochen wurde.

Marie war überall mit Prunk und Pomp umgeben: in Neapel im Palazzo Reale von Capodimonte mit seinen über hundert Räumen, und im Königsschloß von Caserta, in das der Hof schließlich übersiedelte. Es war hundert Jahre zuvor für König Karl III. im neapolitanischen Spätbarock erbaut worden und von gewaltigen Ausmaßen. Der Bau hatte 1200 Räume, und sollte dem berühmten Schloß von Versailles Konkurrenz machen. Ebenso riesig war der Park, der sich über eine Größe von 120 Hektar erstreckte. Es gab einen Brunnen der Delphine und der Demeter, einen des Äolus mit einem großen Wasserfall, alle mit einer Unzahl von kunstvoll gestalteten steinernen Nymphen und antiken Göttergestalten geschmückt. Alles in allem repräsentierte das Schloß den Geist des Ancien Regime, der im Königreich Neapel noch immer herrschte, so als hätte es nie eine Französische Revolution gegeben.

Wenige Wochen nach Maries Ankunft in Neapel starb König Ferdinand II. Sein ältester Sohn Franz, so unfähig er auch war, trat die Regierung an. Zu sagen hatte er nichts, denn die Politik leitete absolutistisch und ultrakonservativ wie eh und je die Königin-Witwe Marie Therese. Prinzessin Marie war wenigstens formal Königin geworden. Sie sollte es nicht lange bleiben.

Krieg in Italien

Die Einigung Italiens ließ sich nicht mehr aufhalten. Und sie betraf nicht nur das Königreich Neapel-Sizilien, sondern auch sämtliche habsburgischen Besitzungen: das Großherzogtum Toscana, das Herzogtum Modena und das zur österreichischen Monarchie zählende Königreich Lombardo-Venezien. Das Revolutionsjahr 1848 begann in Mailand mit einem Boykott österreichischer Zigarren. Der damals 82jährige Feldmarschall Radetzky hatte daraufhin mit seinen Siegen in der Poebene die Ruhe wiederhergestellt, konnte aber nicht verhindern, daß es in Italien weiterhin gärte. Als das Kaiserpaar 1856 sein Königreich bereiste, fuhr es wie durch ein feindliches Land. Der lombardische Adel ignorierte den Besuch, die Bürger in den Städten zeigten offen ihre Aversion, in Mailand schickten die Honoratioren ihre Dienerschaft in die Galavorstellung der Mailänder Scala, um den Monarchen und seine Gemahlin zu brüskieren. Als Nachfolger Radetzkys wurde Erzherzog Ferdinand Max, der jüngere Bruder des Kaisers, zum Generalgouverneur in Mailand eingesetzt. Er versuchte es mit Güte, jedoch ohne Erfolg. Als er sich weigerte, den von Wien befohlenen harten Kurs zu steuern, wurde er durch einen General ersetzt.

Die Einigung Italiens vollzog sich unter der Schirmherrschaft Frankreichs, das Österreich von dort vertreiben wollte. Zu diesem Zweck schmiedeten Piemont-Sardiniens Ministerpräsident Cavour und Kaiser Napoleon III. ein geheimes Bündnis. Da sie nicht als Aggressoren an den Pranger gestellt werden wollten, mußte die Monarchie so lange provoziert werden, bis sie die Geduld verlor und von sich aus die Feindseligkeiten eröffnete. Der Preis für Frankreichs Unterstützung war die Abtretung von Savoyen und Nizza. König Viktor Emanuel von Piemont-Sardinien war bereit, ihn zu bezahlen.

Österreich verhielt sich genauso wie die Bündnispartner es wünschten. Es ließ sich tatsächlich herausfordern. Die Militärs riefen nach Krieg. Alles konnte man sich schließlich nicht von diesem kleinen aufsässigen Nachbarn gefallen lassen. Freunde hatte die Monarchie keine. Bismarck war höchst interessiert daran, sie zu schwächen, um Preußen die Vorherrschaft im Deutschen Bund zu sichern. Und Rußland war verärgert. Es hatte Franz Joseph im Jahre 1848 mit massivem militärischen Einsatz geholfen, die rebellischen Ungarn zu besiegen. Als es später im Krimkrieg gegen die Türkei, Frankreich und England selbst hätte Beistand gebrauchen können, erklärte Österreich bloß seine Neutralität. Der Zar nahm das übel. Die Monarchie wird die Feindschaft Rußlands bis über ihr Ende hinaus leidvoll zu spüren bekommen.

Österreich stand also allein. Das wäre vielleicht noch nicht so schlimm gewesen, weil es dem kleinen Piemont militärisch überlegen war, wenigstens solange sich die französischen Truppen noch im Anmarsch befanden. Doch der Oberbefehlshaber Graf Gyulai war überfordert. Er war ängstlich, seine Organisation war chaotisch. Dadurch, daß er zögerte und einer Entscheidung auswich, verlor er kostbare Zeit.

Franz Joseph übernahm nun den Oberbefehl, »über Meine gegen den Feind stehenden Armeen«. Er wolle »an der Spitze Meiner braven Truppen den Kampf fortsetzen, den Österreich für seine Ehre und sein gutes Recht aufzunehmen gezwungen ist«.[14]

Aber der junge Kaiser war kein Cäsar und noch weniger ein Napoleon. Was er am Militär vor allem schätzte, waren die glanzvollen Paraden und Manöver, in denen er sich auch noch im hohen Alter von der Kampfstärke seiner Truppen überzeugen konnte. Viele Briefe an seine »liebe, gute Freundin« Katharina Schratt geben davon Zeugnis.

In Solferino fand jedoch weder eine Parade noch ein Manöver statt; dort herrschte blutiger Ernst. Die Schlacht gegen die vereinigten Truppen von Piemont-Sardinien und Frankreich ging verloren und mit ihr die ganze Lombardei und die italienischen Fürstentümer. Nicht die Truppe war die Ursache, sondern die Unfähigkeit der Führung. Sie brachte Napoleon III., und damit Piemont-Sardinien, den Sieg.

Napoleon gestand später dem Prinzen von Coburg, daß er seinen Sieg eigentlich nur dem Zufall zu verdanken habe. Seine Truppen seien schlecht ausgerüstet und eigentlich dem Feind unterlegen gewesen. Er zweifelte nicht daran, daß die Österreicher gesiegt hätten, wenn Franz Joseph seine Reserven eingesetzt hätte, denn der Kaiser sei ein bedeutender Mann, aber unglückseligerweise fehle es ihm an Willenskraft. Volksabstimmungen in der Toscana, in Modena und Parma brachten bald darauf einen überwältigenden Sieg für den italienischen Nationalismus. Viktor Emanuel zog in Florenz ein, im Süden eroberte Garibaldi mit seinen Freischaren Sizilien und marschierte gegen Neapel.

Alle Hilferufe der jungen Königin an Schwester und Schwager in Wien blieben vergeblich. Zwar reisten Elisabeths Brüder Ludwig und Carl Theodor nach Wien, um zu beratschlagen, wie man helfen könnte, aber so traurig die Lage des verschwägerten Paares auch war, Kaiser Franz Joseph hatte mit seinem eigenen Land genug zu tun. Nie war er so unbeliebt gewesen wie nach diesem verlorenen Krieg, der außer dem Verlust des Landes auch eine Menge Tote und Verwundete gekostet hatte.

Elisabeth war verzweifelt. Das Schicksal der jüngeren Schwester und ihre eigene Ohnmacht belasteten ihren labilen Gesundheitszustand und darüber hinaus ihre Ehe so sehr, daß sie kurzerhand mit ihrem Töchterchen Gisela Zuflucht und Trost in Possenhofen suchte.

Eheschwierigkeiten in Wien

Elisabeth fühlte sich in Wien nie wohl und wurde dort keinesfalls heimisch. Kaum den Kinderschuhen entwachsen war sie Hals über Kopf in eine Ehe getaumelt, vom gemütlichen München und dem ländlichen Possenhofen an den steifen Prunk der kaiserlichen Hofburg sowie in das düstere Laxenburg geraten. Sie selbst hatte dabei eine eher passive Rolle gespielt. Gewiß, der größte Stein des Anstoßes in Wien war Schwiegermutter Sophie mit ihrer schulmeisterlichen Art und ihren Versuchen, die junge Kaiserin zu erziehen. Aber das war es nicht allein. Nicht einen einzigen vertrauten Menschen hatte sie von zu Hause mitbringen dürfen. Nur Fremde umgaben sie, sogar ihre Hofdamen hatte Erzherzogin Sophie ausgewählt. Elisabeth vermutete wohl nicht ganz zu Unrecht, daß diese dazu verpflichtet worden waren, sie zu beobachten und auszuhorchen, um der Erzherzogin darüber zu berichten.

Ihre einzige Bezugsperson war ihr Mann. Kein Zweifel, daß sie in der ersten Zeit ihrer Ehe die wärmsten Gefühle für ihn hegte, sich nach ihm sehnte und weit mehr mit ihm beisammen sein wollte als es dann der Fall war.

Doch Franz Joseph war der Kaiser eines großen Landes, der seine Pflichten hatte. Das war ihm von Jugend an anerzogen worden, folglich stand deren Erfüllung zeit seines Lebens an erster Stelle. Das bedeutete, daß er früh am Morgen in die Hofburg fahren mußte und erst abends wieder zurückkam. Dafür erwartete er von Sisi Verständnis. Wußte sie doch, daß er sie liebte! Aber Sisi verstand es nicht. Sie fühlte sich unglücklich und einsam.

Ganz am Beginn ihrer Ehe hatte sie sich heimlich davongemacht und war zu ihrem Mann in die Hofburg gefahren, wofür sie von ihrer Schwiegermutter hart getadelt wurde. Was ihr denn eingefallen sei, ihrem Mann nachzulaufen! Das schickte sich nicht, schon gar nicht für eine Kaiserin!

Die unzähligen Paragraphen des spanischen Hofzeremoniells, die ihr vorgegeben waren, besagten, daß sich vieles für sie nicht gehörte. Beispielsweise wurde es ihr unmißverständlich klargemacht, daß sie ein Paar Schuhe nur einmal tragen dürfe, was ihr begreiflicherweise unsinnig und in höchstem Maße verschwenderisch erschien, zudem mußte sie zur Kenntnis nehmen, daß an der Hoftafel ein vulgäres Getränk wie Bier, auch heimatlich-bayrisches, nicht serviert wurde. Der Kaiserin sei nur erlaubt, an einem Glas Wein zu nippen. Das fiel Sisi als gebürtiger Münchnerin schwer, erinnerte sie sich doch an die Besuche mit ihrem Vater in ländlichen Bierwirtschaften, wie sie beide mit Genuß einen kräftigen Schluck aus dem Maßkrug genommen hatten.

Für Franz Joseph waren diese Vorschriften ganz selbstverständlich, denn er war sie von Jugend an gewöhnt. Elisabeth befolgte sie zwar, aber mehr »der Not gehorchend als dem eig'nen Trieb«, jedoch ihre innere Rebellion dagegen blieb zeitlebens erhalten. Und damit das Bestreben, ihnen zu entfliehen, sooft es ging; zunächst in ihr geliebtes »Possi«, später in die weite Welt. Sie flüchtete sich in ihre Dichtkunst, verfaßte sehnsuchtsvolle Reime, die ihre seelische Verfassung widerspiegeln. Nachfolgendes Gedicht entstand zwei Wochen nach ihrer Hochzeit.

Oh, daß ich nie den Pfad verlassen,
Der mich zur Freiheit hätt' geführt.
Oh, daß ich auf der breiten Straßen
Der Eitelkeit mich nie verirrt!
Ich bin erwacht in einem Kerker,
Und Fesseln sind an meiner Hand.
Und meine Sehnsucht immer stärker –
Und Freiheit! Du, mir abgewandt!
Ich bin erwacht aus einem Rausche,
Der meinen Geist gefangenhielt,
Und fluche fruchtlos diesem Tausche,
Bei dem ich Freiheit! Dich – verspielt.

Es ist viel geschrieben worden über die Kämpfe, die Kaiserin Elisabeth mit ihrer Schwiegermutter um ihre Kinder auszufechten hatte.

Aber die gestrenge Erzherzogin mußte der jungen Kaiserin zugute halten, daß sie ihre dynastische Pflicht pünktlich erfüllte. Schon ein Jahr nach der Hochzeit, 1855, kam das erste Kind zur Welt. Es wurde nach der Erzherzogin Sophie benannt, die auch als Patin fungierte. Elisabeth war angeblich gar nicht gefragt worden. Ein Jahr später folgte das zweite, Gisela. Daß beide Kinder Mädchen waren, konnte man der Mutter wirklich nicht vorwerfen. Im Jahre 1858 wird endlich der sehnlichst erwartete Thronfolger geboren werden.

Dennoch kam es schon um die kleine Sophie zu schlimmen Auseinandersetzungen. Die Großmutter hatte das Personal für die »Kindskammer« ausgewählt, deren Räume sich nicht neben denen der Eltern, sondern neben den ihren in einem anderen Stockwerk befanden. Auch Gisela wurde der Obhut der Großmutter übergeben. Diese war immer anwesend, wenn die junge Mutter ihre Kinder besuchte. Alle Proteste Sisis waren vergeblich. Kaiser Franz Joseph versuchte zwar zu vermitteln, aber auch er war der Meinung, daß seine Mutter es doch nur gut meine und mehr Erfahrung in der Kindererziehung habe als seine junge Frau.

Schließlich setzte Elisabeth es gegen den Wunsch der Erzherzogin durch, die beiden Kinder auf eine Reise nach Ungarn mitzunehmen. Ein verhängnisvoller Entschluß. Die kleinen Mädchen erkrankten. Während die jüngere Gisela wieder gesundete, starb die kleine Sophie.

»Unsere Kleine ist ein Engel im Himmel... Wir sind vernichtet...«,[15] telegraphierte der Kaiser seiner Mutter aus Budapest.

Sisi war verzweifelt, und es dauerte lange, ehe sie sich wieder beruhigte. Sie gab sich am Tod ihres Kindes die Schuld und wehrte sich nicht mehr gegen die Vorherrschaft ihrer Schwiegermutter. Die Folge davon war, daß es ihr versagt blieb, ein inniges Verhältnis zu ihren älteren Kindern zu finden.

Sooft die Kaiserin konnte, flüchtete sie nach Possenhofen. Im Frühjahr 1860 blieb sie so lange, bis sie zum Geburtstag des Kaisers am 18. August zurückkehren mußte. Bruder Carl Theodor und Schwester Mathilde begleiteten sie. Allein wollte sie ihrem Mann und Erzherzogin Sophie offensichtlich nicht begegnen, die über ihre lange Abwesenheit verärgert waren. Nervliche Belastungen und Schlankheitskuren verschlechterten ihren Zustand jedoch so sehr, daß der Arzt sogar eine gefährliche Lungenerkrankung feststellte, die einen längeren Aufenthalt im Süden erforderte. Die Wahl fiel auf die Insel Madeira. Die Reise der Kaiserin bot zu vielen Gerüchten Anlaß, denn man glaubte nicht so recht an eine Lungentuberkulose. Bald war von einer Geschlechtskrankheit die Rede, mit der Franz Joseph seine Frau angesteckt haben soll. Genaues wird sich nie mehr feststellen lassen. Es scheint jedoch historisch erwiesen, daß er gelegentlich aus seiner unerfreulichen Ehe die Konsequenzen zog und anderswo Trost suchte. Es spricht auch vieles dafür, daß es sich bei den Krankheitssymptomen der Kaiserin um eine neurotische Reaktion handelte, eine psychosomatische Störung. Ein Beweis dafür ist, daß sie sofort gesund wurde, sobald sie Wien, ihren Mann und ihre Kinder verließ. Da waren die Hustenanfälle, das Fieber und die Schwäche sehr bald vorbei. Vor allem Wien mit seiner Hofburg und den damit verbundenen Pflichten war ihr verhaßt.

Elisabeth blieb nahezu ein halbes Jahr auf Madeira, ehe sie zu Mann und Kindern nach Wien zurückkehrte. »... Gott gebe nur, daß Ihm Sisi jetzt eine glückliche Häuslichkeit gewährt... Wenn sie nur... ihr Glück recht zu schätzen und zu genießen weiß, wenn er nur alles in ihr findet, was er verdient... als Balsam und Wohltat für das Schwere, Schmerzliche seiner Stellung, für all den Undank, den er erfahren muß«,[16] schrieb Sophie am 21. Mai 1861. Ihr Wunsch wurde nicht erhört. Schon nach vier Tagen erkrankte Elisabeth erneut. Der Arzt, Dr. Skoda, stellte eine galoppierende Lungenschwindsucht fest und riet zu einem erneuten Aufenthalt im Süden. Diesmal fiel die Wahl auf Korfu.

Jetzt glaubte wirklich jeder an eine lebensbedrohende Krankheit. »Traurige Trennung von unserer lieben Sisi, vielleicht fürs Leben«, schrieb Erzherzogin Sophie in ihr Tagebuch... »sie bat mich um Verzeihung für den Fall, daß sie für mich nicht so gewesen ist, wie sie es hätte sein sollen. Ich kann meinen Schmerz, den ich empfand, nicht ausdrücken. Er zerriß mir das Herz.«[17]

Da sich Elisabeths Zustand auch im Süden nicht bald besserte, wandte sich der Kaiser an seine Schwägerin Helene um Hilfe. Es fiel der Schwester, die inzwischen in glücklicher Ehe lebte und zwei Kinder hatte, nicht leicht, seine Bitte zu erfüllen, und die lange und beschwerliche Reise nach Korfu zu unternehmen. Doch die schwesterliche Liebe siegte. Und tatsächlich besserte sich Sisis Befinden bald nach Helenes Ankunft.

Erst nach einem einjährigen Aufenthalt in Korfu und Venedig, einer Kur in Kissingen und einem Besuch in Possenhofen, wo sich gerade ihre Schwester Marie in ziemlichen Schwierigkeiten befand, kehrte Elisabeth endlich nach Wien zurück. Die Bevölkerung empfing sie mit zwiespältigen Gefühlen. War sie nun krank? Oder war sie es nicht? Am meisten bedauerte man wohl den Kaiser, dem das Schicksal eine so unberechenbare Gattin zur Seite gestellt hatte.

Auch politisch stand es für Franz Joseph nicht zum besten. Zur großen Mißbilligung von Erzherzogin Sophie, die darin bereits den ersten Schritt zum Untergang des Reiches sah, mußte er im Oktober 1860 dem Volk einige Zugeständnisse machen. Daraus entstand schließlich das Februar-Patent, was bedeutete, daß künftig ein Oberhaus, welches aus erblichen und ernannten Mitgliedern sowie ein Abgeordnetenhaus, das aus den frei nach dem Kurienverfahren Gewählten bestand, mitbestimmen sollten.

Im Frühjahr 1864 nahm Erzherzog Ferdinand Max, der Bruder Franz Josephs, die Krone von Mexiko an. Zeit seines Lebens hatte er darunter gelitten, der Jüngere zu sein, und seit der Geburt des Kronprinzen war er auch in der Thronfolge ein Stück nach hinten gerückt. Oberbefehlshaber der österreichischen Flotte zu sein und auf seinem Schloß Miramar bei Triest zu leben, um nur tagtäglich aufs Meer zu blicken, befriedigte weder seinen Ehrgeiz noch den seiner Gattin Charlotte, einer Tochter des belgischen Königs. Ferdinand Max, nun Kaiser Maximilian von Mexiko, hatte keine Ahnung, worauf er sich einließ, als er dem verlockenden Angebot Kaiser Napoleons folgte, der sich durch einen willfährigen Herrscher eine Ausdehnung seiner Macht erhoffte. Gestützt auf eine kleine konservative Minderheit, die ihm die Ergebenheit ganz Mexikos vorgetäuscht hatte und auf die Kraft französischer Bajonette, zog Maximilian in der Hauptstadt ein. Doch die Wirklichkeit sah anders aus. Im Land herrschte Bürgerkrieg, in weiten Teilen, wo die republikanisch Gesinnten herrschten, wollte man gar keinen Kaiser. Vor allem aber die Vereinigten Staaten wünschten keinen europäischen Monarchen vor ihrer Haustür. So verlor auch Kaiser Napoleon, bedrängt von seinem Parlament, das Interesse an Mexiko. Er zog seine Truppen zurück. Das Ende kam bald. Umringt von Feinden, wurde Maximilian besiegt und als Usurpator standrechtlich erschossen.

Die Nachricht, die im Juli 1867 nach Europa kam, schlug an den Höfen wie eine Bombe ein. Niemand hätte für möglich gehalten, daß ein Indianer namens Juarez, der sich zum Machthaber aufgeschwungen hatte, es wagen würde, den Angehörigen eines der ältesten Herrscherhäuser wie einen gemeinen Verbrecher hinrichten zu lassen! Voll Entsetzen und Trauer vernahm Franz Joseph die Schreckensnachricht. Vielleicht drückte ihn auch ein wenig das Gewissen, denn er hatte seinen Bruder nicht ungern nach Mexiko ziehen lassen und ihn sogar genötigt, auf seine Rechte als österreichischer Erzherzog zu verzichten. Ferdinand Max war sehr beliebt, und so mancher hätte lieber ihn als Kaiser von Österreich gesehen als Franz Joseph. Und als in Triest schon eine Truppe Freiwilliger bereitstand, um sich nach Mexiko einzuschiffen und dem bedrängten Kaiser Maximilian zu Hilfe zu kommen, hatte er sie zurückbeordert, weil die Vereinigten Staaten Einspruch dagegen erhoben hatten. Mußte Österreich zu jener Zeit wirklich vor einer solchen Drohung Angst haben?

Am meisten traf der Tod Maximilians Erzherzogin Sophie. Der Zweitgeborene war ihr besonderer Liebling gewesen. Sie hat sich von diesem Schicksalsschlag nie mehr ganz erholt.

Doch kehren wir zu Marie zurück

Königin Marie von Neapel

In Neapel hatte die junge Königin längst die Zeichen der Zeit erkannt. Um zu retten, was vielleicht noch zu retten war, wurde es für sie höchste Zeit, das Land in eine konstitutionelle Monarchie umzuwandeln und dem aufständischen Volk mehr Freiheiten zu gewähren. Doch das lehnte ihre Schwiegermutter kategorisch ab. Das Volk mitregieren zu lassen, die uneingeschränkte Macht aufzugeben, die Gott selbst den Königen kraft ihrer Geburt verliehen hatte, war undenkbar. Man hielt am Althergebrachten fest, koste es was es wolle, und vertraute am Königshof von Neapel auf die Verteidigung durch die Schweizer Truppen. Und nicht nur in der Politik gab Marie Therese den Ton an, ihre Intrigen erstreckten sich auch bis in die intimste Privatsphäre des jungen Paares. Am 29. Mai 1859 schrieben die

Münchner Neuesten Nachrichten anläßlich der Thronbesteigung von König Franz II.: »Wenn der neue König dieses schönen Landes den Moment und die Verhältnisse erfassend, im Verein und Verständnis mit Österreich, dem bisherigen Regierungssystem und der absoluten Herrschaft zu entsagen und dadurch dem Volkswunsch Rechnung zu tragen, geneigt wäre, und dadurch auch den Impuls für die übrigen Staaten und Regierungen in Italien geben würde, würden nicht nur den Gelüsten des phantastischen Sardenkönigs nach Krieg, Eroberung und Vorherrschaft in Italien vorgebeugt, sondern auch die perfiden Pläne Napoleons durchkreuzt...«

König Viktor Emanuel soll König Franz von Neapel angeblich angeboten haben, mit ihm gemeinsam die Österreicher aus Venetien zu vertreiben. Dafür würde Neapel einen Teil des Kirchenstaates erhalten, eine Offerte, die Franz empört ablehnte. Er kenne kein geeintes Italien, ihm sei nur ein geeintes Neapel bekannt. Es war ihm offensichtlich nicht bewußt, daß sein Reich längst nicht mehr vereint – ja überhaupt kein Reich mehr war, daß die Schweizer Truppen meuterten und sich die Stadt bereits im offenen Aufstand befand.

Im Mai 1860 unternahm Garibaldi seinen berühmten »Zug der Tausend« – der im Nu ganz Sizilien eroberte. Nur die Zitadelle von Messina blieb dem König treu. Die Zahl der Aufständischen, die Garibaldi folgten, erhöhte sich von Tag zu Tag und zeigte der Welt, wie sehr der Thron der Bourbonen in Neapel wackelte. Am 7. August wurde aus Neapel gemeldet: »An die 60 Garibaldianer wurden ausgeschifft und organisieren die Revolution in Calabrien.« Die Gesandten der verschiedenen Staaten trugen der Situation Rechnung und nötigten ihre Familienangehörigen zur Abreise. Am 21. August landete Garibaldi auf dem Festland. Nicht nur das Volk, auch die Armee ging zu ihm über. Bald wurde die Lage in der Hauptstadt unhaltbar.

Mit folgenden Worten richtete König Franz am 3. September eine Proklamation an seine Armee oder das, was von ihr geblieben war: »Ich appelliere an Ihr Ehrgefühl, Ihre Treue und an die Vernunft selbst, auf daß Ihr die Schmach der Freiheit, die Scharte der Verräterei auswetzt durch eine Reihe glorreicher Kämpfe und edler Unternehmungen. Noch seid Ihr in genügender Anzahl, um dem Feind die Stirn zu bieten, der nur mit den Waffen der Verführung und des Betrugs kämpft... Werdet Ihr es zugeben, daß Euer Souverän von seinem Thron stürzt durch Eure Schuld und Euch der eigenen Schande preisgeben?«[18]

Zugleich beschwor der König die Besatzungen der Festungen Capua und Messina auszuharren. Alle Offiziere der königlichen Marine wurden des Hochverrats für schuldig und abgesetzt erklärt. Eine Ausnahme bildete nur die Besatzung der Fregatte »Parthenope«, die den König nach Gaeta gebracht hatte.

Den Meldungen konnte man entnehmen: »Am 4. September ist in Neapel der Aufstand ausgebrochen. In Sapei (am Golf von Policastro) wurde die Regierung von Viktor Emanuel proklamiert.« »Florenz, 7. September. Der König hat sich gestern um 8 Uhr abends nach Gaeta eingeschifft. Man glaubt, er werde die Truppen ihres Eides entbinden.« Am darauffolgenden Tag scheint bereits ganz Calabrien von den königlichen Truppen geräumt. Der Rückzug droht binnen kurzem auch die anderen Provinzen zu erfassen. »Der Aufstand ist dort noch weit mehr eine Angelegenheit des Volkes als in Sizilien. Die Massen erheben sich und greifen zu den Waffen«,[19] ist zu lesen.

Das Königspaar und die Königin-Witwe mit ihren neun Kindern hatten die Hauptstadt ihres Landes verlassen und zogen sich in ihre letzte Hochburg, die zehn Meilen entfernte, von starken Mauern umgebene Festung Gaeta zurück. Dort bezog die Familie im alten Bourbonenpalast Wohnung. Zwei Monate später marschierten Garibaldi und Viktor Emanuel, der mit seinen Nachkommen zu Königen von Neapel proklamiert wurde, in die Stadt ein. »Die piemontesische Flagge wehte auf allen Forts von Neapel. Garibaldi fand im Arsenal ›ungeheures‹ Material und in der Bank 80 Millionen. Am Abend war allgemeine Illumination. Der Nuntius und die meisten Gesandten folgten dem König nach Gaeta«, berichtete die Presse.

Die Meldungen über die königliche Armee waren widersprüchlich. Einerseits sollten 25 000 bis 30 000 Mann dem König treu geblieben sein, andererseits hieß es, daß sich die Armee vollkommen aufgelöst habe.

Vor seiner Abreise nach Gaeta hatte der König angeblich eine heftige Diskussion mit seinem »energischen« Bruder, dem Grafen Trani, der eine Verteidigung des Thrones bis zum letzten Mann forderte. Nach einem Telefonat aus Turin konnte man lesen: »Der König widersetzte sich und gab selbst seine Sache auf.«[20]

Viktor Emanuel machte auch in wirtschaftlicher Hinsicht Tabula rasa. Sämtliche Güter des königlichen Hauses wurden enteignet, der dem König anheimgestellte Besitz und die königlichen Majoratsgüter wurden zum Nationaleigentum erklärt.

Eine Woche darauf begann das Bombardement von Gaeta, das drei Monate dauerte. Nur ein französisches Geschwader, das vor der Küste kreuzte, verhinderte die vollkommene Blockade der Stadt und ermöglichte den notwendigsten Nachschub. Kaiser Napoleon war die rapide Vergrößerung der Macht Italiens ein wenig unheimlich geworden. Dennoch herrschten in der Festung bald Hunger und Seuchen. Der Königin-Witwe war das zuviel. Sie zog daher vor, das ungastliche Land zu verlassen. Franz und Marie harrten dagegen trotz der widrigen Zustände, trotz Beschießung und Ausweitung von Typhus und Cholera, aus. Sie lebten inzwischen im Fort Favorita in Räumen, die gerade das Nötigste enthielten, laut einer Schilderung der Gräfin Larisch nur Feldbett und Betpult. Hoch aufgerichtet soll Marie auf den Wällen der Festung gestanden haben, trotz Kugelhagel und Gefahr, das Lilienbanner der Bourbonen fest in der Hand. Sie eilte Verwundeten zu Hilfe, pflegte die Kranken und teilte ihre Vorräte mit den Soldaten. Einer Zeitungsmeldung aus Baden-Baden zufolge soll auch ihr Schwager Graf Trani die Verteidiger angefeuert und ihnen Mut zugesprochen haben. Sie hielten stand, bis es nicht mehr ging.

Auch die Zitadelle von Messina verteidigte sich noch immer. Nach einer Zeitungsmeldung versorgte eine französische Fregatte die Besatzung mit Lebensmitteln für zwei Monate. Aber auch der Widerstand der Festung Gaeta ging seinem Ende entgegen. Am 8. Januar wurde von dort gemeldet: »Das Feuer ist seit Samstag furchtbar, die Kugeln treffen viele Häuser, das erzbischöfliche Palais ist eingestürzt.«

Und kurz darauf: »Heute wieder höllisches Feuer verstärkt durch einige zwanzig Mörser.«

Es war Zeit, an eine Übergabe zu denken. Zunächst erbat sich der König jedoch Bedenkzeit in Form einer Aussetzung des Bombardements. Zur Vermittlung hatte er sich in einem persönlichen Schreiben an Napoleon III. gewandt. Nach Ablauf der Waffenruhe wurde das Feuer am 20. Januar aber mit erneuter Kraft überall wieder aufgenommen, zwei Tage später die Blockade Gaetas auch von der Seeseite her erklärt. Die neapolitanische Marine, die den Dienst vor Gaeta verweigerte, wurde dem Kriegsgericht ausgeliefert. Nur der päpstliche Nuntius und die Gesandten von Österreich, Bayern, Sachsen und Spanien harrten bei den Verteidigern aus, die russischen, preußischen und portugiesischen Diplomaten zogen sich nach Rom zurück.

Doch der Widerstand der Festung war noch immer nicht ganz gebrochen. Ein Bericht aus Gaeta vom 25. Januar erinnert jedoch nur zu gut an Kriegsberichte aus jüngerer Zeit, in denen auch so manches bis zum bitteren Ende »schöngeredet« wurde: »Dienstag morgen von der Landseite furchtbares Feuer. Die Hälfte der piemontesischen Batterien konnte jedoch vernichtet werden. Es gab 10 Tote und 50 Verwundete. Der Enthusiasmus der Soldaten ist unglaublich.« Und am 31. Januar: »In der letzten Nacht fielen 2000 Bomben auf die Festung, ohne Schaden zu verursachen.«

Auch ein gesprengtes Pulvermagazin wurde in ein »kleines, provisorisches Pulvermagazin für 2 Kanonen« bagatellisiert. »An verschiedenen Punkten wurde nur unbedeutender Schaden angerichtet. Das feindliche Feuer ist erfolglos.« Aber »der König und die Garnison sind unerschütterlich«.[21]

Die Wirklichkeit sah indessen anders aus. Das konzentrierte Feuer von allen Seiten hatte viele Häuser zerstört, zwei Generäle getötet und viele Verwundete verursacht. Die Explosionen verschütteten 50 Mann. Erneut mußte um Waffenstillstand angesucht werden, um die Verwundeten zu versorgen, die Verschütteten zu bergen und die Toten zu begraben. Der piemontesische Befehlshaber bewilligte ihn zwar, beendete ihn aber, als in Gaeta die entstandenen Mauerbreschen ausgebessert wurden.

»Gaeta hat kapituliert«, meldete am 13. Februar ein Telegramm. »General Cialdini besetzt morgen die Festungswerke und nach der Abreise des Königs und seiner Familie die Stadt. Die Garnison bleibt kriegsgefangen bis zur Übergabe von Messina und Civitella del Tronto. Die französische Korvette ›Mouette‹ geht nach Gaeta, um König Franz und seine Gemahlin an Bord zu nehmen.«

»Die Soldaten weinten, die Menge ebenfalls, der König war blaß vor Bewegung«, konnte man am 14. Februar lesen. »Als das Schiff abfuhr, salutierte die Batterie des Forts mit 21 Schüssen. Die Fahnen wurden dreimal gesenkt und die Garnison rief: ›Es lebe der König!‹«[22] In Gaeta gerieten 11000 Mann und 25 Generäle in Kriegsgefangenschaft, bedeutende Mengen an Material, darunter 60000 Gewehre wurden erbeutet. Die Stadt hatte ungeheuer gelitten. »Die Kapitulation kommt überraschend«, hörte man jedoch am 13. Februar 1861 aus Paris. »Es war kaum zu erwarten, daß die Angreifer große Fortschritte machen würden. Wir glauben, daß der Geist der Besatzung dem Mut der Königin nicht entsprochen hatte und die Besatzung weitaus nicht das Mögliche getan habe.«[23]

Über den Mut und die Entschlossenheit Königin Maries hat Oskar von Redwitz, ein bayrischer Dichter, am 9. Februar ein enthusiastisches Gedicht im Stil der Zeit verfaßt. Es soll den Leserinnen und Lesern nicht vorenthalten werden.

Die Heldin von Gaeta

Du schöne, junge Königin
Auf hartem Felsenthrone,
Es schau'n die Völker nach dir hin
Du mit der schwersten Krone.
Durch des Verrates düstere Nacht
Wie strahlst du durch die Lande,
Wie hältst du stark der Treue Wacht

Stolz in all der Schande.
Du Heldin von Gaeta.
Ihr eidvergess'nen Männer all
O schamrot blickt zum Meere,
Seht auf Gaetas Felsenwall,
Die Herrin steht, die Hehre!
Ihr Haupt umblitzt es feurigrot,
Rings treffen erz'ne Splitter,
Sie steht und lächelt in den Tod,
Ein neu entstand'ner Ritter.
Du Heldin von Gaeta.
So oft ihr Herr sie drängt zu flieh'n,
Verwirft sie feig Enteilen,
Sie will nicht Rettung sondern ihn,
Will alles mit ihm teilen.
Sie will ihm seines Reiches Verrat
Mit Treue überwiegen,
Sein Trost und Rat zur Königstat,
Zum Fallen oder Siegen.
Die Heldin von Gaeta.
O Königin der Ritterschaft
Von neunzehn jungen Jahren,
In unserer Zeit, so arm an Kraft
In Stärke so erfahren.
Die deutschen Männer danken dir,
Bewundernd sie dich feiern.
Du deutscher Fürstentöchter Zier,
Du lichter Stolz von Bayern.
Du Heldin von Gaeta.
Du starke Frau, so zart dein Leib.
Du Königin im Lieben,
Du wirst als treuestes Königsweib
Ins Buch der Welt geschrieben.
Und hell im gold'nen Heldensang
Wird stets dein Name klingen,

Halt aus in Gott, in Not und Drang,
O laß dich um den Ruhm nicht bringen,
Du Heldin von Gaeta.

Der König, seine Familie und die Hofhaltung, was immer man in diesem Fall darunter verstehen mag, wurden in den Kirchenstaat verlegt, wo sie zunächst im Quirinal Quartier nahmen. Schließlich stellte ihnen Papst Pius IX. den einst unter Mitwirkung von Michelangelo erbauten Palazzo Farnese zur Verfügung. Er wurde von einer Einheit Zuaven der Päpstlichen Garde unter dem Kommando von Graf Armand de Lavayss bewacht.

Doch die Kämpfe fanden immer noch kein Ende. Zwar war Gaeta übergeben, aber der Kommandant der Zitadelle Messinas verweigerte die Kapitulation. Er ergab sich erst am 13. März auf Gnade und Ungnade nach ununterbrochenem viertägigem Bombardement der feindlichen Flotte. Fünf Generäle und 500 Mann wurden gefangengenommen, 300 Kanonen erbeutet.

König Franz hatte schon vorher den Festungen und fliegenden Corps befohlen, den unnützen Widerstand aufzugeben und kein Blut mehr zu vergießen. An seine diplomatischen Vertreter an den anderen Höfen hatte er jedoch eine Protestnote gerichtet, in welcher er mit »großer Bitterkeit« bemerkte, daß die europäischen Monarchien ihn im Stich gelassen hätten.

Als letzter Hort des Königreiches ergab sich am 21. März die Festung Civitella del Tronto. Das Fort war bereits ein Trümmerhaufen.

Kaiserin Elisabeth, die sich damals auf Madeira befand, machte sich große Sorgen um die jüngere Schwester, von der sie lange keine Nachrichten erhielt. Für sie war Maries persönliches Wohlergehen das Wichtigste. Weit weniger als das Schicksal ihrer Nichte berührte dagegen Erzherzogin Sophie der Todesstoß, den das Königreich Neapel erhalten hatte. »Nun ist auch unser letzter Trost, der letzte Glanz des monarchischen Prinzips verschwunden«[24], schrieb sie nach dem bitteren Ende Gaetas. Für ihren tapferen Einsatz bei der Verteidigung der letzten bourbonischen Festung erhielt Marie vom Papst den Orden der »Rosa Aurea« verliehen. Als »Heldin von Gaeta« ging sie in die Geschichte ein.

Von ihr wird noch einiges zu berichten sein.

Der Herzog als Arzt

Herzog Carl Theodors Ehe mit Prinzessin Sophie von Sachsen

Carl Theodor Herzog in Bayern wurde 1839 als zweiter Sohn des Herzogs in Bayern und seiner Gattin Ludovika geboren, also knapp zwei Jahre nach Elisabeth. Schon dieser geringe Altersunterschied machte ihn sehr bald zum bevorzugten Spielgefährten der älteren Schwester. Er war ihr Lieblingsbruder ebenso wie er der Liebling seiner Mutter Ludovika war. In der Familie nannte man ihn »Gackel«.

Worauf der Name zurückgeht, ist nirgends vermerkt. Es gibt aber eine Anekdote, die ihn zum Inhalt hat. Herzogin Ludovika hatte einmal folgendes Telegramm nach Ischl gesandt, um ihre Ankunft anzukündigen. »Kaiserin Elisabeth. Komme mit Gackel und Spatz.« »Spatz« war Tochter Mathilde. Die Herzogin war der Meinung, sich klar ausgedrückt zu haben, der zuständige Postbeamte kannte jedoch die Spitznamen der Kinder nicht und interpretierte sie auf seine Weise. Er sandte das Telegramm nämlich anstatt an die Kaiserin Elisabeth an das Hotel, das deren Namen trug. Darauf wurde von der Leitung des Hotels pflichtschuldigst ein Hausdiener zum Bahnhof geschickt. Er trug zwei Käfige, um die angekommenen Vögel darin unterzubringen …

Der junge Herzog zeigte schon früh vielseitige Interessen und Talente für die Natur sowie für fremde Sprachen und Musik, besonders das Violinspiel. Im März 1857 begann er traditionsgemäß seinen Dienst in der Armee, wobei auch ein Prinz des Hauses Wittelsbach alle Stadien der Karriereleiter durchlaufen mußte: vier Wochen als gemeiner Soldat, acht Wochen als Korporal mit Unterkunft im gemeinsamen Mannschaftsraum. Als er zum Offizier befördert wurde, begann der Unterricht in den Elementarwissenschaften der Kriegskunst, in Taktik und Strategie. Beim Erreichen der Volljährigkeit wurde ihm der Hausorden vom Heiligen Hubertus verliehen, später von Kaiser Franz Joseph auch der Orden vom Goldenen Vlies und er durfte zum ersten Mal bei der offiziellen Neujahrs-Cour bei Hof erscheinen. Durch die Verzichtserklärung seines Bruders Ludwig im Jahre 1859 wurden ihm dessen Rechte als Erstgeborener zuteil, die mit großen finanziellen Vorteilen verbunden waren. Als Rittmeister zur Kavallerie versetzt, wurde er im ersten Kürassier-Regiment Chef der ersten Schwadron.

Im Jahre 1864 begab sich Carl Theodor auf Brautschau und heiratete am 11. Februar 1865 in Dresden Prinzessin Sophie von Sachsen, Tochter des Königs Johann von Sachsen und der Königin Amalie, Tochter des Königs Max I. von Bayern. Obwohl die Braut ihre neue Familie im Sturm eroberte, zog vor allem die strahlend schöne Kaiserin Elisabeth in einem weißen, sternenbestickten Kleid und mit Diamantsternen im Haar beim Hofball alle Blicke auf sich. Auch nach seiner Hochzeit blieb Carl Theodor zunächst noch in der Armee, nahm 1866 am Krieg teil, beendete dann jedoch unter Verzicht auf Gehalt und Pension seine Laufbahn als Offizier.

Noch im Jahre 1865 wurde dem jungen Ehepaar ein Mädchen geboren, das den Namen Amélie erhielt. Sophie aber litt an Atembeschwerden und Schwächezuständen und brauchte lange, bis sie sich wieder erholte. Ein gutes Jahr später zog sie sich allerdings eine heftige Grippe zu, der ihr Körper nicht gewachsen war.

»Die Frau Herzogin Sophie ist gestern abends gestorben«, berichteten die *Münchner Neuesten Nachrichten* am 10. März

1867. »Der so schnelle Hingang der edlen, durch die Vorzüge ihres Geistes und Herzens gleich ausgezeichneten Frau wird in allen Kreisen schmerzlich empfunden.« Herzogin Sophie war erst 22 Jahre alt. Sie hinterließ einen zutiefst unglücklichen Ehemann und ein anderthalbjähriges Kind.

Der Tod seiner Frau bewirkte in Carl Theodors Bewußtsein einen tiefgreifenden Wandel. Er erkannte, daß sich sein Lebensinhalt in Zukunft nicht auf die Verwaltung seines Besitzes beschränken dürfe. Er wünschte sich, seinem Dasein einen Sinn zu geben, seinen Mitmenschen zu nützen und ihnen beistehen zu können. Als er Jahre zuvor anläßlich einer Reise nach Mailand, wo er gemeinsam mit Herzogin Ludovika Sisi besucht hatte, auch das Krankenhaus besichtigte, war er von dem Leiden der Kranken tief beeindruckt gewesen. Das Sterben Sophies, dem er hatte ohnmächtig zusehen müssen, ohne ihr helfen zu können, bestärkte ihn zusätzlich in dem Wunsch, Medizin zu studieren. Die Familie legte sofort und lautstark Protest ein. Studieren wolle er? Arzt werden? Das sei kein Beruf für einen Prinzen und Erben der Herzöge in Bayern, tönte es ihm von allen Seiten entgegen. »Ein Prinz kann eben nur Offizier sein«, äußerte man sich abfällig in der Verwandtschaft. Wozu brauchte ein Prinz überhaupt einen Beruf? Ein Beruf, das war etwas für Bürgerliche, für einfache Leute, die sich ihren Unterhalt verdienen mußten. Aber doch nicht für einen Angehörigen des altehrwürdigen Hauses Wittelsbach! Doch Carl Theodor ließ sich nicht beirren. Ermutigt von seinen Professoren an der Universität setzte er seinen Vorsatz in die Tat um. Kein körperliches Leiden, von dem er in den kommenden Jahren öfter heimgesucht wurde, konnte ihn davon abbringen. Seine Tage waren ausgefüllt mit Studien und wissenschaftlichen Arbeiten. Alles andere mußte in den Hintergrund treten. Sogar für Besuche bei seiner Schwester Sisi war zu deren Leidwesen oft keine Zeit.

Zwei Jahre nach Vollendung seiner Studien, die er mit großem Erfolg abgeschlossen hatte, läuteten für Carl Theodor 1874 noch einmal die Hochzeitsglocken.

Die Auserwählte war Prinzessin Maria José von Braganza, eine Tochter von Ex-König Miguel von Portugal und einer Prinzessin Löwenstein. Ex-König Franz von Neapel, der inzwischen mit seiner Frau in Schloß Garatshausen am Starnberger See lebte, hatte die Bekanntschaft mit dem bildhübschen und klugen Mädchen vermittelt. Obwohl Maria José erst 16 Jahre zählte, wirkte sie weit über ihr Alter hinaus gereift und erweckte in jedermann große Sympathie. Auch Carl Theodor fühlte sich sofort zu ihr hingezogen. Am 22. Februar 1875 schenkte Maria José einem Mädchen das Leben, das den Namen Sophie erhielt. Am 25. Juli 1876 wurde eine zweite Tochter geboren, Elisabeth. Auch das dritte Kind, die am 9. Oktober 1878 geborene Maria Gabriele, war wieder nicht der ersehnte Stammhalter.

Inzwischen hatte Carl Theodor im Schloß Possenhofen gemeinsam mit dem Arzt Dr. Anton Mayer eine Praxis eröffnet, in der er Kranke aus der Umgebung zum Teil umsonst behandelte. Selbst die Heilquellen von Kreuth wurden mittellosen Patienten unentgeltlich zur Verfügung gestellt. Das Geschick des Herzogs als Arzt sprach sich in Windeseile herum. Bald hatte die Praxis einen enormen Zulauf, ein gewaltiges Tagesprogramm war die Folge. Viele Patienten wußten nur nicht, wie sie diesen Doktor-Herzog anreden sollten und nahmen ihre Zuflucht bisweilen zu kuriosen Wortschöpfungen. So soll ihn einmal ein Patient sogar mit »Herr Allerwertester« tituliert haben, was bestimmt für großes Gelächter sorgte.

Die vielseitige und aufreibende ärztliche Tätigkeit, die sich unter anderem auch auf das Institut für Geisteskranke und Psychopathen von Professor Gudden erstreckte, war jedoch des Guten zuviel. Im Jahre 1878 kam es zu Krampfhustenanfällen mit besorgniserregenden Blutungen, die einen Aufenthalt im Süden ratsam erscheinen ließen. Da ein solcher in Nervi nicht den erwünschten Erfolg brachte, reiste die Familie nach Marie Gabrieles Geburt erneut in den Süden, diesmal nach Mentone. Hier findet Herzog Carl Theodor endgültig das Arbeitsgebiet, in dem er berühmt werden sollte.

Ein Graf aus Belgien

Königin Marie von Neapel in Rom

Er hiess Armand de Lavayss und kommandierte die Zuaventruppe der Päpstlichen Garde, die vor dem Palazzo Farnese in Rom Wache hielt. Dort hatten Ex-König Franz II. von Neapel-Sizilien und seine Gattin wie geschildert nach ihrer Flucht aus Gaeta Zuflucht gefunden. Marie fühlte sich dort noch unglücklicher als in Neapel.

Trotz des großen Aufsehens, das ihr Ausharren in Gaeta erregt hatte, sowie der enormen Anerkennung und Glückwünsche, welche ihr aus allen Teilen Europas zuteil wurden, erlosch allmählich das Interesse an ihrer Person. Nach dem Fall von Gaeta waren dem König viele treugebliebene Würdenträger und Adelige nach Rom gefolgt, so daß die Stadt, wie bemerkt wurde, an manchen Tagen eine neapolitanische Stadt zu sein schien. Aber als allmählich andere europäische Staaten, wie Rußland und Preußen, den König von Italien anerkannten, verlor sich das Interesse am König beider Sizilien, nun einem König ohne Land. Schon 1859 waren die Herrscher der habsburgischen Gebiete in Nord- und Mittelitalien, wie der Großherzog von Toscana oder der Herzog von Modena, in ihr Stammland Österreich zurückgekehrt und ließen sich aus dem habsburgischen Familienfond ihre Apanagen auszahlen, die ihnen nach dessen Statuten zustanden. Auch der Herzog von Bourbon-Parma hatte sich mit dem neuen Regime nolens volens abgefunden. Er lebte teils auf seinem Schloß in Pianore, teils im niederösterreichischen Schwarzau. Kaum jemand gab

König Franz mehr eine Chance, je wieder auf seinen Thron zurückzukehren. Bis auf wenige Ausnahmen hing man also besser sein Mäntelchen nach dem Wind, versöhnte sich mit dem neuen König und kehrte auf seine Güter zurück.

Marie lebte nun von der Außenwelt weitgehend abgeschlossen, sie war enttäuscht, hatte alle Hoffnung auf eine Besserung verloren und noch geschwächt durch die Belastung der Belagerung von Gaeta. Zu allem Überfluß lebte anfangs auch noch die verhaßte Königinmutter im selben Haus, die sie jetzt nicht weniger schikanierte als früher. Ihre einzige Freude war ihre Schwester Mathilde, die in der Familie »Spatz« genannt wurde, weil sie in ihrer Kindheit sehr zart war und zudem noch eine etwas piepsige Stimme hatte.

Heirat Mathildes, Herzogin in Bayern

Inzwischen war Mathilde mit Luigi Graf Trani, dem jüngeren Halbbruder König Franz II., verheiratet worden. Der Titel des Prinzen bezieht sich auf das Städtchen Trani an der apulischen Adriaküste. Schon am 1. Juni 1861 hatten die *Münchner Neuesten Nachrichten* ihren Lesern von der Ankunft des Bräutigams berichtet, der zu diesem Anlaß vom König von Bayern mit dem höchsten bayrischen Orden, dem St. Hubertus-Orden, ausgezeichnet worden war. Die Hochzeit fand am 5. Juni abends in der Allerheiligen-Hofkirche in München statt. Es ist anzunehmen, daß die Verhandlungen, die zur Vermählung führten, sowie die Hochzeitsvorbereitungen schon getätigt wurden, als das Königreich Neapel noch bestand. Trotzdem sei die Frage gestattet, was den Herzog in Bayern und seine Gattin bewog, noch eine zweite Tochter an den Hof von Neapel zu verheiraten, auf dem schon zum Zeitpunkt der Eheverhandlungen unübersehbar die Schatten der Zukunft lagen.

Im Vergleich der Hochzeiten beider Schwestern Marie und Mathilde besteht ein deutlicher Rangunterschied, dem auch der Hof und dadurch die Presse Rechnung trug. Maries Eheschließung durch Prokuration hatte das Protokoll weit mehr beschäftigt und dadurch viel mehr Aufsehen erregt, weil der Bräutigam ein zukünftiger König war, Graf Trani hingegen nur dessen jüngerer Bruder. Graf Trani war dem Vernehmen nach ein lebenslustiger junger Mann, dessen Hauptinteressen in Trinkgelagen und Frauenbekanntschaften bestanden. Ernst nahm er die Ehe nicht. Er teilte das Schicksal der meisten Fürstenkinder, die von ihrer Familie verheiratet wurden. Ihr Glück hat Mathilde mit diesem Mann, den man heute einen Playboy nennen würde, nicht gefunden.

Schon einen Tag nach der Hochzeit hatte das Paar, wie die Presse berichtete, bereits um 6 Uhr früh München verlassen, um sich nach Marseille zu begeben, von wo es mit einem spanischen Dampfer nach Civitavecchia reiste. Mathildes jüngere Geschwister, Prinzessin Sophie und Prinz Max Emanuel, begleiteten die Neuvermählten bis in die Schweiz. Die Zeitung teilte ferner mit, daß Herzog Max und die Herzöge Ludwig und Carl Theodor sich bereits am Bahnhof verabschiedet hatten und die Aussteuer der Braut schon am Tag vorher nach Marseille abgesandt worden war.

Marie hatte zwar die Freude, ihre Schwester bald in Rom begrüßen zu können, aber dort blieb der Ärger nicht aus. Auf einmal erschienen Photos von ihr, die sie in recht gewagter Kleidung zeigten. Viele hielten sie für echt, da Marie nicht energisch genug dagegen protestierte und ihre Unschuld beteuerte. Doch die Bilder waren Fälschungen. Sie zeigten Frauen aus der Pariser Halbwelt.

Ferdinand Gregorovius gibt in seinen im Jahre 1892 erschienenen *Römischen Tagebüchern* die allgemeine Meinung wieder, daß sowohl Königin Marie als auch Gräfin Trani in unglücklichen Ehen lebten. Er spart jedoch nicht mit Kritik: »Die Schwestern fahren allabendlich auf dem Corso und exponieren sich in der Menge. Die Königin raucht, schießt mit Pistolen. Während sie selbst ihren Vierspänner kutschiert, läßt sich der unglückliche König oft in einer Straßendroschke sehen.«

Marie war jetzt zwanzig Jahre alt, eine Frau in der Blüte ihrer Jugend, deren Schönheit sogar Erzherzogin Sophie bewundert hatte. »Ihre schönen Augen haben einen Ausdruck von süßer Melancholie, der sie, wenn das noch möglich ist, noch schöner macht« [25], schrieb sie, als Marie auf ihrer Reise nach Italien in Wien Station machte. Die Königin von Neapel war nun seit über zwei Jahren verheiratet, ohne daß sich an dem Verhältnis zu ihrem Gatten etwas geändert hätte. Der König sei »hinsichtlich der ehelichen Liebe sehr unentwickelt«[26], urteilte Königin Marie von Sachsen. Für die Verwandtschaft waren die Schwierigkeiten in der königlichen Ehe kein Geheimnis. Kein Wunder, daß die junge Frau frustriert war. Sie war verheiratet und war es doch nicht. Sie war jung und voller Leben und sehnte sich nach Liebe. Außerdem war sie neugierig darauf, endlich das zu erfahren, was ihre Schwestern längst erlebt hatten und was ihr bisher nicht zuteil geworden war.

Eine Liebesbeziehung und ihre Folgen

Dann gab es plötzlich einen Mann in ihrem Leben. Er war jung, sah in seiner Gardeuniform ausgezeichnet aus und zeigte der verheirateten und doch nicht verheirateten Königin sein unverhohlenes Interesse. Mit großer Wahrscheinlichkeit – der Klatsch blühte damals nicht weniger als heute – kannte er das Geheimnis ihrer Ehe. Es kam wie es kommen mußte. Marie Ex-Königin von Neapel und Graf Armand de Lavayss verliebten sich ineinander; rettungslos und mit allen Konsequenzen, wie wir dem Buche *Die Heldin von Gaeta* von Gräfin Larisch entnehmen.

Genau genommen war Marie ja eigentlich gar nicht verheiratet. Ihre Ehe war nie vollzogen worden. Das wäre sogar für die Sacra Romana Rota, das strenge päpstliche Gericht, das auch katholisch geschlossene Ehen zu trennen vermag, ein Scheidungsgrund gewesen. Doch Marie hätte wohl nie gewagt, diesen Weg zu beschreiten. Aber Liebe macht erfinderisch. Der Park war groß, die Sommernächte warm, der Palast sehr geräumig. König Franz las die Bibel, betete und achtete nicht darauf, wann seine Frau kam und ging. Wie Gräfin Larisch schreibt, reichte der Park des Palazzo Farnese damals bis an den Tiber. Graf Armand konnte seine Geliebte mit Leichtigkeit auf dem Wasserweg erreichen, wobei Mathilde Gräfin Trani ihre schützende Hand über die beiden gehalten und ihre heimlichen Treffen gedeckt haben soll.

Ein Kind von Traurigkeit war auch Mathilde nicht. Man spricht von einem spanischen Granden, mit dem ein Liebesverhältnis bestanden haben soll. Möglicherweise handelte es sich dabei um den Marquis di Lama, Salvador Bermudez de Castro. Er war oft mit dem Königspaar beisammen und beide Schwestern zeigten sich mit ihm in der Öffentlichkeit. Besonders harmonisch war ja auch ihre Ehe nicht. Kein Wunder in Anbetracht dessen, was bereits über ihren Gemahl, den lebensfreudigen Grafen Trani gesagt worden ist. In diesem Zusammenhang bemerkte Herzogin Ludovika folgendes über ihre beiden Töchter: »Ich hätte ihnen Männer gewünscht, die mehr Charakter hätten und sie zu leiten verstünden, was beide noch sehr bedürfen ... Stützen für ihre Frauen sind die beiden Brüder nicht.«[27]

Die Liebe von Marie und dem Grafen Armand blieb nicht ohne Folgen. Marie wurde schwanger, was einer Katastrophe glich. Denn es war unmöglich, zu einer Lüge

Zuflucht zu nehmen und das Kind ihrem impotenten Ex-König zuzuschreiben. In ihrer Not sahen die beiden Schwestern nur einen Ausweg. Heim nach Bayern. Nach Possenhofen.

Ihre Ankunft in München wurde genau festgehalten. *Münchner Neueste Nachrichten,* 8. Juli 1862: »Die Königin von Neapel und Gräfin Trani sind gestern um 9 Uhr abends in München angekommen.« Herzog Max in Bayern empfing sie mit seinen Söhnen Ludwig und Max Emanuel sowie Prinzessin Sophie am Bahnhof. »Sechs festlich gekleidete Schülerinnen der höheren Töchterschule überreichten ein Blumenbukett, die Hofwagen waren festlich geschmückt.«

Es wird Marie nicht ganz leicht gefallen sein, im Palais ihres Vaters auch noch die Begrüßung des bayrischen Königspaares und ein Familiendiner über sich ergehen zu lassen, ehe es endlich nach Possenhofen ging, wo die Familienbeichte stattfand. Ob Herzogin Ludovika vom Fehltritt ihrer Tocher und dessen Folgen schon wußte oder davon erst jetzt erfuhr, ist nicht bekannt. Man braucht aber nicht viel Phantasie, um sich vorzustellen, wie groß ihr Entsetzen war. Nur ihr Mann, der Zithermax, blieb gelassen. »Na ja, solche Sachen passieren nun einmal«, sagte er. »Wozu also das Gegacker!«[28] Dr. Fischer, der Leibarzt des Königs von Bayern, bestätigte die Schwangerschaft und erklärte zugleich, daß Marie infolge eines »Brustübels« nicht reisefähig sei. So hoffte man die Zeit bis zur Geburt des Kindes zu überbrücken. Diese mußte natürlich in aller Diskretion erfolgen. Danach konnte Marie zu ihrem Mann zurückkehren, als sei nichts geschehen. Die junge Frau soll in einem erbarmungswürdigen Zustand gewesen sein. Zu allem Unglück, das sie selbst betraf, kam der Schmerz der Trennung von dem geliebten Mann. Da konnte auch Sisi nicht helfen, die in Kissingen zur Kur gewesen war und mit einem ganzen Troß von Hofdamen und Dienerschaft ebenfalls in Possenhofen erschien. Auch Helene eilte aus Regensburg herbei und Kaiser Franz Joseph machte auf der Durchreise dort Station. Inzwischen war auch Graf Trani eingetroffen. Aber ob auch die Herren in das Geheimnis eingeweiht wurden, ist nicht bekannt.

Die fünf Töchter mit ihrem Gerede, Ludovika mit ihren Klagen, der Arzt, der kam, um die unglückliche Marie zu betreuen, der ganze Trubel, der plötzlich herrschte, all das fand Herzog Max bald unerträglich. Unmißverständlich bedeutete er den Töchtern, das Haus zu verlassen. Die Presse berichtet von einem Kuraufenthalt der Königin von Neapel in Bad Ems und später in Bad Soden, auch ein vor ihrer Abreise nach Rom geplanter Aufenthalt auf Schloß Taxis in Passau sei geplant. Offensichtlich lancierte man diese Nachrichten, um von der Wahrheit abzulenken. Warum sollte sich die junge Königin, fern von ihrem liebenden Gatten, so lange in Bayern aufhalten? Schließlich quartierte man Marie im Schloß Biederstein am Englischen Garten ein, wo sie allen neugierigen Blicken entzogen war. Auch jeder Kontakt mit ihrem Geliebten war ihr untersagt. Um König Franz, der allmählich ungeduldig wurde, hinzuhalten, schickte Dr. Fischer immer wieder Atteste nach Rom, die bezeugten, daß die Königin leider noch immer nicht so weit genesen sei, um die anstrengende Reise nach Italien zu unternehmen. Wieso sie ihr »Brustübel« ausgerechnet im herbstlich-kühlen Bayern besser auskurieren könne als im sonnigen Süden wird nicht nur König Franz allein gewundert haben. Am 1. Oktober meldete die Presse, daß Marie in Begleitung ihres Bruders Herzog Ludwig eine »Wallfahrtsreise« nach Altötting mache. Anfang Oktober reiste Marie nach Augsburg. Dazu meldete die *Augsburger Zeitung:* »... Wir sind daher nicht überrascht zu vernehmen, daß Königin Marie heute früh hier in Augsburg angekommen ist und vorläufig im Kloster zu Sankt Ursula ihren stillen Aufenthalt gewählt hat. Möge der Herr... bald auch dieser fürstlichen Dulderin die Gesundheit des Leibes und den vollen Frieden der Seele wieder schenken.« Der Hof bestätigte, daß die Gesundheit der Königin nach dem tragischen Fall von Gaeta völlig zerrüttet sei und sie dringend der Ruhe und Erholung bedürfe. Sie habe sich daher ins Kloster zurückgezogen.

Am 8. Oktober schrieb der Legationssekretär der österreichischen Botschaft in München, Zwierzina, an den österreichischen Außenminister Graf Rechberg: »Die Rücksicht auf die nahe Verwandtschaft des Ah. Kaiserlichen Hofes mit der Familie Sr. Kgl. Hoheit des Herzogs Max in Bayern, legte mir, wie ich glaube, die Pflicht auf, von den inneren Verhältnissen des Herzoglichen Hauses keine Kenntnis zu nehmen. Nachdem aber gestern die Zeitungen eines Ereignisses in der Familie erwähnten ... so glaube ich mir erlauben zu sollen, Eurer Exzellenz über diese Angelegenheit ehrfurchtsvoll zu berichten. Die erste Zeit nach der Ankunft I. M. der Königin von Neapel aus Rom schien Höchstdieselbe ... in heiterer Stimmung, obwohl ein psychisches Leiden nicht zu verkennen war. Später nach der Rückkehr aus Soden wurde die Königin immer stiller und schweigsamer. Umso mehr überraschte gestern die Nachricht von dem Eintritt der Königin in das Kloster der Ursulinerinnen zu Augsburg... Das auf meinen Vorschlag heute vom Kultusminister erbetene Telegramm des Bischofs von Augsburg lautet: ›Die Königin von Neapel ist seit gestern morgen 7 Uhr im Kloster Ursula dahier und zwar bis Auf Weiteres dort zu verbleiben. Von einem Vorsatz, in die Reihe der Ordensfrauen einzutreten, ist z.Z. nichts bekannt.‹ ... Die Sache war vom ersten Anfang an bis zur Stunde eine tief unglückselige. So kann es nicht fortgehen...« [29]

Am 10. Oktober schreibt Zwierzina nochmals an Graf Rechberg: »Es ist Seiner Majestät dem König von Bayern gelungen, die Königin von Neapel zur Rückkehr nach Rom zu bewegen, nur wünscht Höchstdieselbe noch einige Zeit im Kloster zu verbleiben ... Es würde diese ganze Angelegenheit doch vielleicht ohne größeres Aufsehen und gehässige Deutung vorübergehen ...«[30]

Fragen kamen auf. Würde Marie für immer im Kloster bleiben? Wird sie zu ihrem Gatten nach Rom zurückkehren? Oder was wird sie sonst tun?

Am 8. Oktober reiste das bayrische Königspaar nach Augsburg. Der Zweck der Reise wurde nicht vermerkt. Es liegt aber nahe, daß sie Marie einen Besuch abstatteten. Auch ein Kardinal Grasselini aus Rom machte auf seiner Reise nach München einen Tag Station in Augsburg, offensichtlich im Zusammenhang mit Marie. Am 25. Oktober schrieben die *Münchner Neuesten Nachrichten* zwar nichts von dem großen Geheimnis, aber dennoch in erstaunlicher Offenheit: »Die Königin von Neapel wird in Rom erwartet. König Franz hat nichts gespart, um sie von ihrem Projekt, in Deutschland zu bleiben, abzubringen. Sie liebt den Aufenthalt in Italien nicht mehr, seit sie dem Angriff der italienischen Journale zum Gegenstand dient. Sie kann in kein Theater mehr gehen, muß auf ihre Spazierritte verzichten und es selbst vermeiden, sich an vielbesuchten Orten zu zeigen. Das Familienleben in Rom hat wenig Anziehendes. König Franz ist ein Mensch von schwachem Verstand und besitzt nichts was eine junge Frau fesseln könnte. Die Königin bringt jeden Abend bei ihrer Schwester, der Gräfin Trani, zu, ohne sich mit jemandem unterhalten zu können. Ihre Majestät ist keine Frau, die in häufigen Kirchenbesuchen, im Rosenkranzbeten und im Lesen frommer Werke Trost finden könnte. Sie hat eine ausgezeichnete Erziehung genossen, aber das Unglück ihres Gemahls gestattet ihr leider nicht, zu glänzen. Sie ist unglücklich, weil sie Königin ist. ... Die Gräfin Trani ist gleichfalls unzufrieden mit ihrer Lage. Das Einkommen des Königs ist infolge der Sequestration mit welcher die italienische Regierung den aus Staatsfonds bestehenden Teil seines Vermögens belegte, sehr beschränkt.« Am 17. November berichtete die Presse ausdrücklich sowohl von einem Besuch der Königin von Bayern bei der Königin von Neapel in Augsburg als auch von dem des Münchner Erzbischofs, welcher darauf folgt.

Heimliche Geburt in Augsburg

Am 24. November 1862 brachte Marie im Kloster Sankt Ursula in Augsburg ein Mädchen zur Welt, das bald darauf in einem kleinen Gebirgsdorf in Pflege gegeben wurde, bis es schließlich zu seinem leiblichen Vater kam. Die Taufe vollzog der schon einmal genannte Kaplan Türk.

Der 29. November vermerkt erneut einen Besuch der Königin in Augsburg. Es ist anzunehmen, daß zumindest Herzogin Ludovika ebenfalls die Tochter und das unerwünschte Enkelkind besuchte. In ihrem Buch erzählt die Gräfin Larisch über ihre Tante eine abenteuerliche Geschichte. Danach hat Marie nicht nur ein Kind, sondern Zwillingsmädchen geboren. Sie schildert sehr anschaulich, aber offenbar weitgehend in dichterischer Freiheit, wie verzweifelt Graf Lavayss versuchte, mit seiner Geliebten in Verbindung zu treten. Das konnte nur heimlich geschehen, denn er wurde im Auftrag von König Maximilian, der Schwierigkeiten befürchtete, polizeilich beobachtet. Aufgrund des unwirtlichen bayrischen Klimas schwer erkältet und in desolatem Zustand, sei er letztendlich nach Augsburg gekommen. Dort habe er zwar die Kinder, nicht aber Marie sehen dürfen und mußte daher unverrichteter Dinge wieder abreisen. Als Marie seinen Brief erhielt, sei sie in eine »tiefe Melancholie« verfallen … Am Wahrheitsgehalt dieses Berichtes ist sehr zu zweifeln.

Nach ihrer anfänglichen Weigerung, je zu ihrem Gatten zurückzukehren, war Marie nun entschlossen, reinen Tisch zu machen. Sie wollte nach Rom zurückreisen und ihrem Gatten gestehen, was vorgefallen war. Allerdings stellte sie eine Bedingung: dieses Gespräch dürfe auf keinen Fall im Beisein der Königin-Witwe stattfinden.

Am 1. April empfing Königin Marie in Schloß Biederstein das diplomatische Corps, einige Tage später fand bei Hof das große Abschiedsdiner statt, das alle Mitglieder des königlichen Hauses vereinte. Das Gepäck war schon vorsorglich nach Marseille geschickt worden. Dazu zählten auch zwei »ausgezeichnete ›Race-Reitpferde‹«, ein Geschenk König Maximilians. Am 8. April nahte in München endgültig die Stunde des Abschieds. König und Königin gaben Marie noch das Geleit bis Augsburg, einige Brüder und Verwandte bis Lindau, der ersten Station ihrer Reise.

Am 11. April traf sie in Marseille ein. Von dort fuhr eine Fregatte nach Civitavecchia, wo sie von Franz und dem Ehepaar Trani, das schon Ende September München verlassen hatte, erwartet wurde. Das Schiff, auf dem Marie reiste, trug bemerkenswerterweise den Namen »La Conception« – die Empfängnis.

Die Königin gestand ihrem Gatten zwar ihre Schuld, sprach ihn aber nicht von seiner frei. Als Ehemann hat er auch Pflichten, welche er jahrelang sträflich vernachlässigt habe. Ex-König Franz muß das eingesehen haben, denn er unterzog sich endlich der notwendigen Operation, damit die Ehe vollzogen werden konnte, die letztendlich noch einigermaßen harmonisch wurde.

Am 24. Dezember 1869 brachte Marie in Anwesenheit ihrer Schwester Sisi in Rom ein Mädchen zur Welt, das bei der Taufe den Namen Maria Pia erhielt, aber schon nach wenigen Monaten angeblich durch die Nachlässigkeit einer Kinderfrau starb. Vielleicht war das mit ein Grund, warum das Ex-Königspaar von Neapel schließlich Rom verließ.

Sein künftiger Wohnsitz sollte vor allem Paris sein, wo es zuerst im Stadtteil Saint Mandé, später am Boulevard Maillot in Neuilly eine Villa bezog. Es wurde aber auch wiederholt Aufenthalt in Bayern genommen.

Sisi greift in die Politik ein

Krieg zwischen Österreich und Preußen

In Wien blieb der im Jahre 1861 neu gebildete Reichsrat ein Rumpfparlament. Die Tschechen protestierten gegen die ungerechte Mandatsverteilung zugunsten der Deutschen, die Italiener und Ungarn blieben überhaupt ganz aus. Letztere wollten Entscheidungen über gemeinsame Interessen der gesamten Monarchie nur in ihrem eigenen Parlament treffen. Franz Joseph war zwar König von Ungarn, »Erbkönig« wie es hieß, aber immer noch nicht gekrönt. Da ihm nur die Magnaten die Stephanskrone aufs Haupt setzen konnten, bedeutete das auf eine einheitliche Reichsverfassung und Reichsregierung sowie auf ein Reichsparlament zu verzichten. Diesen Preis wollte Franz Joseph nicht bezahlen; noch nicht. So blieb der Gegensatz zwischen dem Monarchen und der ungarischen Adelspartei weiterhin bestehen.

Die Wiener interessierten die Querelen mit Ungarn nicht besonders. Sie waren mit anderem beschäftigt. Nach dem Fall der Stadtmauern hatte der Ausbau der Ringstraße bereits große Fortschritte gemacht. 1865 wurde das erste Teilstück in Anwesenheit des Kaiserpaares feierlich eröffnet, die erste Pferdeeisenbahn fuhr durch Wien. Die Baufirmen hatten alle Hände voll zu tun, Industrien schossen aus dem Boden und legten den Grundstock zu enormem Vermögen. Allein die Arbeiter mußten weiterhin von früh bis spät schuften und lebten dennoch nur von der Hand in den Mund.

Und es gab Krieg. 1864 führte Österreich gemeinsam mit Preußen einen kleinen Krieg in Schleswig-Holstein, der sich zu einem großen ausweitete und sich nun gegen Preußen richtete. In Berlin, wo Wilhelm I. 1861 an die Regierung gekommen war, sorgte Bismarck dafür, daß die Aufrüstung der preußischen Armee auch gegen den Willen der Abgeordneten durchgesetzt werden konnte. Im selben Jahr reduzierte Österreich sein Wehrbudget um 30 Prozent. Offiziell ging es um Zollfragen und um Schleswig-Holstein, in Wirklichkeit aber um die Macht und Vorherrschaft in Deutschland. Ende Februar 1866 beschloß der Kronrat in Berlin die Vorbereitung des Krieges gegen Österreich. Im April wurde ein italienisch-preußisches Bündnis unterzeichnet. Die Einigung Italiens sollte fortgesetzt werden.

Von nun an ging in Österreich alles schief. Seine Bündnispartner Sachsen und Bayern fanden kaum eine gemeinsame Linie, für Feldzeugmeister Benedek, dem gegen Preußen vorgesehenen Oberbefehlshaber, wäre Italien ein weit vertrauteres Terrain gewesen als Böhmen. Und zu allem Überfluß war da noch das weit schnellere Zündnadelgewehr, zu dessen Ankauf sich Österreich nicht hatte entschließen können. Es kam wie es kommen mußte. Die Schlacht von Königgrätz ging verloren. Es nützte nichts, daß Erzherzog Albrecht die überlegenen Italiener bei Custoza vernichtend schlug, daß Admiral Tegetthoff sie bei Lissa in einer Seeschlacht besiegte, Venetien mußte abgetreten werden. So wollte es ein Geheimvertrag, mit dem sich Kaiser Franz Joseph die Neutralität Frankreichs erkauft hatte. Zwei Jahre vorher hätte König Viktor Emanuel noch 400 Millionen Gulden für Venetien und Welschtirol geboten. Obwohl das rebellische Land dauernd Zuschüsse erforderte, hatte Kaiser Franz Joseph entrüstet den Handel abgelehnt. Er wird im hohen Alter ein ähnliches Geschäft wieder von sich weisen.

Schon rückten die preußischen Truppen auf Wien vor, Angst erfaßte die Bevölkerung. Wer immer eine Möglichkeit hatte, verließ die Stadt. In der Hofburg und in Schönbrunn wurden die Koffer gepackt, in der Schatzkammer das Wertvollste in Kisten verstaut und alles mit dem Schiff nach Ungarn geschickt. Auch Elisabeth reiste mit den Kindern nach Budapest, sehr zum Ärger ihrer Schwiegermutter, die das Land mit seiner Bevölkerung bekanntlich gründlich verabscheute. Vielleicht war das der Grund dafür, daß Elisabeth die Ungarn liebte. Sie wird sich diese Liebe bis an ihr Lebensende bewahren. Die glanzvolle Hofhaltung in Budapest, der Prunk der Magnaten, die Eleganz der Offiziere in den goldverschnürten Attilas und die wagemutigen, schneidigen Reiter auf ihren edlen Pferden gefielen ihr zweifellos besser als das starre Zeremoniell der Wiener Hofburg.

Einst hatte sich die junge Königin Maria Theresia im Jahre 1741, als ihre Feinde sie bedrängten, um Hilfe an Ungarn gewandt. Nicht nur in Wien, auch in Budapest mochte man sich dessen erinnern, als jetzt wieder eine hilflose, schöne, junge Frau mit ihren Kindern eine Zuflucht suchte.

Elisabeth, die sogar eine ungarische Hofdame und eine ungarische Vorleserin hatte und Ungarisch sprach! Das rührte die Magnaten besonders, denn ungarisch ist eine schwierige Sprache, die sonst auf der Welt kaum jemand versteht. Die Kaiserin wurde voller Begeisterung in Ungarn begrüßt.

Aber nicht nur die Magnaten waren von ihr entzückt. Auch sie stand bald völlig in ihrem Bann. Das hatte einen Grund und der hieß Andrassy.

Gyula Graf Andrassy

Andrassy war einer jener Männer, die sich am ungarischen Aufstand des Jahres 1848 beteiligt hatten, der mit Hilfe Rußlands schließlich blutig unterdrückt wurde. Obwohl

Zar Nikolaus I. den damals neunzehnjährigen Kaiser um Milde bat, setzte sich General Graf Haynau mit seiner harten Linie durch. »Erst wollen wir noch ein bißchen hängen«, hieß es damals. Dreizehn Aufständische wurden als Hochverräter hingerichtet, eine Tat, die Ungarn nie vergessen konnte. Doch nicht alle Rebellen traf das harte Los. Einigen war es gelungen, rechtzeitig zu entkommen. Als die kaiserlichen Truppen Buda zurückerobert hatten, floh Andrassy über Belgrad und Konstantinopel nach Paris, wo er sich vergeblich Hilfe für seine bedrängte Heimat erhoffte.

Es lebte sich gut dort. Mit seinem markanten Gesicht, dem dunklen lockigen Haar, und den feurigen schwarzen Augen und seinem Charme schien Andrassy das Urbild eines Ungarn zu sein. Er sprach mehrere Sprachen, war ein gewandter Kavalier und ein eleganter, unermüdlicher Tänzer. Als gerngesehener Gast verkehrte er in den elegantesten Salons. Die Damenwelt vergötterte ihn, seine amourösen Abenteuer waren bald in aller Munde.

Den »schönen Gehenkten« nannte man ihn. Am 22. September 1851 war nämlich in Buda ein seltsames Gericht abgehalten worden. Damals waren die Städte Buda und Pest noch getrennt, erst 1872 erfolgte ihre Vereinigung zu Budapest. Militär marschierte auf, drei Militärrichter erschienen hoch zu Roß, ein Galgen war bereits aufgerichtet worden. Delinquenten gab es allerdings keine. Schließlich verlas ein Richter 36 Namen ungarischer Rebellen, die zum Tode verurteilt worden waren. »Tu er seine Pflicht!« forderte er den Henker auf. Der Angesprochene trat zum Galgen und brachte dort schwarze Täfelchen an, auf denen die Namen der abwesenden Delinquenten standen. Anschließend entfernte sich die Abordnung wieder. Dem Gesetz war Genüge getan. Die Schuldigen waren »in effigie«, also bildlich, gehenkt worden. Auf einer der Tafeln stand der Name des Grafen Gyula Andrassy.

Dieser hatte inzwischen auf einem Ball in den Tuilerien die Dame seines Herzens gefunden, eine Ungarin namens Katinka Kendeffy. Schon am nächsten Tag hielt er um ihre Hand an.

In Wien hatte man inzwischen eingesehen, daß in Ungarn vielfach doch zu streng verfahren worden war. Nachdem die Mutter Andrassys ein Gnadengesuch an den Generalgouverneur Erzherzog Albrecht gesandt hatte, erhielt der Innenminister Bach folgende Order: »Aus Gnade bewillige ich dem wegen Hochverrats verurteilten Grafen Gyula Andrassy ... unter den vorgeschriebenen Bedingungen und Förmlichkeiten die straffreie Rückkehr in die österreichischen Staaten sowie die Rückgabe seines in Verfall gesprochenen Vermögens.« Andrassy erklärte darauf: »... verspreche ich ... an Eides Statt, als getreuer Untertan Seiner Kaiserlich Königlichen Apostolischen Majestät Franz Joseph, Kaiser von Österreich und seinen rechtmäßigen Nachfolgern, fortan den in Österreich bestehenden Gesetzen Folge zu leisten und überhaupt durch loyale Erfüllung meiner Pflichten mich der mir erteilten Allerhöchsten Gnade würdig zu erweisen.«[31] Er kehrte mit seiner Frau und dem inzwischen geborenen Sohn nach Ungarn zurück und schloß sich Franz Deak an, einem gemäßigten Politiker. Andrassy verfolgte fortan das Ziel, Ungarn zu seinen Rechten zu verhelfen, es aber zugleich auch mit Österreich zu versöhnen.

Eine Frau kam ihnen dabei zu Hilfe: Ida von Ferenczy, eine junge Ungarin, die bei Kaiserin Elisabeth als Vorleserin tätig war. Das war kein Zufall. Man würde sie heute als eine Art Agentin bezeichnen, die bewußt bei der Kaiserin »eingeschleust« worden war. Die Rechnung ging auf. Ida war Elisabeth auf den ersten Blick sympathisch. Die Neigung der Kaiserin, stets ihre Umwelt ein wenig zu provozieren, mag dabei auch eine Rolle gespielt haben. Denn Ida von Ferenczy gehörte keineswegs der Gesellschaftsschicht an, deren Angehörige für gewöhnlich die Ehre hatten, privat der Kaiserin zu dienen, sondern entstammte nur dem niederen Landadel. Jedenfalls verstand sie es glänzend, das Ungarisch ihrer Herrin zu vervollkommnen, vor allem aber die Liebe zu ihrer Heimat und ihren Landsleuten in ihr zu wecken. Durch sie erfuhr Elisabeth auch von den jüngsten tragischen Ereignissen und der Rolle, die Graf Andrassy jetzt spielte. Die Kaiserin wußte, daß sie der jungen Ungarin vertrauen konnte. Sie blieb ihr bis an ihr Lebensende in aufrichtiger Freundschaft verbunden. Allerdings verlangte sie auch unbedingte Treue. Heiraten sollten die Hofdamen nicht.

Eines Tages kam es dann zur ersten persönlichen Begegnung mit dem Grafen, der mit einer ungarischen Delegation nach Wien gekommen war. Beide Menschen waren voneinander fasziniert: Elisabeth von dem gutaussehenden Mann in seiner goldverschnürten Uniform mit dem Leopardenfell über der Schulter, der leidenschaftlich die Sorgen seines Landes vortrug, der Graf vom Liebreiz und der Schönheit der jungen Frau. Die ungarischen Anliegen fanden bei der Kaiserin ein offenes Ohr und sie sorgte dafür, daß die Delegation sie auch dem Kaiser vortragen konnte, da es letztendlich auf ihn ankam. Als die preußischen Truppen nach der verlorenen Schlacht von Königgrätz auf Wien vorstießen und Elisabeth mit den Kindern in Ungarn Zuflucht suchte, wurde sie dort nicht nur mit donnernden »Eljen-Rufen« empfangen, sondern geriet noch mehr unter den Einfluß Andrassys und seiner Mitstreiter.

Diese hatten bald ihr Ziel erreicht. Die Kaiserin identifizierte sich mit ihren Forderungen und unterstützte sie mit ihrer ganzen Überzeugungskraft bei Franz Joseph. Und die hießen: ein eigenes Parlament und eine nur diesem verantwortliche Regierung. Das Ziel war eine Art von Personalunion mit dem Kaiser als Oberhaupt, allerdings nur in

Österreich, in Ungarn wäre er König. So würde Ungarn einen guten Teil der ersehnten Unabhängigkeit bekommen.

Das bei Königgrätz siegreiche Preußen, mit dem bald Frieden geschlossen wurde, hatte auf territoriale Forderungen verzichtet, forderte allerdings eine Kriegsentschädigung. Denn Bismarcks Pläne galten nicht dem Augenblick, sondern der Zukunft. Österreich sollte aus Deutschland hinausgedrängt, aber nicht zum Todfeind gemacht werden, weil man es als starken Verbündeten wollte.

»Seine Majestät der Kaiser von Österreich erkennt die Auflösung des bisherigen Deutschen Bundes an und gibt seine Zustimmung zu einer neuen Gestaltung Deutschlands ohne Beteiligung des österreichischen Kaiserstaats. Ebenso verspricht Seine Majestät das enge Bündnisverhältnis anzuerkennen, welches Seine Majestät der König von Preußen nördlich der Linie des Mains begründen wird«,[32] unterschrieb Österreich am 26. Juli 1866 beim Abschluß des Vorfriedens von Nikolsburg, dem ein Monat später der Friede von Prag folgte.

Es war das Ende des österreichischen Einflusses auf die deutschen Staaten. Der Gründung des Norddeutschen Bundes stand nichts mehr im Wege, die des Deutschen Kaiserreiches würde bald folgen. Die Interessen Österreichs hingegen würden in Zukunft noch mehr als früher am Balkan liegen und damit den Keim für weitere Konflikte in sich bergen.

Der Ausgleich mit Ungarn

Mitte Februar 1867 fand in Wien der »Ausgleich« statt. Aus dem Kaiserreich Österreich wurde die Doppelmonarchie Österreich-Ungarn. Das Flüßchen Leitha wurde zur Trennlinie erklärt. Es entstand Cisleithanien (Österreich) und

Transleithanien (Ungarn). Sie hatte zwei Hauptstädte, zwei Parlamente, zwei Kabinette, nur die Ministerien für Außenpolitik, Verteidigung und Finanzen waren gemeinsam. Alle zehn Jahre sollte die Lastenverteilung neu geregelt werden, was Anlaß für einen nicht enden wollenden Streit bot. Österreich trug die Hauptlast. Denn die Ungarn verstanden es nur zu gut, auch weiterhin die andere Reichshälfte mit ihren Forderungen zu erpressen. Später einmal rechnete Graf Andrassy, der erste Ministerpräsident, seinen Landsleuten zufrieden vor, daß sie für 30% der Kosten 70% der Rechte erhielten.

Krönung in Budapest

Als Höhepunkt des neuen Abkommens sollten Franz Joseph und seine Gemahlin am 8. Juni 1867 feierlich zum König und zur Königin von Ungarn gekrönt werden. Einer alten Tradition zufolge hatte Elisabeth eigenhändig den Mantel des heiligen Stephan ausgebessert, den ihr Mann zur Krönung umhängen sollte. Da gab es einiges zu tun. Damit die kostbaren Gewänder des Gründers der ungarischen Nation nicht in unwürdige Hände fielen, waren sie während der Revolution vergraben worden und daher nicht in bestem Zustand.

Elisabeths eigener Krönungsstaat stammte von Worth in Paris, dem führenden Modehaus jener Zeit. In Anlehnung an die ungarische Volkstracht trug sie ein weißes, silberbrokatenes Kleid mit Schleppe und einem schwarzen Samtmieder, dessen Nähte mit Brillanten besetzt waren. Alle Augenzeugen waren sich einig, daß Elisabeth göttlich schön war, eine »himmlische Erscheinung« nannte sie Franz Liszt, der die Krönungsmesse komponierte, in einem Brief an seine Tochter Cosima. Und eine sonst besonders kritische Palastdame bekannte, daß die Kaiserin »ganz überirdisch schön« war, »so bewegt und gesammelt wie eine junge Braut«.[33]

Franz Joseph war in ungarischer Generalsuniform. Der Primas von Ungarn salbte den König, Graf Andrassy, einst Rebell und jetzt Ministerpräsident, legte ihm den Krönungsmantel um und setzte ihm die Stephanskrone auf das Haupt. Das gab in Wien Anlaß zu Kritik. Für die Wiener Aristokraten war Andrassy noch immer der Revolutionär, der nur mit Glück dem Tod durch den Henker entkommen war. Und jetzt krönte er ihren Kaiser?

Nachdem die Krone des heiligen Stephan auch einige Sekunden lang über Elisabeths Schulter gehalten worden war, betraten König und Königin den Platz vor der Kirche. »Eljen! Hoch!« rief die Menge begeistert, während die Kanonen Salut schossen, der Finanzminister Gold- und Silbermünzen unter das Volk streute und die Magnaten und Honoratioren schließlich zu Pferd oder in prunkvollen Kutschen den Berg hinunter über die Donau zum Krönungshügel zogen, der aus der Erde aller Komitate künstlich aufgeschüttet worden war. Dem Krönungsprotokoll zufolge mußte Franz Joseph nun auf ihn hinaufreiten, sein Schwert in alle Himmelsrichtungen schwingen und schwören, die Grenzen des Landes immer zu verteidigen.

Ungarn schenkte dem Kaiserpaar aus Anlaß seiner Krönung das achtzehn Kilometer südlich von Budapest gelegene Schloß Gödöllö. Elisabeth hatte es schon einmal erwerben wollen, aber Franz Joseph hatte auf die notorische Ebbe in den Finanzen hingewiesen und den Kauf abgelehnt.

In Wien war man von dieser Bevorzugung Ungarns nicht sehr begeistert. Dort mochte man die aufmüpfigen Ungarn mit ihren dauernden Forderungen nicht besonders. Tatsache ist, daß sie der sogenannte »Ausgleich« deutlich bevorzugte und dadurch indirekt die anderen Völker der Monarchie, besonders die zahlreichen Slawen, auf eine nachgeordnete Rangstufe verwies. Die Freiheiten, die Ungarn errungen hatte, waren jedoch der magyarischen Nation vorbehalten. Den anderen Völkern, die seiner Reichshälfte angehörten, den Rumänen, Serben, Slowaken und Kroaten, wurden sie nicht zuteil. Wer sich nicht magyarisieren ließ, zählte nur ganz am Rande.

Das »ungarische« Kind

Elisabeths Geschenk an Ungarn war ein ganz persönliches. Sie war bereit, noch einmal ein Kind zu bekommen, ein Kind für Ungarn. Sie wollte dem »geliebten Ungarnland« einen König schenken.

Er sollte ein Ungar von echtem Stamm,
Ein Held sein von Stahl und Erz,
Mit klarem Verstand, ein starker Mann,
Für Ungarn nur schlüge sein Herz.
Frei macht er euch, trotz allem Neid,
Ein stolzfreies Ungarn für ewig!
Und er teile mit allen Freud und Leid,
So soll er sein – Euer König!

Schon drei Monate vor dem Geburtstermin reiste sie nach Ungarn. Das Kind sollte in Budapest zur Welt kommen und den Namen Stephan erhalten nach dem ersten christlichen König von Ungarn. Es wurde jedoch kein Sohn, sondern ein Mädchen. Marie Valerie wurde am 22. April 1868 geboren. Ihre Taufe, die in der Ofener Burg vollzogen wurde, gestaltete sich zu einer pompösen Festlichkeit. Die Magnaten waren ihrem Stand gemäß in ihrer traditionellen Kleidung erschienen, die Damen alle in ungarischer Tracht. Taufpaten waren die beiden Schwestern Elisabeths, Ex-Königin Marie von Neapel und Gräfin Mathilde Trani. Ganz Ungarn feierte die glückliche Mutter und strahlende Königin.

Es ist viel über das »ungarische« Kind gerätselt worden. Rudolf Reiser belegt in seiner Artikelserie in der Münchner *Süddeutschen Zeitung,* die auch als Broschüre erschienen ist, aufgrund von Daten, daß der Vater des Kindes nur Gyula Andrassy sein kann. Aber hat sich wirklich bisher jedes Baby an den Termin seines Erscheinens gehalten, den Ärzte oder Hebammen dafür errechnet hatten? Für Reiser hat auch der Name des Kindes eine tiefere Bedeutung. Die Region um Budapest habe in der Römerzeit Valeria geheißen. Als Hommage an Ungarn und den wahren Vater habe Elisabeth der Neugeborenen diesen Namen gegeben, der in der Familie Habsburg bisher völlig ungebräuchlich war. Mädchen hießen Maria oder Anna, Maria Theresia oder Leopoldine, wie ihre Großmütter und ihre Urgroßmütter. Von modernen Namen hielt man nichts.

Sicher ist nur, daß Elisabeth selbst ihrem letzten Kind weit mehr Aufmerksamkeit schenkte als ihren früher Geborenen und daß sie es keinesfalls Erzherzogin Sophie überlassen wollte. »Jetzt weiß ich erst, was für eine Seligkeit ein Kind bedeutet«[34], gibt ihre Hofdame Gräfin Festetics einen Ausspruch Elisabeths wieder. Und als wolle sie alles nachholen, was sie bei den anderen versäumt hatte, umgab sie es mit einer für viele unverständlichen, besitzergreifenden und fast exaltiert zu nennenden Liebe. Die »Einzige« wurde Valerie bald genannt.

Die Tochter hat sich dem so bald wie möglich entzogen. Auch Elisabeths Bestreben, aus dem Mädchen ein ungarisches Kind zu machen, schlug fehl. Valerie, die die Ungarn überhaupt nicht mochte, sprach weit lieber deutsch als ungarisch und entwickelte als Erwachsene, möglicherweise als unbewußten Protest, eine deutsch-nationale Gesinnung.

Beweis dafür, daß Valerie einen anderen Vater hatte als Gisela und Rudolph ist das jedoch keiner. Die Kaiserin war eben nicht mehr das unbedarfte Mädchen, mit dem Erzherzogin Sophie hatte schalten und walten können, wie es ihr beliebte; sie war jetzt eine wunderschöne, vielbewunderte Frau in der Blüte ihres Lebens, die sich mit ihren Forderungen bei Franz Joseph durchgesetzt hatte und der Schwiegermutter ihre Grenzen zeigte.

Die Geschichte birgt viele Rätsel. Zu vieles wurde vertuscht und geheimgehalten, Akten von verräterischem Material gesäubert. Brigitte Hamann, die Biographin Elisabeths, ist der festen Überzeugung, Valerie sei Franz Josephs Kind. Die Kaiserin habe Andrassy zwar geliebt, ihren Mann aber nie betrogen. Das sei bei der Wachsamkeit ihrer Umgebung gar nicht möglich gewesen. Man sagt ihr zudem nach, daß sie überhaupt kein Interesse an körperlicher Liebe hatte, vielleicht sogar Abscheu und Verachtung dafür empfand, wie es bei Magersüchtigen oft vorkommt.

Aber könnte es nicht ebensogut sein, daß der faszinierende Mann, welcher Andrassy zweifellos war, imstande gewesen wäre, die spröde Schöne eines Besseren zu belehren? Zudem besteht kein Zweifel, daß Andrassy mehr als Freundschaft für seine Königin empfand, und auch sie ihm sehr zugetan war. Ob ihre Zuneigung platonisch blieb oder nicht, werden wir nie erfahren. Es steht nur fest, daß die beiden eine lebenslange Freundschaft verband und Elisabeth sehr um ihn trauerte, als er 1890 starb.

Freude und Leid liegen oft dicht beieinander. In Budapest hatten von der Matthiaskirche auf der Fischerbastei die Krönungsglocken geläutet, vom Regensburger Dom erklang Trauergeläut. Erbprinz Maximilian von Thurn und Taxis, Helenes Gemahl, war plötzlich gestorben. Elisabeth und Franz Joseph mußten zur Bestattung nach Regensburg. Es war die einzige glückliche Ehe, die es unter den fünf Schwestern gab. Über Helenes Schicksal wird an anderer Stelle berichtet werden.

Noch eine geplatzte Verlobung

Zwei Wagnerverehrer finden sich

Er nannte sie »Elsa« im Anklang an die Gestalt der Elsa in Richard Wagners Oper »Lohengrin«. Denn er verehrte Wagner über alles. Ausdruck dieser Verehrung und Sinnbild der »Gralsburg« war der Bau des Schlosses Neuschwanstein im mittelalterlichen Stil. »... ich muß Ihnen gestehen, daß ich mich sehr freue, einst dort zu hausen«, schrieb er an den Vergötterten. »Mehrere Gastzimmer sollen wohnlich und anheimelnd dort eingerichtet werden. Sie kennen ihn, den angebeteten Gast, den ich dort beherbergen möchte; der Punkt ist einer der schönsten, heilig und unnahbar, ein würdiger Tempel für den göttlichen Freund, durch den einzig Heil und wahrer Segen der Welt erblühte ...«[35]

Er, das war König Ludwig II. von Bayern, »Elsa« seine Cousine, Herzogin Sophie in Bayern, Sisis jüngste Schwester.

Sophie gab ihr an Schönheit kaum nach. Ihr Aussehen und ihre nahe Verwandtschaft mit dem österreichischen Kaiserhaus brachte es mit sich, daß sie zwar eine Menge Bewerber hatte, aber sehr wählerisch war. Herzog Wilhelm von Württemberg und der Bruder des Kaisers, Erzherzog Ludwig Viktor, hatten sich schon um sie bemüht, sich aber eine Absage geholt. Sehr zum Ärger von Herzogin Ludovika, die liebend gerne einen zweiten Habsburger als Schwiegersohn gehabt hätte. Einen solch ehrenvollen Antrag zurückzuweisen! Wie peinlich das war! Schwester Sophie in Wien würde mit Recht beleidigt sein. Ludwig Viktor war deren jüngster Sohn ...

Aber! Dieser Ludwig Viktor war schon des öfteren durch Tratsch und bissige Bemerkungen unangenehm aufgefallen, hatte sogar durch seine homosexuellen Neigungen einen Skandal verursacht und wurde deswegen von seinem kaiserlichen Bruder aus Wien verbannt. Als künftigen Wohnsitz wurde ihm Schloß Kleßheim bei Salzburg zugewiesen. Ob die bayrische Sophie mit diesem Österreicher besonders glücklich geworden wäre? Erzherzog Ludwig Viktor blieb unvermählt.

Doch dann schien es, als würde Ludovikas schwierige Tochter doch noch eine ansehnliche Partie machen. Denn Ludwig, der am 10. März 1864 die Nachfolge seines Vaters Maximilian als König von Bayern angetreten hatte, machte seiner Cousine Sophie offensichtlich ernsthaft den Hof. Er schickte Briefe und riesige Blumenbuketts, kam mit dem Boot vom nahen Schloß Berg nach Possenhofen, um Sophie zu besuchen. Sophie hatte eine hübsche Singstimme und spielte ausgezeichnet Klavier. Gemeinsam war ihnen beiden die Verehrung für Richard Wagner, die allerdings bei Ludwig sehr bald krankhafte Formen annahm. Die Beziehung unterlag jedoch von Anfang an einem Irrtum. Mutter Ludovika erwartete in Ludwig einen ordentlichen Schwiegersohn, Sophie einen ebensolchen Mann. Ludwig aber erhob Sophie, seine »Elsa«, zum Objekt einer märchenhaften Schwärmerei. Und zu sonst nicht viel mehr.

Ob er sich selbst als »Lohengrin« sah? Als den geheimnisvollen Ritter, den Wagner eines Tages auf den sagenhaften Montsalvat entschwinden ließ? Ludwigs hinhaltende Schwärmerei jedenfalls mißfiel der potentiellen Schwiegermutter in zunehmendem Maße: er sollte sich entweder erklären oder Sophie in Ruhe lassen! Als beides nicht der Fall war, verbot sie kurzerhand die Korrespondenz.

Ludwig war bestürzt. Sophie war seine einzige Vertraute, der einzige Mensch, der ihn verstand. Er wollte sie nicht verlieren.

Am 23. Januar 1867 meldeten die *Münchner Neuesten Nachrichten:* »Wie man uns aus guter Quelle mitteilt, hat sich Seine Majestät König Ludwig II. mit Prinzessin Sophie, der jüngsten Tochter des Herzogs Max in Bayern, verlobt.« Und drei Tage später: »Die Vermählung soll am 15. Mai stattfinden. Die königliche Braut besuchte gestern das photographische Atelier Hanfstaengl in der Maximilianstraße und verweilte behufs mehrfacher größerer Porträtaufnahmen dortselbst längere Zeit.« Ludwig hatte die Konsequenzen gezogen. Mutter Ludovika schwamm in Seligkeit.

Zwar entwickelte Ludwig bisweilen merkwürdige Gewohnheiten – sein Drang nach Einsamkeit, seine nächtlichen Ausfahrten waren etwas bedenklich und versprachen nicht gerade eine konfliktlose glückliche Ehe – aber so kleinliche Bedenken schob die Herzogin einfach beiseite. Er war ein König! Was wollte man mehr! Etwas Besseres konnte eine Herzogin in Bayern nicht finden.

Sophie war damals zwanzig, Ludwig dreiundzwanzig Jahre alt, und mit seiner beachtlichen Größe und dem dunklen Haar ein äußerst attraktiver Mann. Es schien, als hätten zwei Wagner-Verehrer sich für immer gefunden. »Dem treuen Sachs teilt Walther selig mit, daß er sein treues Evchen, daß Siegfried seine Brünhilde fand«[36], telegraphierte er sogleich an den Hochverehrten. Die Gefühle, die Ludwig zweifellos für Sophie empfand, entsprachen seinem ganzen Wesen. Sie waren nicht von dieser Welt, schwebten schwärmerisch in höheren Sphären, denn von irdischer, sinnlicher Liebe zum anderen Geschlecht hielt er nichts. Man sagt ihm sogar homosexuelle Neigungen nach.

Wie auch immer – ganz München freute sich mit dem jungen Paar. Vor allem hoffte man, Sophie würde mit der Zeit auf die obsessive Schwärmerei ihres Bräutigams für

Richard Wagner, die man allgemein für reichlich übertrieben hielt, mäßigend einwirken und damit neben anderen Vorteilen dem bayrischen Staat auch eine Menge Geld sparen. Die Wochenschrift *Fortschrittsglaube* schrieb: »Die Verlobung unseres Königs ist das Ereignis des Tages und gewinnt durch die Plötzlichkeit einen gewissen romantischen Anflug, der in Liebeshändeln ganz am Platze ist. Da keinerlei politische Gründe die Heirat mit einer Tochter einer entfernten Seitenlinie des königlichen Hauses anraten konnten ist anzunehmen, daß eine Neigungsheirat in Aussicht steht und das darf sich sowohl der Fürst als auch das Volk wünschen. Die Tage sind vorbei, wo die Politik... noch von den Einflüssen fürstlicher Heiraten und Verwandtschaften bestimmt wurde. Die Grenze, welche das Erfordernis der Ebenbürtigkeit setzt, bringt auch jetzt noch so manche Entsagung mit sich, daß man sich freuen kann, wenn wieder ein fürstlicher Ehebund als wahre Herzensangelegenheit geschlossen wird.«

Die Verlobung wurde beiden Kammern des Landtags in offizieller Weise angezeigt. Und man zerbrach sich im Münchner Rathaus auch schon den Kopf über ein Hochzeitsgeschenk. 100000 Gulden durfte es kosten... Ludwig versäumte es nicht, seinem Großvater, dem wegen der Lola-Montez-Affäre zurückgetretenen König Ludwig I., seine Verlobung telegraphisch nach Rom zu melden, für die er sich den großväterlichen Segen erbat. »... Schon lange las ich in den Blicken, welche die schöne Sophie auf Dich heftete, daß Du in ihrem Herzen wurzelst. Das häusliche Glück ist des irdischen größtes. Wie hoch erfreut würde ich sein, wenn ich Deinen Erstgeborenen, meinen Urenkel, auf meinen Armen halten kann. Dein seinen besten Segen Dir lieber Ludwig erteilender Großvater Ludwig«[37], antwortete dieser.

Doch die Wünsche König Ludwigs I. und der Bevölkerung erfüllten sich nicht. Weder gelang es Sophie, Ludwig von Richard Wagner abzubringen, noch wurde der Hochzeitstermin festgesetzt. Ludwig weigerte sich einfach, darüber zu sprechen.

Auch Ludovika wurde allmählich unruhig, und Sophie begann Böses zu ahnen. Denn wie ein liebender Bräutigam verhielt sich Ludwig wirklich nicht. Weder hatte er den geringsten Annäherungsversuch gemacht, noch ihr eine Zärtlichkeit erwiesen. Er behandelte sie weiterhin so, als sei sie kein Mädchen aus Fleisch und Blut, sondern tatsächlich eine von Wagners Operngestalten. Die äußeren Ereignisse, einmal angelaufen, ließen sich jedoch nicht aufhalten. Am 21. März richtete Fürst Hohenlohe-Schillingsfürst als Minister des königlichen Hauses im Gebäude des Außenministeriums den festlichen Verlobungsball für 750 Gäste aus. »Der König erschien gegen 9 Uhr und führte die Frau des Hauses zu einer Quadrille. Neben ihm tanzte seine Braut an der Hand des österreichischen Gesandten«, berichteten die *Münchner Neuesten Nachrichten* tags darauf. »Ludwig war in Chevauleger-Uniform, Sophie erschien in den Landesfarben blau und weiß. Er begrüßte artig die Brautmutter, Herzogin Ludovika, und den Brautvater Herzog Max, und mit einem Glas Champagner wurde auf die Familienfeier angestoßen. Dann war für Ludwig die Verlobung zu Ende. Er entschuldigte sich damit, noch allerlei Gäste begrüßen zu müssen, und verließ mitten durch das Gewühl der Gäste den Saal.« Dann begab er sich ins königliche Hoftheater und sah sich den letzten Akt von Schillers »Maria Stuart« an. Anschließend befahl er dem Kutscher, ihn nach Schloß Berg zu fahren. Man kann sich vorstellen, wie brüskiert Sophie und ihre Familie waren. Damals sollen die Worte gefallen sein: »Lieber spring ich in den Alpsee ...« Lieber als was? Als zu heiraten?

Dennoch ließ Ludwig die Vorbereitungen zur Hochzeit beginnen. Handwerker zogen in die Residenz, um die Räume der künftigen Königin zu renovieren. Und eines

Abends erschien er im Palais des Herzogs, um Sophie die Krone der Königin aufzusetzen, die er aus der Schatzkammer hatte holen lassen. Nicht ganz normal war er wohl schon damals, der »Kini« …

Edgar Hanfstaengl

Auch Sophie befand sich ziemlich unvermittelt in einem Dilemma. Denn einige Tage nach ihrer Verlobung hatte sie Edgar Hanfstaengl – den Sohn des Photographen kennengelernt. Die beiden jungen Menschen hatten sich Hals über Kopf ineinander verliebt.

Edgar, ein gutaussehender, gebildeter Mann von 25 Jahren, hatte eine Ausbildung als Handelskaufmann abgeschlossen, in China im Teehandel gearbeitet und war inzwischen Prokurist des väterlichen Kunstbetriebes. Vater Hanfstaengl war ein guter Bekannter von Herzog Max.

Mit Hilfe ihrer Hofdame Baronin Nathalie Sternbach gelang es Sophie, Edgar heimlich zu treffen. Manchmal sogar im herzoglichen Palais, wenn Edgar Photographien lieferte, die erstaunlicherweise immer neu bestellt wurden. Einmal sollen beide beinahe in flagranti erwischt worden sein, so daß Sophie zu einer fingierten Ohnmacht Zuflucht nehmen mußte, damit Edgar ungesehen forteilen konnte. Man gab ihr daraufhin zur Stärkung einen nicht sehr wohlschmeckenden Tee, den sie wohl oder übel zu trinken hatte. Einige Briefe, die Sophie an ihren heimlich Geliebten schrieb, sind erhalten.

»Theurer, Liebster Freund«, schrieb sie am 23. Juli 1867. »Wie glücklich war ich, als mir N. heute Ihren Brief überreichte und … was soll werden? Hoffnung gibt es keine für uns. Was bleibt uns – Entsagen. Mit Schauder blicke ich in die Zukunft, der Tag meiner Trauung steht wie ein schwarzer Schatten vor meiner Seele, und ich möchte entfliehen vor dem unbarmherzigen Schicksal! ... Ich liebe dich so innigst, mein Edgar, wenn du bei mir bist, kann ich es dir nicht sagen, wie tief dein liebes Bild in meinem Herzen ruht, so tief, daß ich so schmählich alle Pflichten gegen meinen armen König vergaß! ... Leben Sie wohl! Leb wohl, mein Edgar... Ich komme morgen auf wenige Stunden in Geschäften in die Stadt... Könntest du bis halb 6 Uhr in das Palais kommen ... Mit dem letzten Zug fahre ich wieder hierher. Die Zeit ist wohl kurz bemessen, aber wir müssen damit zufrieden sein. Deine S.«[38] Der letzte noch erhaltene Brief von Sophie an Edgar Hanfstaengl stammt vom 10. September. Es ist nicht bekannt, ob sich die beiden später noch einmal getroffen haben.

Ein Jahr später übernahm Edgar Hanfstaengl das Atelier seines Vaters als einziger Eigentümer und erweiterte es zum »Kunstverlag Franz Hanfstaengl«, der in den nächsten Jahrzehnten zu einem der größten graphischen Unternehmen seiner Zeit wurde. 1882 heiratete er die in Berlin geborene Katharina Heine und hatte mit ihr fünf Kinder. Er starb im Jahre 1910. Es ist nicht anzunehmen, daß der König von der Liebe seiner Braut zu Edgar erfahren hat.

Die Verlobung wird gelöst

Inzwischen bemühte sich der Hof, die Verzögerung des Hochzeitstermins mit allerlei fadenscheinigen Ausreden zu erklären. Aber es nützte nichts. Ludwig schrieb in sein Tagebuch: »Nach Freiheit verlange ich, nach Freiheit dürstet mich, nach Aufleben von qualvollem Alp.«[39]

Selbst Herzog Max war das Zögern seines seltsamen künftigen Schwiegersohnes zu bunt geworden. Das Ultimatum, das er Ludwig stellte, und der Abschiedsbrief – den dieser selbst an Sophie sandte – dürften sich gekreuzt haben. »Meine geliebte Elsa«, heißt es darin am 7. Oktober 1867.

»... so halte ich es für meine heilige Pflicht, jetzt, da noch Zeit ist, Dir einige Mitteilungen zu machen. Stets warst Du mir von Herzen wert und teuer, ich hänge an Dir mit inniger und wahrer und aufrichtiger Zuneigung, ich liebe Dich wie eine teure Schwester ... Wenn ich nun alle Vorbereitungen zur Hochzeit treffen ließ, mit Dir darüber sprach und schrieb, sie hinausschob, sie doch nicht aufgeben wollte, so geschah dies durchaus nicht, um Dich anzuführen... O nein, hintergehen wollte ich Dich nicht, ich handelte im festen Glauben, es würde alles zu einem befriedigenden Ende führen. Ich hatte nun Zeit, mich zu prüfen, mit mir zu Rate zu gehen, und sehe, daß nach wie vor meine treue, innige Bruderliebe zu Dir tief in meiner Seele wurzelt, nicht aber die Liebe, die zur Vereinigung in der Ehe erforderlich ist. Ich war Dir diese offene Mitteilung schuldig, liebe Elsa, ich bitte Dich um die Fortdauer Deiner Freundschaft. Möge, dies ist mein innigster Wunsch, der Vater, der über uns allen wacht, das Glück finden lassen, daß Du in so reichem Maße verdienst ...«[40] Das Schreiben von Sophies Vater empfand Ludwig als eine grobe Ungehörigkeit. Er fand, daß der Herzog ein Untertan sei wie jeder andere, der sich so etwas nicht erlauben dürfe.

Am gleichen Tag notierte er lapidar in seinem Tagebuch: »Sophie abgeschrieben. Das düstere Bild verweht...«[41] Dann warf er, Quellen zufolge, die Marmorbüste seiner Braut aus dem Fenster. Der Presse wurde die Auflösung der Verlobung mündlich mitgeteilt.

Knapp zwei Wochen später teilte er seinem »über alles geliebten, einzigen Freund« über seine Genesung von der »lebensgefährlichen Krankheit« mit, die »wie ein Alp auf ihm lastete. Nun ist mir so wohl zumute, ich atme wieder frei, erwache wie aus einem düsteren Traum ... und selig wie früher juble ich dem Freunde entgegen...«[42]

Sophie war zwar in ihrem Stolz gekränkt, aber dennoch erleichtert. Sie sah ein, daß eine Ehe mit Ludwig von vornherein zum Scheitern verurteilt gewesen wäre. Das Benehmen des Königs wurde allgemein mißbilligt, was ihn jedoch kaum gekümmert haben dürfte. Am bittersten empfand Herzogin Ludovika die Zurückweisung ihrer Familie. Der Name des Königs durfte in ihrer Gegenwart nicht mehr genannt werden. Auch der Kaiser und die Kaiserin in Wien waren empört. »Es gibt keinen Ausdruck für ein solches Benehmen«, schrieb Elisabeth an ihre Mutter, die der Meinung war, Sophie müsse sich jetzt für eine Weile zurückziehen, »sie braucht sich doch nicht zu schämen. Schämen muß sich der König.«[43] Sie lud ihre Schwester ein, für eine Weile nach Wien zu kommen. Doch Sophie lehnte ab. König Ludwig von Bayern blieb unvermählt.

Kultobjekt Schönheit

Die Schönheitsrezepte der Kaiserin

ROHES KALBFLEISCH ALS Gesichtsmaske, Olivenölpackungen für die Haut, feuchte Tücher um den Leib zur Bewahrung der Schlankheit, alles diente letztendlich der Schönheit. Kaiserin Elisabeth verwendete diese Rezepte regelmäßig.

Orangendiät, Eidiät, Milchdiät, den Saft von 6 Kilo Rindfleisch statt eines Mittagessens, gesalzenes rohes Eiweiß – nichts blieb unversucht, um kein Gramm zuviel auf die Waage zu bringen.

Nicht zu vergessen kuhwarme Milch. Sie ersetzte der Kaiserin ebenfalls nur zu oft eine Mahlzeit! Dazu bedurfte es freilich ausgesuchter, ständig unter tierärztlicher Kontrolle stehender Tiere, die im Schönbrunner Tirolergarten gehalten wurden, um Ihre Majestät stets mit frischer Milch zu versorgen. Kühe und Ziegen wurden sogar auf Reisen mitgenommen, denn fremdem Vieh traute die Kaiserin nicht.

Ihr Gewicht wurde täglich dreimal kontrolliert, das Ergebnis in einer Liste eingetragen. Bei einer Körpergröße von 172 Zentimetern durfte es 50 Kilo nicht überschreiten. Auch der Umfang von Taille, Schenkeln und Waden wurde genau gemessen, denn die größte Sorge der Kaiserin galt ihrer schlanken, ranken Gestalt.

So gab es in jedem ihrer Domizile Turnzimmer mit allen möglichen Geräten, mit Ringen, Reck und Hantel. Bewegung war oberstes Gebot ebenso wie ausgedehnte Ritte, tägliche Gymnastik – sie dauerte morgens ein bis zwei Stunden – und mehrstündige Spaziergänge. Man kann letztere getrost »Gewaltmärsche« nennen, waren sie doch der Schrecken aller Hofdamen, die Ihre Majestät begleiten mußten und jeweils ziemlich atemlos hinter ihr herhetzten, denn das vorgegebene Tempo war beachtlich.

Für eine schmale Taille waren die Kammerfrauen manchmal eine Stunde lang mit dem Schnüren des Mieders beschäftigt. Sie durfte nicht mehr als 50 Zentimeter messen! Es kam auch vor, daß die Kleider der Kaiserin direkt auf den Körper genäht wurden, damit sie wie angegossen saßen. Unter ihrem Reitkleid trug sie statt Unterwäsche einen Anzug aus dünnstem Rehleder. Er mußte feucht sein, damit er paßte wie eine zweite Haut. Dr. Hans Bankl schließt daraus in seinem Buch *Die kranken Habsburger,* daß sich daraus eindeutig das Krankheitsbild der »Anorexia nervosa« ableiten läßt, »einer pathologischen Magersucht mit starker Bewegungsmanie mit wechselnd depressiven und gereizt aggressiven Phasen«. Er erklärt weiter, daß die neurotischen Symptome der Magersucht in psychischem Zusammenhang mit der Abneigung gegen alles Körperlich-Üppige, vor allem gegen Sexualität, stehen.

»Für mich keine Liebe, für mich keinen Wein,
die eine macht übel, der ander' macht spei'n«

reimte die Kaiserin einmal.

Wichtigster Teil des Schönheitskultes war die Pflege von Elisabeths Haar, das ihr bis zu den Fußknöcheln reichte. Es soll 5 Kilo gewogen haben. Ihr Körpergewicht betrug demnach also nur 45 Kilo! Kein Wunder, daß ihr diese Fülle oft Kopfschmerzen bereitete. Das Haar wurde deshalb mit Bändern hochgehängt, um Kopf und Hals zu entlasten.

Die tägliche Haarpflege und Frisur dauerte drei Stunden, die Haarwäsche, zu der 30 rohe Eidotter mit Kognak vermischt wurden, den ganzen Tag. Die Prozedur fand alle drei Wochen statt. Die Mixtur wurde mit einem Pinsel aufgetragen und mußte eine Stunde lang einwirken.

Die Meisterin, die das kaiserliche Haar betreute, hieß Fanny Angerer und war einst Friseuse am Wiener Burgtheater. Dort waren Elisabeth die phantasievollen Frisuren der Schauspielerinnen aufgefallen und sie hatte Fanny dem Theater mit einem märchenhaften Angebot abgeworben. Immerhin betrug ihr Gehalt soviel wie das eines Universitätsprofessors. Fanny war die Schöpferin der »Kronenfrisur«, fortan Markenzeichen der Kaiserin. Sie wurde vielfach imitiert, auch von Elisabeths Schwestern. Viele Damen des Hofes ließen es sich einiges kosten, von Fanny Angerer frisiert zu werden, was dieser zu einem ansehnlichen Zusatzverdienst verhalf.

Um des Seelenfriedens ihrer Herrin willen, für die trotz der Haarfülle jedes ausgegangene Haar einen unwiderbringlichen Verlust bedeutete, hatte Fanny es gelernt, sich einiger Tricks zu bedienen, um die ausgekämmten Haare ungesehen von den kritischen Blicken Ihrer Majestät auf einem Klebeband an ihrer Schürze verschwinden zu lassen. Elisabeth hat die Schwindelei offensichtlich nie durchschaut. Sie war so zufrieden mit ihrer Friseuse, daß sie am liebsten deren Heirat verhindert hätte. Als ihr das nicht gelang, nahm sie auch den Ehemann in ihren Dienst. Herr Feifalik wurde zum Reisemarschall ernannt, schließlich Hofrat und später in den Ritterstand erhoben.

Für das Essen verschwendete Sisi dagegen nicht viel Zeit. Überhaupt versuchte sie sich, wann immer es ging, vor der Familientafel zu drücken. Es war eine große Ehre, an der Hoftafel eingeladen zu sein, ein lukullischer Genuß war es jedoch nicht. Nicht daß an der Kunst der Hofköche oder an der Fülle des Gebotenen zu zweifeln gewesen wäre, aber es fehlte an der Zeit, ihm die nötige Ehre anzutun. Kaiser Franz Joseph, der gekochtes Rindfleisch allen anderen Speisen vorzog, war ein bekannt schneller Esser. Und da die

Tradition es wollte, daß auch die Teller sämtlicher Gäste abgeräumt wurden, sobald der Kaiser einen Gang beendet hatte, kam es nur oft vor, daß so mancher junge Erzherzog hungrig von der Tafel aufstehen mußte. Das Hotel Sacher unweit der Hofburg hat davon profitiert. Mit der Unterhaltung war es ähnlich unangenehm. Auf keinen Fall durfte der Gast den Kaiser ansprechen, sondern hatte zu warten, bis Seine Majestät das Wort an ihn richtete. Und die Kaiserin, wenn sie überhaupt anwesend war, sprach sowieso kaum etwas. Man sagt ihr nach, dies sei aufgrund ihrer schlechten Zähne gewesen.

Dabei galt die Schlankheit, die Sisi so wichtig war, damals keineswegs als besonderes Ideal. Gewiß, man bewunderte die zarte Gestalt der Kaiserin, verglich ihren Gang mit dem Dahingleiten eines Schwans im Wasser, aber die Damenwelt fand sich damit ab, daß nur junge Mädchen schlank waren.

Der Bürger, der es sich leisten konnte, speiste gut und reichlich; alte Kochbücher geben davon ein beredtes Zeugnis. Männer trugen mit gewissem Stolz ihre Beleibtheit vor sich her, denn es war ein Zeichen für Wohlstand und Erfolg. »Laßt wohlbeleibte Männer um mich sein«, läßt bekanntlich Shakespeare seinen Julius Cäsar sagen ... Die Damen nahmen es als gegeben hin, daß die jugendliche Figur mit den Jahren und durch die Geburt ihrer Kinder schwand. Wie sollten sie da Verständnis für Ihre Majestät aufbringen? Mit deren fortschreitendem Alter sprach es sich herum, daß auch eine kaiserliche Haut solchen Schönheitskult übelnahm. Die berühmte Schönheit der Kaiserin schwand und infolge der übertriebenen Fastenkuren traten sogar Hungerödeme bei ihr auf.

In Wien sah man Elisabeth jetzt noch seltener als früher. Als 1869 die neue Oper am Ring mit dem »Don Giovanni« eröffnet werden sollte, mußte die Vorstellung verschoben werden, weil sich die Kaiserin länger als geplant in Ungarn aufhielt. Und als sie zurückgekehrt war, sagte sie auch den neuen Termin wegen Unpäßlichkeit ab. Dabei hatten sich die Architekten große Mühe gegeben und den Salon der Kaiserin besonders liebevoll gestaltet: an den Wänden hingen Bilder aus Sisis Heimat, auf dem Prunktisch war ihr Monogramm und das Deckengemälde zeigte das Feenreich mit ihren Lieblingsgestalten Oberon und Titania. Elisabeth brauchte sich daher nicht zu wundern, wenn die Stadt und ihre Bewohner ihr die kalte Schulter zeigten.

Ob ihre Teilnahme bei der Fronleichnamsprozession nach sieben Jahren als Versöhnungsgeste gedacht war? Sie hatte früh aufstehen müssen, denn um sieben Uhr mußte sie bereits festlich gekleidet in einer silbergestickten, zartlila Robe und kunstvoll frisiert mit ihrem Gefolge an der Stephanskirche sein. Die Wiener waren zufriedengestellt, die Palastdamen auch, die auf diese Weise ebenfalls Gelegenheit hatten, ihre Kleider zu zeigen, und die Schönheit der Kaiserin war wieder einmal Gegenstand allgemeiner Bewunderung.

Großmama Sisi

Im Jahre 1870 brach der deutsch-französische Krieg aus. Die österreichisch-ungarische Monarchie war daran nicht beteiligt, wohl aber die süddeutschen Staaten. Auch Elisabeths Brüder rückten mit ihren Regimentern ein. Nach der Niederlage Frankreichs bei Sedan ging dort das Kaiserreich zu Ende. Die Republik wurde ausgerufen, Napoleon III. floh nach England. Am 18. Januar 1871 wurde im Spiegelsaal von Versailles der preußische König Wilhelm I. zum deutschen Kaiser ausgerufen.

Ebenfalls 1870 waren die Truppen des neuen italienischen Staates in Rom einmarschiert und machten es zur Hauptstadt Italiens. Das bedeutete zugleich das Ende des

Kirchenstaates. Erst im Jahre 1929 wurde durch die Lateranverträge dessen Umfang und Souveränität geregelt. Elisabeths Schwester Marie, die Ex-Königin von Neapel, verließ mit ihrem Gatten Rom endgültig. Unter einem Herrscher, der sie aus ihrem Reich vertrieben hatte, wollten sie nicht leben.

Bald darauf verlobte sich Gisela, die ältere Tochter des Kaiserpaares mit dem bayrischen Prinzen Leopold. »Das häusliche Glück der Kleinen und des braven Leopold scheint mir sicher, aber als Partie zählt diese Heirat nicht«[44], notierte Erzherzogin Sophie in ihrem Tagebuch. Es war tatsächlich keine Partie für die Tochter des Kaisers von Österreich, aber Gisela hatte nicht die Schönheit ihrer Mutter geerbt, und andere geeignete Prinzen aus katholischem Haus fanden sich zu dieser Zeit keine. So erteilte Franz Joseph seine Zustimmung.

Vorher mußte aber noch ein Hindernis überwunden werden. Leopold war streng genommen gar nicht mehr ganz frei. Über eine Heirat mit Prinzessin Amalie von Coburg wurde bereits verhandelt. Aber gerade in diese hatte sich Elisabeths jüngster Bruder, Max Emanuel Herzog in Bayern, in der Familie »Mapperl« genannt, verliebt und wollte sie heiraten. Um die etwas verworrene Situation zu bereinigen und alle zufriedenzustellen, schaltete sich die Kaiserin ein.

Sie lud Leopold zur Schnepfenjagd nach Gödöllö ein, wo sich auch Gisela befand. Schon nach kurzer Zeit war man sich einig. Der bayrische Prinz konnte die Hand der Kaisertochter nicht ablehnen, denn es war zu verlockend, der Schwiegersohn des Kaisers von Österreich zu werden. »Sie ist glücklich, wie eben ein Kind ist, ein schönes Brautpaar ist es nicht«[45], schrieb Gräfin Festetics darüber. Gegenüber seiner Beinahe-Verlobten Amalie von Coburg war Prinz Leopold der Handel zwar etwas peinlich, aber er setzte sich bald darüber hinweg. Für ihn war die Verbindung mit der Erzherzogin ein Haupttreffer, nicht nur als Imagegewinn, sondern auch in materieller Hinsicht. Allein von ihren habsburgischen Großeltern erhielt Gisela eine halbe Million Gulden, ganz zu schweigen vom Brautvater selbst, der seine Tochter ebenfalls sehr großzügig ausstattete.

Im April 1873 wurde in Wien Hochzeit gefeiert. Dabei fand die Brautmutter weit mehr Beachtung als die Braut. »Wie schön sie war in ihrem silbergestickten Kleid, dem herabwallenden wirklich schimmernden Haar mit dem glitzernden Diadem ist nicht zu sagen«, schrieb die Gräfin Festetics und fährt poetisch fort: »Das Schönste ist aber nicht das physische Wesen an Ihr, nein, was über diesem schwebt – es ist etwas wie eine Atmosphäre – ein Hauch von Anmuth – Hoheit – Lieblichkeit – Mädchenhaftigkeit – Züchtigkeit und doch wieder Großartigkeit über Ihr, der ergreifend ist.«[46]

Beim Abschied auf dem Bahnhof waren alle gerührt, Kronprinz Rudolf vor allem, der die Gefährtin seiner Kindheit verlor, aber auch der Kaiser hatte Tränen in den Augen. Elisabeth zeigte sich von allen am meisten gefaßt. Gisela ist ihr immer fremd geblieben. Vielleicht war es nicht einmal allein ihre Schuld, denn Erzherzogin Sophie nahm sie in ihre Obhut, um eine perfekte Kaisertochter aus ihr zu machen.

Einmal hatte sich Elisabeth gegen die schwiegermütterliche Autorität gewehrt und es durchgesetzt, die damals knapp zweijährige Sophie und die kleine Gisela gegen den Willen der Erzherzogin zu einem Staatsbesuch nach Ungarn mitzunehmen. Dort waren beide Kinder erkrankt, Sophie starb. Elisabeth betrachtete den Tod des kleinen Mädchens als eine Art Strafe für ihren Ungehorsam. Ihr Widerstand wandelte sich in Resignation.

Aber schließlich folgten Jahre, in denen die Großmutter gar keine Macht mehr besaß. Elisabeth sorgte dafür, daß Rudolf vom militärischen Drill befreit wurde und liberale Lehrer bekam. Wäre da nicht ebenfalls Zeit gewesen, sich der Kinder in geistiger und seelischer Hinsicht anzunehmen?

Elisabeth selbst heiratete mit 16 Jahren und hat sich oft darüber beklagt. »Ich bin erwacht in einem Kerker und Fesseln sind an meiner Hand«[47], dichtete sie zwei Wochen nach ihrer eigenen Hochzeit. Und zu ihrer jüngsten Tochter Valerie sagte sie einmal: »Die Ehe ist eine widersinnige Einrichtung. Als fünfzehnjähriges Kind wird man verkauft und tut einen Schwur, den man nicht versteht und dann dreißig Jahre oder länger bereut und nicht mehr lösen kann.« Warum begünstigte sie dann die frühe Heirat ihrer Tochter und tat sogar einiges dazu, daß sie überhaupt zustande kam?

Das Schicksal der Mutter wiederholte sich zum Glück nicht bei der Tochter. Gisela wurde nie eine Schönheit, eine »Beauté«, wie man damals in gebildeten Kreisen gerne sagte, aber sie war auch nicht so kapriziös wie ihre Mutter. Jedenfalls wurde sie eine zufriedene Frau und eine glückliche Mutter von vier Kindern. Genau ein Dreivierteljahr nach ihrer Hochzeit machte Gisela die Kaiserin von Österreich zur Großmutter. Die damals erst 36 Jahre alte Elisabeth kam zwar pflichtschuldigst zur Entbindung, war aber froh, daß ihre Anwesenheit nicht lange erforderlich war. Gisela brachte ein Mädchen zur Welt, welches auf den Namen Elisabeth getauft wurde

Giselas zweites Kind war wieder ein Mädchen. Dazu schrieb die Kaiserin ziemlich lieblos an ihren Sohn: »Das Kind von Gisela ist von seltener Häßlichkeit, aber sehr lebhaft. Es schaut Gisela ganz gleich.«[48] Dennoch zeigte sie sich großzügig. Der Erzbischof, der die Kleine getauft hatte, erhielt von ihr ein wertvolles mit Brillanten besetztes goldenes Kreuz und einen großen Brillantring.

Einige Zeit später vermittelte Elisabeth mit Hilfe der Gräfin Festetics die Ehe, die ihr am Herzen lag: die zwischen ihrem Bruder Max Emanuel und Prinzessin Amalie von Coburg.

Im Jahre 1872, kurz nach Giselas Verlobung, starb Erzherzogin Sophie. Aus einer Erkältung, die sie sich nach einem Burgtheaterbesuch am 9. Mai zugezogen hatte, war eine Lungenentzündung geworden, gegen die die Ärzte machtlos waren. Zehn Tage und Nächte verbrachte die Familie am Sterbebett. Kaiserin Elisabeth, die sich gerade in Meran befand, brach ihren Aufenthalt sofort ab und kehrte nach Wien zurück. Der Kaiser, der jede freie Minute bei seiner Mutter verbrachte, ließ im Burghof Stroh aufschütten, um das Rollen der Wagen und das Getrappel der Pferde zu dämpfen. Auch der Tod war kein intimes Ereignis. Das Zeremoniell zeitigte auch da seine Wirkung. »Der ganze Hof war versammelt«, notierte Gräfin Festetics bei dieser Gelegenheit. »Das Warten ist peinlich. Dann bekamen alle Hunger, der Tod wollte nicht eintreten … Bei Hof ist alles anders wie bei anderen Leuten, das weiß ich, aber das Sterben ist keine Zeremonie … eine Stimme sagte ziemlich laut: ›Die höchsten Herrschaften begeben sich zum Diner.‹ Und dann wurden alle übrigen freigesprochen und liefen davon.«[49]

Elisabeth blieb bis Erzherzogin Sophie um drei Uhr morgens starb. Der »einzige Mann am Kaiserhof«, wie man sie einst genannt hatte, war tot. »Ihr Geist war hochgebildet, ihr Verstand scharf, ihr Urteil durchdringend. Sie war eine merkwürdige Frau von ungewöhnlicher Art, fest, beinahe starr in ihren Grundsätzen, eine Frau von seltener Begabung, eine treffliche Mutter …«, urteilte die Wiener *Neue Freie Presse* vom 29. Mai 1872. Und der Schweizer Gesandte in Wien nannte sie »unter allen Frauen des Kaiserhauses die bedeutendste politische Erscheinung nach Maria Theresia«.

Vor allem für Franz Joseph war ihr Tod ein schwerer Schlag. Erzherzogin Sophie war nicht nur seine Mutter, sondern auch seine Vertraute gewesen, seine Beraterin, ein kühl denkender politischer Kopf. Und sie hatte ihm und den älteren Kindern etwas gegeben, was er bei seiner Frau kaum gefunden hat: ein Familienleben. Obwohl Erzherzogin Sophie auch nie Kaiserin gewesen war, für die konservativen Kreise des Hofes war sie es dennoch. »Wir haben jetzt unsere Kaiserin begraben«[50], hieß es nach der Beisetzung in Wien. Elisabeth beabsichtigte nicht, Sophies Stelle einzunehmen und sich politisch zu engagieren oder gar, ihre liberale Gesinnung ins Spiel zu bringen. Ein einziges Mal hatte sie sich in die Politik eingemischt: für den Ausgleich mit Ungarn. Nun zog sie sich immer mehr zurück, vom Hof, von der Öffentlichkeit, von den Pflichten der Repräsentation.

Ringstraßenwelt und Weltausstellung

In den siebziger Jahren war die neue Ringstraße zwar immer noch eine große Baustelle, aber vor allem durch die rege private Bautätigkeit gab es doch schon eine ganze Menge neuer Gebäude. Bankiers und erfolgreiche Industrielle hatten beim Verkauf der Baugründe sofort zugegriffen und unmittelbar darauf zu bauen begonnen. Architekten von Ruf betreuten mehrere Baustellen zugleich. Es entstanden große, pompöse Mietshäuser mit Riesenwohnungen für betuchte Bürger, die dort mit Köchin und Stubenmädchen, Diener und Kammerzofe einzogen. Gegenüber der Oper erhob sich bereits der »Heinrichshof« des Ziegelfabrikanten Drasche, am Kärntnerring die ersten Hotelpaläste, in denen illustre Gäste standesgemäß untergebracht werden konnten. Für das neugotische Rathaus hatte Kaiser Franz Joseph immerhin schon den ersten Spatenstich getan, gegenüber sollte das neue Hofburgtheater entstehen. So manches war geplant, wie das großartige, von

Semper angeregte Kaiserforum, ein riesiger geschlossener Platz, den die neu zu errichtenden Flügel der Hofburg und die beiden Museen umschließen sollten. Letztere wurden zwar gebaut, das großartige Projekt für die Neugestaltung der Hofburg jedoch nur zum Teil vollendet.

Im Jahre 1870 bewilligte Kaiser Franz Joseph zur Stärkung der wirtschaftlichen Konjunktur die Durchführung einer Weltausstellung. Durch die Vergrößerung der Stadt, die Prachtbauten, die entstanden oder wenigstens auf dem Wege dazu waren, war Wien dabei, eine Weltstadt zu werden. Es gab die Glitzerwelt der Kärntnerstraße mit ihren Modesalons und Juwelierläden, wo man alles bekam, was gut und teuer war; dort kaufte die vornehme Welt ein, und alle, die sich ihr zugehörig fühlten. Auf dem Ring, vor allem zwischen Oper und Schwarzenbergplatz, zeigte sich die Damenwelt in ihren neuesten Toiletten. Man sah und wurde gesehen. Die Wirtschaft boomte ebenso wie die Spekulation. Handel und Gewerbe erhofften sich noch größere Gewinne, das Börsenfieber ergriff selbst die kleinen Leute, jeder wollte möglichst rasch reich werden. Geschichten von phantastischen Gewinnen machten die Runde. Jeder war überzeugt, daß die Aktien noch weit höher steigen würden. Nicht nur Vermögende wurden von diesem Fieber angesteckt, auch sonst ganz bescheidene Leute setzten ihre Notgroschen ein. Es schien so einfach zu sein, Geld zu verdienen. Daran wollte jeder teilhaben.

Am 1. Mai 1873 wurde die Weltausstellung, für die als Wahrzeichen der modernen Zeit die Rotunde errichtet worden war, feierlich eröffnet. Sie sollte alle vorangegangenen an Neuheiten und Wunderwerken übertreffen und Besucher aus der ganzen Welt nach Wien bringen. Eine Woche später kam es zum großen Börsenkrach. Die Spekulation brach zusammen, die Aktien stürzten ins Bodenlose. Über Nacht waren Vermögen vernichtet worden, viele begingen aus Verzweiflung über die Verluste Selbstmord.

Doch »the show must go on«. Die Ausstellung wurde fortgesetzt, die Feste ebenfalls. Man erwartete Gäste aus aller Welt, unter den ersten war das deutsche Kronprinzenpaar, der König von Belgien, Zar Alexander II. von Rußland. Trotz Elisabeths Widerwillen gegen jegliche Repräsentationspflichten mußte sie mit allem Aufgebot, das zur Verfügung stand, die Zarenfamilie begrüßen. Zu diesem Anlaß trug sie ein Kleid aus lila Seide und ein weißes mit Silberfuchs besetztes Jäckchen sowie einen großen weißen Hut. Es kamen noch eine Menge anderer gekrönter Häupter, die alle mit gebührender Höflichkeit empfangen werden wollten. Ende Juli hatte die Kaiserin endgültig genug von Empfängen, Bällen und Soiréen. Sie fuhr nach Payerbach am Fuße des Schneebergs, um sich von den Strapazen zu erholen. Gerne hätte sie sich den Besuch des Schahs von Persien erspart, der inzwischen mit einem Riesengefolge, einer Anzahl Pferden, vierzig Hammeln und fünf Hunden in Wien eingetroffen war. Er logierte im Schloß Laxenburg, wo eine Küche mit offenem Herd eingerichtet werden mußte, um die Lämmer am Spieß braten zu können. Es stand zu befürchten, daß er seinen Besuch in Wien noch weiter ausdehnen würde, sollte die Kaiserin weiterhin abwesend bleiben. Also erschien sie notgedrungen in einem weiß-silbernen Kleid mit einer purpurnen Schärpe und einer mit Amethysten und Diamanten besetzten Krone im Haar im Schloß Schönbrunn. »Oh qu'elle est belle!«[51] (Oh, ist sie schön!) soll der Schah mehrmals gemurmelt haben, während er um sie herumging und sie von allen Seiten betrachtete, berichtet Gräfin Festetics.

Dann reiste er endlich ab, sehr zur Erleichterung von Kaiser und Hof, denn außer der Weltausstellung mit ihren Gästen stand Anfang Dezember noch das fünfundzwanzigjährige Regierungsjubiläum des Kaisers auf dem Veranstaltungsplan. Auch das ein Fest, an dem die Kaiserin nicht fehlen durfte. Elisabeth rächte sich auf ihre Weise. Sie kam nur für zwei Tage aus Ungarn, und während Kaiser und Kronprinz im offenen Wagen durch das festlich beleuchtete Wien fuhren, blieb sie im geschlossenen Fiaker unsichtbar für alle, die gerne wenigstens einen Blick auf sie geworfen hätten.

Trotz der hohen Besucherzahl von etlichen Millionen wurde die Weltausstellung kein finanzieller Erfolg. Sie endete mit einem Defizit von beachtlichen 20 Millionen Gulden.

Die Nichte der Kaiserin

Marie Louise Freiin von Wallersee

Durch ihre sieben Geschwister hatte Kaiserin Elisabeth auch einige Nichten. Keine aber lag ihr so am Herzen wie Marie Louise Freiin von Wallersee.

Dabei müssen zwei Dinge zusammengekommen sein: ehrliche Zuneigung gemischt mit einer Portion Provokation. Denn Marie Louise war ein Kind der Sünde.

Geboren als Marie Louise Mendel, war sie bereits vier Jahre alt, als ihre Eltern heirateten. Es handelte sich, wie bereits erwähnt, um eine morganatische Ehe, die in standesbewußten Kreisen ein Makel war oder überhaupt nichts galt. Daß der Vater Ludwig, der älteste Sohn von Max und Ludovika, ein Herzog in Bayern war, zählte dabei nicht besonders. Ganz im Gegenteil, wie konnte ein Angehöriger des Königshauses sich so weit vergessen und sich mit einer Schauspielerin vermählen! Für Elisabeth mochte gerade das der Grund sein, warum sie Marie Louise besonders bevorzugte. Denn sie hatte ja eine besondere Vorliebe dafür, die Gesellschaft zu provozieren.

Als sie auf ihre Nichte aufmerksam zu werden begann, lebte die kleine Familie schon längst nicht mehr in Augsburg. Nach dem Krieg gegen Preußen hatte Herzog Ludwig, Oberst-Kommandeur des IV. Chevaulegers-Regiments »König«, 1866 den Dienst in der Armee quittiert und war nach München übersiedelt. Aus dem Eigentum des Münchner Hofbräuhauses erwarb er ein Grundstück im Vorort Haidhausen am östlichen Isarufer und ließ dort ein Palais erbauen. Es war für die Wintermonate gedacht, spielte aber im Leben der Familie eine geringere Rolle, denn den Sommer verbrachte man in Schloß Garatshausen am Starnberger See, das Ludwig vor einiger Zeit gekauft hatte.

Garatshausen war ein altertümlicher Bau aus dem 16. Jahrhundert, mit vier mächtigen Türmen und einem großen Park. Ein schöner Besitz, der allerdings ziemlich vernachlässigt war. Der neue Eigentümer ließ sich dadurch nicht entmutigen. Nach gründlicher Renovierung von Schloß und Park war ein schlicht-vornehmer Herrschaftssitz entstanden, dessen besonderer Vorzug die herrliche Sicht über den See war. Und Schloß Possenhofen war kaum eine halbe Stunde entfernt. Luxus gab es keinen, so war auch das Essen einfach-bürgerlich, denn man war nicht sehr reich. Und zu Hause hatte man es gern gemütlich. Da liebte der Hausherr bequeme Kleidung, es wurden Karten gespielt, und manchmal kamen Freunde zu Besuch, von denen die meisten aber seiner Frau galten.

Henriette hatte sich mit der Zeit durch ihr gewinnendes Wesen die Achtung vieler erworben. Auch Herzogin Ludovika schätzte die Schwiegertochter, die dadurch sogar Zutritt bei Hof erhielt.

Die kleine Marie Louise genoß das Landleben genauso wie es seinerzeit ihre Tante Sisi getan hatte. Sie spielte lieber mit Tieren anstatt mit Puppen und war mehr in den Stallungen zu finden als bei ihrer Gouvernante im Schloß. So oft es ging, entwischte sie ihr, sattelte ihr Pony und ritt damit im Schloßpark aus. Mutter Henriette sah das zwar gar nicht gern, aber Vater Ludwig freute sich darüber und setzte sie sogar gelegentlich auf ein großes Pferd, damit sie sich daran gewöhne. So wuchs Marie Louise als Naturkind auf, befreundete sich mit den Kindern aus der Umgebung und nahm zum Entsetzen ihrer Mutter sogar deren Ausdrucksweise an, nämlich den bayrischen Dialekt. Da der Herzog offensichtlich die Hoffnung auf einen Sohn aufgegeben hatte, legte er bei seiner Tochter Wert auf eine sportliche Ausbildung: Reiten, Fechten, Schwimmen, Turnen. Sehr zum Ärger von Henriette, die das alles für völlig unnötig hielt. Schließlich war Marie Louise kein Junge. Daher solle sie sich lieber um weibliche Tugenden bemühen und sich in musischen Künsten üben statt Kunststücke zu proben wie ein Zirkusclown. Einige Gene ihres Großvaters Herzog Max schienen daher auch in der kleinen Freiin von Wallersee weitergelebt zu haben. Auch eine gewisse Ähnlichkeit mit ihrer Tante Sisi ist unverkennbar.

Die Mutter sorgte dafür, daß die Schulfächer nicht ganz zu kurz kamen. Aber wann immer es ging, ritt die Kleine mit ihrem Pony allein in der Gegend umher, lernte dabei im geheimen im Herrensattel zu sitzen, was für ein Mädchen als äußerst unschicklich galt. Hatte sie als kleines Kind ihren Vater eher gefürchtet, so wurde er später für sie eine Art guter Kamerad.

1869 – Marie Louise war damals zehn Jahre alt – lud Herzog Ludwig seine Schwester Elisabeth für den Sommer nach Garatshausen ein. Dazu stellte er ihr das Schloß zur Verfügung, die Familie würde sich einstweilen mit dem Nebengebäude begnügen. Die Kaiserin willigte ein, denn eine Luftveränderung würde der gut einjährigen Valerie gut tun. Und Garatshausen war nicht weit vom geliebten Possi entfernt. Das würde Gelegenheit geben, auch die Mutter und die Ex-Königin von Neapel zu sehen, die sich gerade dort aufhielten.

Schon beim ersten Anblick der Kaiserin war Marie Louise fasziniert. Die Tante trug ein schwarzes Schleppkleid mit einem grün-schwarzen Cape und bestimmte sie sogleich zur Spielgefährtin Valeries. Besonders zufrieden zeigte sie sich, als sie hörte, daß die Nichte schon seit Jahren ritt. In ihrem Buch *Meine Vergangenheit* beschreibt die spätere Gräfin Larisch ihre nähere Bekanntschaft mit der Kaiserin. Sie habe auf einem Baum gesessen und ihre beim Fischen naß gewordenen Strümpfe getrocknet, als die Tante sich eben unter diesen Baum setzte und plötzlich bitterlich zu weinen begann. Warum sie weinte, wußte das Kind natürlich nicht, doch dessen ungeachtet versprach sie ihr, niemandem etwas von dem Vorfall zu erzählen. Was sie auch hielt. Damals habe die Tante begonnen, ihr besondere Beachtung zu schenken. Die Hofdamen Ihrer Majestät mokierten sich nicht wenig über die Auszeichnung, die der morganatischen Ehefrau des Herzogs und seiner genauso unstandesgemäßen Tochter von seiten der Kaiserin zuteil wurde. Aber darum hat Elisabeth sich bekanntlich nie gekümmert. Machte es ihr doch Spaß, gegen die Etikette zu handeln. War es Dankbarkeit des Kindes oder ein unbestimmtes Gefühl für ihr zukünftiges Schicksal? Jedenfalls tat Marie Louise in Zukunft so manches, was sie bisher kaum interessiert hatte. Um der Tante zu gefallen, übte sie Hohe Schule, lernte sowohl Englisch als auch Französisch und beschäftigte sich schließlich mit Musik und Gesang. Es erschien ihr durchaus erstrebenswert, einmal Hofdame zu werden. Henriette sah dies mit Freude, da sie an eine standesgemäße Heirat gar nicht zu denken brauchte.

Der August 1873 brachte eine Einladung zur Weltausstellung nach Wien, wo sich Elisabeth ihrem Bruder und seiner Familie mit besonderer Herzlichkeit widmete. Für ihre Angehörigen hatte sie bekanntlich immer Zeit. Da schützte sie keine Müdigkeit vor und keine Kopfschmerzen, die sonst immer als Entschuldigung herhalten mußten, wenn lästige Verpflichtungen drohten.

Marie Louise gefiel ihr nicht in ihrem wenig kleidsamen Rock, den derben Schuhen und dem straff zurückgekämmten Haar. Sofort wurde das Mädchen auf ihren Befehl und auf ihre Kosten neu eingekleidet und anders frisiert. Zwei Tage später durfte sie ihre Reitkünste vorführen. Die Tante war so zufrieden damit, daß sie ihr ein neues maßgeschneidertes Reitkleid schenkte. Marie Louise trug es gleich, als sie neben der Kaiserin die Prater-Hauptallee entlanggaloppierte, bestaunt und beklatscht von allen Anwesenden. Reich beschenkt, sogar eine kleine Stute namens Mary erhielt Marie Louise von der Kaiserin, kehrte die Familie nach München zurück.

Elisabeth fand so großen Gefallen an dem Mädchen, daß sie es 1876 im Sommer nach Feldafing einlud, wo sie wieder im selben Hotel logierte wie schon früher auch. Es trägt ihren Namen, »Hotel Kaiserin Elisabeth«. Marie Louise sollte Gesellschafterin Erzherzogin Valeries werden.

»... es erfordert vieles, dem ein Durchschnittsmädchen nicht gerecht werden kann. Du bist von meinem Blut, und das ist ein starkes Band. Meine Stellung als Kaiserin von Österreich soll niemals eine Schranke zwischen uns bilden. Für dich werde ich immer Tante Sisi sein, und ich werde in dir immer die liebe, kleine Marie sehen, die mich weinen sah und es keinem verriet«[52], soll ihr Elisabeth damals gesagt haben.

Einladung nach Gödöllö

Bevor Elisabeth von Feldafing abreiste, lud sie Ludwig mit Frau und Tochter für den Herbst nach Gödöllö ein. Dort gab es für Marie Louise genügend Gelegenheit zum Staunen. Vor allem die vielen Pferde in ihren luxuriösen Stallungen, die gedeckte Reitschule im Park und die ganze Umgebung des Schlosses, die wie geschaffen für den Reitsport war, ließen ihr Herz höher schlagen. Elisabeth hatte im Schloßpark eine Manege einrichten lassen und sich von Reiterinnen aus dem Zirkus Renz in Hoher Schule trainieren lassen. Eine besondere Vorliebe hatte die Kaiserin für die Kunstreiterin Elise Renz, der Zirkusdirektor gab ihr Ratschläge für den Ankauf neuer Pferde. »Jetzt kann

Mama schon auf dem Pferd durch zwei Reifen springen«[53], erzählte die kleine Erzherzogin Valerie. Kein Wunder, daß derlei Künste auch Marie Louise begeisterten.

Zur ersten Hofjagd, an der sie teilnahm, berichtete das *Wiener Salonblatt* am 26. September: »... den Zug eröffnet die Nichte I. M., die reizende Tochter des Prinzen Ludwig von! Bayern, Baroness Marie Wallersee, welche einen prachtvollen Grauschimmel ritt und ein lichtgraues Reitkleid und einen kleinen runden Hut mit weißem Schleier trug... Dann ein offener Daumont mit vier Lippizanerschimmeln, welchen Prinz Ludwig kutschierte, während im Fond die Damen Marie Festetics und Fräulein Ferenczy saßen. Dann das mit zwei braunen Normännern bespannte Coupé I. M. und Erzherzogin Valerie... Einige Hunde nahmen gleich die Fährte auf. Sie waren aber nicht mehr von der Fuchsspur abzubringen, daher entkam der Hirsch...«

Die hübsche Marie Louise fand bei der Jagdgesellschaft, besonders bei deren männlichen Teilnehmern, bald Anklang. Mit ihrem rötlich schimmernden blonden Haar, den dunklen Augen und ihrer hochgewachsenen biegsamen Gestalt zog sie so manchen bewundernden Blick auf sich. Die Kaiserin hatte reichlich für modische Kleidung gesorgt und sie in höfischem Benehmen geschult. Es war zugleich ein Erfolg für Elisabeth, die zwar die Nichte gerne mochte, aber auch ihren Spaß daran hatte, der hochnäsigen Gesellschaft, die so stolz auf ihre sechzehn uradeligen Ahnen war, ein Mädchen zu präsentieren, das die Tochter einer Schauspielerin war. Die Adelsgesellschaft reagierte zwiespältig. Instinktmäßig lehnte man die nicht standesgemäße Nichte ab, die mit ihrem Aussehen und ihren reiterlichen Fähigkeiten durchaus eine Konkurrenz bedeuten könnte, andererseits fürchtete man, bei der Kaiserin unangenehm aufzufallen, wenn man ihren Schützling schnitt. Als die Eltern Ende Oktober nach Bayern zurückkehrten, durfte

Marie Louise ihren Aufenthalt bei der verehrten Tante noch verlängern.

»Dreimal in der Woche war Jagd. Ach, es war herrlich! Elisabeth sah zu Pferd berückend aus. Ihr Haar lag in schweren Flechten um ihren Kopf, darüber trug sie einen Zylinder. Ihr Kleid saß wie angegossen; sie trug hohe Schnürstiefel mit winzigen Sporen und zog drei Paar Handschuhe übereinander; der unvermeidliche Fächer wurde stets in den Sattel gesteckt. Ich genoß in vollen Zügen die langen Ritte mit der Kaiserin, die bisweilen einen Gefallen daran fand, sich als Knabe zu verkleiden. Natürlich mußte ich ihrem Beispiel folgen; doch ich entsinne mich noch der Scham, die mich marterte, als ich mich zum ersten Mal in Hosen sah. Elisabeth bildete sich ein, daß diese verrückte Laune in Gödöllö nicht allgemein bekannt war; in Wahrheit sprach jedermann darüber. Nur Franz Joseph, glaube ich, hatte keine Ahnung von dem, was aller Geheimnis war[54]«, schrieb Marie Louise.

Ihr bevorzugter Begleiter bei den Jagden war Graf Elemer Batthyany. Er war der Sohn jenes ersten ungarischen Ministerpräsidenten, der nach der Revolution gefangengenommen und unter beschämenden Umständen hingerichtet worden war. Seine Gattin habe daraufhin Kaiser Franz Joseph und seine ganze Familie verflucht und den Sohn schwören lassen, den Kaiser nie zu grüßen. Kaiserin Elisabeth störte diese Unhöflichkeit offensichtlich nicht. Der junge Mann war ein exzellenter Reiter, das allein zählte für sie. Das war auch der Grund, warum sie den Brüdern Baltazzi, und damit auch deren Schwester Helene Vetsera, Zutritt gewährte. Die Baltazzi waren die Söhne eines reichen levantinischen Bankiers, ihre Schwester Helene war mit einem österreichisch-ungarischen Diplomaten verheiratet. Die Baltazzi züchteten Pferde und beide waren hervorragende Reiter. Alexander Baltazzi hatte eben erst das englische Derby gewonnen, eine Seltenheit für einen Ausländer.

Wir werden den Namen Baltazzi und Vetsera in einem unglücklichen Zusammenhang wiederbegegnen.

In Gödöllö wurde Marie Louise zur Vertrauten Elisabeths, aber so manches Mal auch zum Blitzableiter der kaiserlichen Launen. Denn von einer Minute zur anderen konnte die heitere Gelassenheit der Kaiserin in Angst und Depression umschlagen. Das Schicksal hatte Elisabeth mit Gaben überhäuft: mit Schönheit und Klugheit, mit Reichtum und einer Lebensaufgabe. Doch es hatte ihr auch die Ruhelosigkeit mitgegeben, das Unbefriedigtsein, die Menschenscheu und eine quälende Furcht vor dem Alter und dem Verlust ihrer Schönheit.

Marie Louise hatte es nicht immer leicht mit ihrer Tante, denn diese war es gewöhnt, daß ihre Wünsche, die oft einer augenblicklichen Laune entsprangen, sofort erfüllt wurden. Es konnte also geschehen, daß das junge Mädchen nach einem anstrengenden Jagdtag noch stundenlang in der Reithalle arbeiten, junge Pferde zureiten oder zu nächtlicher Stunde einen Brief bestellen mußte, der leicht noch hätte bis zum nächsten Tag warten können. Daß Marie Louise plötzlich so bevorzugt wurde, war letztendlich auch nur eine Laune der hohen Frau, die sich bei aller Großzügigkeit sehr gerne in der Bewunderung der Nichte sonnte, und sich freute, so manchen Leuten »eins auswischen« zu können. Dazu gehörten auch ihre Hofdamen, denen dieser neue Günstling, die aus dem Nichts aufgetauchte Verwandte zweifelhafter Herkunft, ziemlich suspekt war.

An den Jagden im böhmischen Pardubitz nahm Marie Louise ebenfalls teil. Dort war der älteste Adel des Landes versammelt, daher ging es steifer und mit weit mehr Etikette zu als in Gödöllö. Begreiflicherweise fühlte sie sich dort nicht besonders wohl. Der einzige Mensch, den sie kannte, war Elemer Batthyany, mit dem sich angeblich dort sogar eine Liebesromanze angebahnt haben soll.

Doch eine Ehe entstand daraus nicht; der Hofklatsch über die Gründe des Scheiterns ist widersprüchlich.

Nach Weihnachten, das Marie Louise noch in Gödöllö verbrachte, ging es dann endgültig nach Hause. Herzog Ludwig schickte seinen Adjutanten und eine Erzieherin, um die Tochter heimzugeleiten.

Doch die Verbindung mit der Kaiserin riß nicht ab. Sisi sorgte sich sogar um Marie Louises Debut in der Münchner Gesellschaft und schickte ihr dafür ein besonders hübsches weißes, mit Rosengirlanden verziertes Spitzenkleid.

Marie Louise wird verheiratet

Als es allmählich Zeit wurde, das Mädchen zu verheiraten, bemühte sich die Ex-Königin von Neapel um eine Verbindung mit dem Duke of Norfolk. Er war sehr begütert, das Haupt der Katholiken in England, und zählte zu seinen Ahnen jenen vierten Herzog von Norfolk, der seinen Versuch, Maria Stuart aus dem Gefängnis zu befreien, mit dem Leben bezahlte. Auch die Kaiserin blieb nicht untätig, denn sie hatte ihrem Bruder versprochen, für Marie Louises Zukunft zu sorgen. Und das war nun einmal die Ehe, auch wenn sie selbst davon absolut nichts hielt, sie sogar als die »verbreitetste Dummheit der Menschen« bezeichnete. Es scheint, daß die Hofdame, Gräfin Festetics, daran nicht unmaßgeblich beteiligt war, möglicherweise sogar aus egoistischen Gründen. Die Vertrautheit ihrer Herrin mit dem »Baronesserl« paßte ihr überhaupt nicht, weil sie ihre eigene Stellung zu untergraben drohte. Der Auserwählte war Graf Georg Larisch-Moennich, den Marie Louise bereits flüchtig in Pardubitz kennengelernt hatte, von ihm allerdings nicht beeindruckt war.

Im Sommer 1877 war wieder einmal die ganze Familie am Starnberger See versammelt: Elisabeth mit ihrem Troß in Feldafing, ihre Schwestern Marie und Mathilde mit ihren Gatten, die Brüder Ludwig und Carl Theodor. Amélie, Carl Theodors älteste Tochter, und Maria Theresia Trani, die Tochter von Elisabeths Schwester Mathilde, waren für Erzherzogin Marie Valerie gern gesehene Spielkameradinnen.

In Feldafing dürfte die Kaiserin ihren Heiratsplan für Marie Louise erläutert haben. Für ihr Zusammensein sei es besser, wenn sie verheiratet wäre, am besten mit einem »harmlosen«, wenig störenden Gatten. Der Wunsch der Kaiserin, daß die Nichte gemeinsam mit Gräfin Festetics nach Solza in Schlesien fahren solle, um dort den Grafen Georg Larisch wiederzutreffen, war aber mehr ein Befehl als der bloße Ausdruck einer Möglichkeit. Die Grafen Larisch-Moennich waren ein altes schlesisches und reich begütertes Geschlecht, deren Angehörige sich oft in Diensten des Kaiserhofes befanden.

»Ich war nun auf dem Wege nach Schlesien, um einem ungeliebten Manne die Hand zum Lebensbunde zu reichen. Das Schicksal stand bereit, mir den ersten schweren Schlag meines Lebens zu versetzen. Die Heirat war gewiß nicht die Erfüllung meiner Mädchenträume, sondern nur die Erfüllung des kaiserlichen Gebotes meiner Tante Sisi«[55], wird Marie Louise später in ihren Erinnerungen schreiben. Ob sie damals bereits so dachte, bleibt dahingestellt.

Dann lief alles ab wie geplant. Graf Georg Larisch, Leutnant in einem Ulanenregiment, machte seinen Antrag. Die Heirat war von beiden Seiten erwünscht. Herzog Ludwig und auch Marie Louise taten alles, um das Arrangement zu erfüllen, das Elisabeth getroffen hatte. Der Herzog war glücklich, seine Tochter so gut versorgt zu wissen. Eine bessere Partie als einen Grafen aus alter Familie konnte er sich nicht wünschen. Und die Larischs erhofften sich einige Vorteile von der künftigen Verwandtschaft mit dem Kaiserhaus.

Der Braut ging das alles ein wenig zu schnell. Der Aufenthalt in Gödöllö enttäuschte sie diesmal. Sie durfte nicht an den Reitjagden teilnehmen, da Georg Larisch daran keinen Gefallen fand. Überhaupt hatte er bereits jetzt einiges an ihr auszusetzen. Als es darüber zu einer Auseinandersetzung kam, erhielt sie jedoch von der Tante nur den Rat, »seiner leichten Erregbarkeit durch angepaßtes Verhalten Rechnung zu tragen«.[56] Trübe Vorzeichen für die künftige Ehe. Bei der Festsetzung des Hochzeitstermins herrschte Eile. Bereits am 20. Oktober wurde in der Schloßkapelle von Gödöllö geheiratet.

Viele Zeitungen berichteten ausführlich über das Ereignis, das den »privaten Charakter eines Familienfestes hocherfreulicher Art in einfachem anspruchslosem Verlaufe« tragen soll. Ein Sonderzug brachte zahlreiche Gäste des kaiserlich-königlichen Hauses zur Station, wo bereits die erforderlichen Kutschen bereitstanden. Kaiserin Elisabeth hatte der Braut ihre eigene Friseurin zur Verfügung gestellt. Schon am Vorabend war die Schloßkapelle in einen Blumenhain verwandelt worden, ihr Boden mit echten Gobelins bedeckt. Das ordnete die Kaiserin vor allem wegen der kleinen Valerie an, die sich in der kalten Kapelle auf keinen Fall erkälten sollte.

Ausführlich wurde das Brautkleid, ein Geschenk von Erzherzogin Valerie, beschrieben: »Eine prachtvolle, eng anliegende weiße Atlasrobe mit langer Schleppe, die von einem Pagen getragen wurde. Schleppe und Ärmel mit Blumenranken bestickt, ein breites Myrthenband lief bis zum plissierten Saum. Der lange Schleier wurde von einem Myrthenkranz gehalten, in dessen Mitte sich ein prachtvolles Brillantenbouquet mit einer großen schwarzen Perle befand. Es war ein Geschenk des Kronprinzen. Am Hals trug die Braut eine reiche Perlenschnur mit Brillantbrosche, die Brautgabe des Kaisers, der in Husarenuniform erschienen war. Der Bräutigam war in der Galauniform eines

Ulanenoffiziers. Die Kaiserin, schön und jugendlich wie die Braut, hatte eine hellgraue Seidenrobe gewählt, die mit antiken Brüsseler Spitzen verziert war, darüber eine weiße mit Zobel verbrämte Atlasjacke. Die Braut war sichtlich ergriffen, der Bräutigam freudig gestimmt, konstatierte wenigstens der Journalist.

Nach der Trauung wurde in den Räumlichkeiten der Kaiserin das Déjeuner für 32 Gäste serviert, am oberen Ende der Tafel saß das Brautpaar umgeben von den Majestäten. Gleich darauf reisten die beiden Neuvermählten mit dem Sonderzug nach Wien, wo im »Hotel Imperial« Zimmer bestellt waren. Das Ziel der Hochzeitsreise war Italien.

Über die Geschenke schrieb das *Neuigkeitsweltblatt:* »Drei mächtige Kisten voll Silbergeschirr wurden von der Fürstin Thurn und Taxis gespendet, eine ganze Kolonne weit mächtigerer Kisten enthält aus feinstem Linnen alles, was eine Hausfrau für den Wäschekasten nur begehren mag – das hat die Kaiserin für ihren Liebling zusammenstellen lassen; die herrlichen Garnituren weißer und schwarzer Brüsseler Spitzen (im Wert von 300 000 Gulden) hatte der Kaiser hinzugefügt. Eine Anzahl von großen Ledereetuis enthält den Familienschmuck der Larisch, den der Bräutigam seiner Braut geschenkt...« Nach dem *Wiener Salonblatt* verkörpert diese Ehe »eine Vereinigung von Vornehmheit, Reichtum und Schönheit, wie sie selten gefunden werden dürfte«. Über die Hochzeitsreise ist wenig bekannt, Mitte Dezember wurde über die Einladung der Kaiserin zur Jagd in England berichtet.

Viel später wird Marie Louise über die Enttäuschung schreiben, die ihr die Vereinigung mit diesem vornehmen und reichen Georg bereitete. Sie erzählt nicht nur über seine Hypochondrie, seine unausstehlichen Launen, seine Bevormundung und seinen Jähzorn, sondern auch darüber, daß er sie sogar während der Hochzeitsreise betrogen und Ehebruch begangen habe. Nur zu bald erkannte die junge Frau, daß er nicht der »harmlose« Ehemann war, den ihre Tante sich für sie gewünscht hatte. Gerade die enge Verbundenheit seiner Frau mit der Kaiserin wurde zur Ursache so manchen Streits. Dazu riet Elisabeth allerdings nur, gute Miene zum bösen Spiel zu machen.

Die kühne Amazone

Die Kaiserin in England

So sehr Elisabeth Gödöllö liebte, mit der Zeit hatte sie viel an der Jagdsaison auszusetzen. Sie war ihr zu kurz, der Wald zu dicht, die Hindernisse ungenügend. Das Ideal der wirklich guten Reiter war die Parforcejagd, und die konnte man nur in England betreiben. Den Ausschlag gab Ex-Königin Marie, die dort bereits ein Jagdhaus besaß, das sie mit Hilfe der Rothschilds erworben hatte. Schon im Jahre 1874 hatte sie ihre Schwester nach England eingeladen. Dort hatte Marie einen Kreis von Bewunderern um sich versammelt. Ihr Mann ließ sie gewähren, denn er war, wie Brigitte Hamann schreibt, »seiner schönen und hochintelligenten Frau in Verehrung ergeben«. Sie fügt dazu eine Notiz von Marie Festetics an: »Ihr König ist für sie, was für mich der Packelträger auf dem Bahnhof.«[57] Als Vorwand für die Reise nach England, die Kaiser Franz Joseph gar nicht recht gefallen wollte, dienten Seebäder auf der Insel Wight. Valerie brauchte sie angeblich zur Stärkung ihrer Gesundheit.

Elisabeth badete zwar wirklich mit ihrer Tochter im Meer, aber weit wichtiger war es ihr, berühmte Gestüte zu besichtigen. Nur waren die Pferde, die ihr gefielen, sehr teuer, so daß sie der Versuchung, sich von einer reichen englischen Lady eines schenken zu lassen, nicht widerstehen konnte. Daß dies den Ärger des Kaisers erregte, kann man sich vorstellen. Durch Ex-Königin Marie lernte Elisabeth die internationale Gesellschaft der Jagd- und Rennreiter kennen, unter anderem die Brüder Baltazzi, die sich, wie Gräfin Festetics kritisch bemerkte, durch ihre Schwester in die Hofgesellschaft »eingeschmuggelt« hatten. Baronin Vetsera, geborene Baltazzi, führte in Wien ein großes Haus, ihre Küche war berühmt, auch Träger alter berühmter Adelsnamen waren gerne bei ihr zu Gast.

Die Jagd, an der Elisabeth in England teilnahm, hatte ihren Ehrgeiz geweckt. Sie trainierte die hohen und weiten Sprünge, die dort üblich waren und verbrachte im Sommer darauf einige Wochen in der Normandie, um ihre Springkunst weiter zu perfektionieren. Das alles kostete Geld. Unnötiges Geld, wie der Kaiser fand, der persönlich sehr sparsam war. Doch dann trat plötzlich ein Umstand ein, der seine Vermögensverhältnisse entscheidend verbesserte. Kaiser Ferdinand war ohne direkte Nachkommen gestorben und hatte seinen Neffen Franz Joseph zum Universalerben seines beträchtlichen Vermögens gemacht. Darauf erhöhte der großzügige Kaiser auch die Apanage seiner Frau von 100000 auf 300000 Gulden. Und wenn es wieder nicht reichte, was bei dem Aufwand, den Elisabeth betrieb, oft genug vorkam, mußte er eben nochmals in die Tasche greifen. Den Wienern wurde ihre Kaiserin durch diese Reisen noch fremder als sie es ohnehin schon war. Ex-Königin Marie wurde beauftragt, in England ein passendes Schloß für ihre Schwester und deren Begleitung zu mieten. Denn diesmal reiste sie mit einem ganzen Gefolge reitbegeisterter österreichisch-ungarischer Aristokraten.

Reitjagden mit Bay Middleton

Als ihr »Pilot« bei den Reitjagden wurde Bay Middleton engagiert. Der rothaarige Schotte war einer der berühmtesten Reiter Englands. Er gehörte weder einer der großen Familien des Landes an, noch verfügte er über Vermögen, dennoch war er bei Gesellschaften auf Landsitzen ein gerngesehener Gast, dessen Humor und gute Laune man schätzte, selbst wenn seine Späße bisweilen etwas derb gerieten. Die Männer schätzten ihn, aber viele Damen erlagen seinem bisweilen etwas rauhen Charme. Middleton war zuerst gar nicht begeistert über die Aufgabe, der Kaiserin von Österreich bei den Jagden als Pilot zu dienen und war nur widerwillig bereit, diese Aufgabe für eine Saison anzunehmen. Er hielt nicht viel von den Reitkünsten der Damen und war wohl der Meinung, daß es auch mit denen der Monarchin nicht allzuweit her sein könnte. War es doch keineswegs besonders schicklich, hoch zu Roß über Land zu sprengen und es den Männern gleichtun zu wollen! Damals ahnte er noch nicht, wie sehr er ihrer Schönheit, aber auch ihrem Charme erliegen sollte. Als Elisabeth Bays verächtliche Bemerkungen zu Ohren kamen, war es für sie Ehrensache, ihn eines Besseren zu belehren. Das gelang ihr schnell, denn schon beim ersten Ausritt kam Middleton aus dem Staunen nicht heraus. Elisabeth übersprang die breitesten Gräben und die höchsten Hecken mit einer Bravour, die sogar ihm Bewunderung abnötigte. Und als das übermüdete Pferd nach diesem Ritt stürzte und die Reiterin wieder aufsaß, als sei nichts geschehen, war der Bann erst recht gebrochen. Von nun an waren die beiden unzertrennlich. Beide Pferdenarren und von früh bis spät im Sattel, entstand auf dieser Basis von sportlicher Kameradschaft unwillkürlich eine gewisse Vertrautheit. Weil Elisabeth Middletons reiterliche Fähigkeiten anerkannte, gestattete sie ihm sogar Tadel und Kritik. Außerdem schätzte sie seine Gesellschaft und ließ sich seine Verehrung gerne gefallen.

Fern von jeglichem Zeremoniell genoß sie das Leben in vollen Zügen. Die körperlichen Beschwerden, die sie in Wien so oft quälten, die Depressionen, die sie dort heimsuchten, waren wie weggeblasen. Sie war eine fröhliche

Frau geworden, die mit gutem Appetit aß und ihre Menschenscheu verloren hatte.

Es ist viel über die Kaiserin und den Schotten getuschelt worden. Wo immer sich Elisabeth befand, stand sie im Mittelpunkt des Interesses. Besonders wenn ein Mann im Spiel war, blühten Klatsch und Tratsch. Nicht ganz unbeteiligt daran war Ex-Königin Marie, die nichts Besseres zu tun hatte, als dem damals achtzehnjährigen Kronprinzen Rudolf, der sich gerade auf einer Studienreise in England befand, über die angeblichen intimen Beziehungen seiner Mutter zu Bay Middleton zu berichten. Seine unschönen Äußerungen über die Angelegenheit teilte sie wiederum Elisabeth mit. Darauf kam es zu einem Zerwürfnis zwischen den Schwestern, das lange andauern wird. Marie war eifersüchtig. Ärger über Middleton, der zuvor ihr Angebot, sie bei den Reitjagden zu führen, abgelehnt hatte, mochte ebenfalls eine Rolle gespielt haben. Es bestand zudem kein Zweifel, daß Elisabeth ihr in vielerlei Hinsicht überlegen war: Mindestens ebenso schön wie Marie, verfügte sie über viel mehr Geld und war die bessere Reiterin. Außerdem war sie Kaiserin. Als Marie nach England gekommen war, hatte sie als Ex-Königin und tragische Heldin von Gaeta das Interesse der Menschen erregt. Nun hatte die Schwester ihr die Schau gestohlen und sie in die zweite Reihe gerückt.

Wir können annehmen, daß Middleton die Kaiserin liebte. Auch sie fühlte sich auf seltsame Weise von ihm angezogen, dürfte jedoch weit davon entfernt gewesen sein, intime Konsequenzen daraus zu ziehen. Marie Larisch, die mehrfach an den Jagden in England und Irland teilnahm, behauptet in ihren Memoiren zwar, daß es mehr als Freundschaft war, die die Kaiserin mit Middleton verband, aber Marie Louise bewies mehrmals, daß sie über eine sehr lebhafte Phantasie verfügte. Das Gerede um die Kaiserin und Middleton wurde besonders laut, als man erfuhr, daß Elisabeth den Schotten zur Jagd nach Gödöllö eingeladen hatte.

Die ungarischen Magnaten, aber auch ihre eigene Familie fanden dessen Gegenwart, vor allem den freundschaftlichen Ton, den die Kaiserin ihm gegenüber anschlug, ganz und gar unpassend. Als sich nach der Abreise des Kaisers das Zeremoniell etwas lockerte und Elisabeth zu später Stunde zum Souper einlud, wobei Middleton ganz selbstverständlich seinen Platz an ihrer Seite einnahm, sank die Begeisterung ihrer ungarischen Jagdfreunde auf den Tiefpunkt.

Jagd in Irland

Im Jahre 1879 mietete die Kaiserin ein Haus in Irland. Middleton hatte sie dazu animiert. Dort seien die Jagden noch interessanter, die Hindernisse noch höher und breiter. Dafür benötigte man allerdings Pferde, die diesem gewachsen seien. Sehr teure Pferde natürlich, die Elisabeth brauchte. Also erhielt Middleton den Auftrag, sie anzuschaffen. Politisch klug war dieser Entschluß nicht. Irland war schon immer eine unruhige Provinz und ein Sorgenkind der britischen Krone. Eine Kaiserin von Österreich, auch wenn sie inkognito reiste, hätte es eigentlich vermeiden müssen, sich in ein solches Spannungsfeld zu begeben und womöglich ihre Sympathie für das Land zu zeigen. Doch darum kümmerte sich Elisabeth nicht. Sie fuhr nach Irland, um dort zu reiten. Politik interessierte sie nicht. Und der Kaiser mußte sie, wie so oft, gewähren lassen. Schon lange vorher war Schloß Summerhill gemietet und nach den Wünschen der Kaiserin umgebaut worden. Eine Hauskapelle und ein Turnsaal wurden eingerichtet, eine direkte telegraphische Verbindung zum Festland geschaffen, ein eigenes Geleise für den Salonzug gelegt. Denn die Kaiserin reiste mit großem Gefolge, zu dem die Elite der österreichischen Jagdreiter zählte, und entsprechendem

Gepäck, das nicht weniger als 40 Tonnen wog. Dazu gehörte eine eigene Bäckerei, denn sie wünschte täglich frische Semmeln, außerdem zwei Kühe und eine Ziege, damit die zwei oder drei Gläser Milch, die sie täglich trank, auch wirklich frisch waren. So sehr Elisabeth die Pflichten verabscheute, die ihre hohe Stellung erforderte, deren Vorteile wußte sie durchaus zu schätzen. Middleton war auch in Irland ihr Pilot, was dessen Braut nicht besonders freute. Die Verlobungszeit zog sich nun schon jahrelang hin, außerdem plagte sie die Eifersucht auf die schöne Kaiserin, mit der ihr Bräutigam wochenlang beisammen war. Sie wollte endlich heiraten.

1882 reiste die Kaiserin noch einmal nach England. Allerdings war es ohne ihren bewährten Piloten für sie nur das halbe Vergnügen. Kritische Artikel, die über sie in der Presse erschienen waren, verleideten ihr zusätzlich den Aufenthalt. Ihre Reise zu den oftmals rebellischen Iren war in England nicht gerne gesehen worden.

Middleton war inzwischen mit seiner langjährigen Braut Charlotte Baird verheiratet, die ihm ein ansehnliches Vermögen mit in die Ehe brachte. Er starb einige Jahre später im Alter von nur 46 Jahren so wie er gelebt hatte: hoch zu Roß. Sein Pferd stolperte, er verlor das Gleichgewicht, worauf das Pferd abrupt den Kopf wandte und dem Reiter das Genick brach.

Kriege am Balkan – der Berliner Kongreß

Während die Kaiserin in England und Irland mit wehendem Schleier über Hecken und Gräben setzte, sich von der Jagdgesellschaft bewundern ließ und höchstens für den Ankauf noch besserer Pferde Interesse zeigte, hatte der Kaiser in Wien andere Sorgen. Im Jahre 1872 schlossen Kaiser Wilhelm I., Kaiser Franz Joseph und Zar Alexander II. in

Berlin zur Vermeidung künftiger Kriege das »Dreikaiserbündnis«. Kriege wurden trotzdem geführt, denn wieder einmal gärte es am Balkan. Es kam zu Aufständen in Bosnien, Serbien und Bulgarien. Die slawischen Völker rebellierten gegen die türkischen Besatzer. Sie hielten die Zeit für gekommen, sich endlich von ihnen zu befreien. Korruption und Mißwirtschaft hatten das türkische Reich geschädigt und es zum »kranken Mann am Bosporus« werden lassen, wovon so mancher profitieren wollte. 1878 brach der Russisch-Türkische Krieg aus. Die russische Armee überrannte den Balkan bis in die Nähe von Konstantinopel. Das jahrhundertealte russische Ziel, der Weg ans Mittelmeer, schien greifbar. Außerdem mußten die Türken Serbien und Montenegro als unabhängige Staaten anerkennen und für Bosnien und die Herzegowina Autonomie zusagen. Damit rief Rußland die anderen Großmächte auf den Plan. England, das um seinen Seeweg nach Indien fürchtete und Österreich-Ungarn, das seine Einflußsphäre am Balkan gefährdet sah. Das mühsam ausgehandelte Gleichgewicht war ins Wanken gekommen. In dieser Situation sorgte Reichskanzler Bismarck, seit der Gründung des deutschen Kaiserreiches zum Fürsten erhoben, beim Berliner Kongreß noch einmal für Ordnung. Rußland mußte seine Ansprüche etwas zurückschrauben und sich hauptsächlich mit Bessarabien begnügen, die neuen Staaten wurden anerkannt. Österreich erhielt das Recht zur Besetzung von Bosnien und der Herzegowina zugesprochen, England die Insel Zypern zur weiteren Sicherung seines Seeweges nach Indien. Doch die Besetzung der beiden Balkanprovinzen, die nominell unter türkischer Oberhoheit blieben, erwies sich nicht gerade als ein bewaffneter Spaziergang. Die Bevölkerung wehrte sich erbittert, es kam zu einer richtigen Schlacht, Sarajewo mußte erobert werden. Die deutschsprachige Presse warnte vor dem Balkanabenteuer. Sie sah mit Sorge, daß sich der slawische Anteil der Bevölkerung durch die beiden Provinzen vergrößert hatte und ein permanenter Unruheherd entstanden war. Um keine der beiden Reichshälften zu bevorzugen, wurde das okkupierte Gebiet dem gemeinsamen Finanzminister unterstellt, zum eigentlichen Herrn aber wurde der Militärbefehlshaber, der Landeschef genannt wurde. Tatsache aber ist, daß sich die Monarchie in St. Petersburg und Belgrad unversöhnliche Feinde geschaffen hatte, die ihr letztendlich den Todesstoß versetzen werden. Österreich war isoliert. Es blieb nur noch die Anlehnung an Deutschland. Im September 1879 wurde zwischen Deutschland und Österreich der »Zweibund« geschlossen, zunächst geheim und für fünf Jahre. Es war ein Bündnis gegen Frankreichs Revanchegelüste für das verlorene Elsaß-Lothringen und gegen eine Erweiterung Rußlands im Osten. 1882 wurde der Zweibund zum Dreibund erweitert. Italien hatte sich angeschlossen. Zweifel an dessen Bündnistreue waren angebracht, denn die »Irridenta«, die nationale Bewegung Italiens, hatte noch einige Ziele, die sich in österreichischem Besitz befanden. Sie hießen Triest, Trentino und Welschtirol.

So lebte man in Wien

Schon im Jahre 1874 war in Neuhäusl an der Leitha die sozialdemokratische Partei gegründet worden, 1882 durch Ritter von Schönerer der »Deutschnationale Verein«. Seit 1881 gab es in Wien Telefon, seit 1883 fuhr die erste Dampftramway.

Das Wahlrecht wurde auf alle Bürger ausgedehnt, die jährlich fünf Gulden Steuern bezahlten. Damit kam auch das Kleinbürgertum zu politischem Einfluß, dem die künftigen Wähler des christlich-sozialen Parteichefs Lueger angehörten. Die Bemühungen um einen »Ausgleich« zwischen den Tschechen in Böhmen und Mähren sowie den vielen Deutschen in den Sprachinseln und den Randgebieten, die ebenfalls das Land als ihre jahrhundertealte Heimat betrachteten, blieben vergeblich. Der »Sprachenstreit«, der Gebrauch der jeweiligen Muttersprache im Umgang mit den Behörden, konnte bis zum Ende der Donaumonarchie nie beigelegt werden und trug viel zu ihrem Verfall bei.

Der Fall der Befestigungsanlagen hatte im ganzen Stadtgebiet zu einer enormen Bautätigkeit geführt. Was groß und elegant an der Ringstraße geschah, vollzog sich in bescheidenem Maße in den Vororten. Die moderne Technik, die in die Fabrikation Einzug hielt, brachte eine große Zahl von Einwanderern aus den Kronländern in die Haupt- und Residenzstadt Wien, die sich hier eine Verbesserung ihrer Lebensverhältnisse erhofften. Viele wurden enttäuscht, die Wohnungsnot war groß, die Mieten auch für die bescheidensten Wohnungen kaum bezahlbar. Damals entstanden die vielen Mietskasernen mit ihren Zimmer- und Küche-Wohnungen, mit gemeinschaftlichem Wasseranschluß und einer Toilette auf dem Gang. Verfügte jemand noch über ein kleines Zimmer, ein sogenanntes Kabinett, dann war er oft froh, wenn er dafür einen Untermieter fand, dessen Mietzuschuß es ihm ermöglichte, die Wohnung überhaupt zu bezahlen; oder er war gezwungen, einen »Bettgeher« bei sich aufzunehmen, der in irgendeiner Ecke sein primitives Lager aufschlug. Entsprechend groß war die Kindersterblichkeit, die ein Drittel der Kleinkinder betraf. Die Tuberkulose wurde in der drangvollen Enge der Wohnverhältnisse zu einer Volkskrankheit. Der Unterschied zwischen Reich und Arm blieb weiterhin sehr groß.

Von den Sorgen der kleinen Leute wußten Menschen wie das Ehepaar Larisch natürlich so gut wie nichts. Sie interessierten sich auch nicht dafür, denn die Betroffenen gehörten nicht zu ihren Kreisen, es war nur das »Bedienstetenvolk«. Marie Louise und Graf Georg lebten zuerst in Schloß Schönstein bei Troppau, später in Schloß Piersna bei Karwin in Schlesien. Dort schenkte Marie Louise zwei Kindern das Leben, dem Stammhalter Franz Joseph und einem Mädchen, das nach der Kaisertochter Marie Valerie benannt wurde. Es war die glücklichste Zeit ihrer Ehe. Im Jahre 1877 erhielten sie und ihr Mann den »Hofzutritt«, zwei Jahre später wurde Marie Louise zur Palastdame ernannt, eine Würde, in der es streng nach dem Rang der Familie zugeht. Kurz darauf wurde Graf Georg die Kämmererwürde verliehen, wodurch Marie Louise unter den Palastdamen gleich vier Plätze nach vorne rückte. So streng war dort die Etikette.

Die Teilnahme am sogenannten »Karussel«, einem Reiterfest zu wohltätigem Zweck, dessen Ursprung bis ins 16. Jahrhundert zurückgeht, war für die begeisterte Reiterin Marie Louise selbstverständlich Pflicht. Es gehörte zu den Festlichkeiten, die zu Ehren der Silberhochzeit des Herrscherpaares stattfanden. Organisator war der berühmte Maler Makart, der auch den großen Festzug gestaltete. Makart wählte als Stil seine Lieblingszeit, die Renaissance. Die Schwierigkeit bestand lediglich darin, daß die technischen Errungenschaften des 19. Jahrhunderts nicht fehlen durften. So sah man die Donaudampfschiffahrtsgesellschaft als spanischen Segler aus Columbus' Zeiten auf Rädern dargestellt. Die Eisenbahnen präsentierten sich als gewaltiges Flügelrad, auf dem der Feuergott Hephaistos und einige leicht bekleidete Wassernixen saßen. Auf einem Triumphwagen hatte Makart hübsche junge Frauen postiert, darunter auch eine Schauspielerin namens Katharina Schratt. Makart selbst nahm in einem Renaissancekostüm aus schwarzem Samt und auf einem goldgezäumten Schimmel am Festzug teil, nur leider ließen seine Reitkünste sehr zu wünschen übrig, so daß der Eindruck, den er beabsichtigte, etwas blamabel geriet.

Die Zuschauer waren begeistert. Viele hatten ihre Nachtruhe geopfert und sich beizeiten einen guten Platz gesichert. Die Fenster an der Ringstraße waren dicht besetzt. Herzog Ludwig, der Bruder der Kaiserin, war für die Festlichkeiten aus München gekommen. Er wohnte der Aufführung des »Karussels« in der Kaiserlichen Hofreitschule gemeinsam mit dem Kaiserpaar bei. Es war ein glänzendes Spektakel, bei dem alles mitwirkte, was Rang und Namen hatte: dargestellt wurden verschiedene Arten der Jagd und Falknerei in Quadrille und kunstvollen Figuren. In der Damenquadrille brillierte auch Marie Louise Larisch, über die das *Salonblatt* berichtete: »... eine vorzügliche Reiterin, saß vortrefflich im Sattel. Die hohe Dame trug eine Robe aus schwarzem, goldgesticktem Samtstoff mit breitem Goldeinsatz. Der Gürtel ... war ein Unicum aus Gold mit den seltensten Türkisen besetzt. Der Leib aus schwarzem Samt mit rotem Brustlatz war auf der Vorderseite mit Schmuck reich garniert, während die Ärmel die schönsten Stickereien in Gold aufwiesen. Über dem Goldhäubchen trug die Frau Gräfin einen imposanten schwarzen Samthut mit Federn, die an einer Diamantagraffe von besonderer Schönheit befestigt waren. Die hohe Dame ritt einen reichgeschirrten Schimmel aus der kaiserlichen Reitschule, dessen kostbares antikes rotsamtenes Reitzeug aus dem Besitz König Ludwigs von Bayern stammte...« Das *Wiener Salonblatt* veröffentlichte als erstes ein Photo Marie Louises. Und bemerkte dazu, daß sie sich als eine der geschicktesten Reiterinnen bewährt habe. Für Marie Louise war die Saison mit ihren vielen gesellschaftlichen Aktivitäten ihre glücklichste, wenn sich auch das Verhältnis zu ihrer Tante durch deren viele Reisen ziemlich gelockert hatte. In ihrer Ehe war sie nicht glücklich. Georg war launisch, mißtrauisch und jähzornig, ein schwieriger Charakter. Doch auch die eigenwillige, extravagante Marie Louise war keineswegs geschaffen für Heim und Familie. An ihren Kindern waren beide nicht besonders interessiert. Sie waren der bereits mehrfach in der Verwandtschaft bewährten Kinderfrau Thesi anvertraut.

Die Jagdsaison 1881 verbrachte das Paar wieder in England, wo Marie Louise durch ihre Reitkünste erneut die Aufmerksamkeit der Tante eroberte.

Auch während ihres folgenden Aufenthaltes in Wien wußte die Kaiserin ihre Nichte zu beschäftigen. Elisabeths Aufzeichnungen und Gedichte mußten abgeschrieben und geordnet werden, um sie später zu »Gesammelten Werken« zusammenfassen zu können. Es war eine vertrauliche Tätigkeit, die Marie Louise einen tiefen Einblick in das Seelenleben der Kaiserin gab, in ihre Depressionen, ihre Angst vor dem Alter und dem Verlust ihrer Schönheit.

Marie Louise und Heinrich Baltazzi

Damals entschloß sich Georg Larisch, in Pardubitz im östlichen Böhmen ein Schloß zu bauen und englische Reitpferde zu züchten. Pardubitz war schon seit langem eine Pferdestadt mit einer berühmt-berüchtigten, besonders schwierigen Hindernisstrecke, die auch heute noch alljährlich die Tierschützer auf die Barrikaden treibt. Um nicht im Hotel logieren zu müssen, nahm Georg Larisch das Angebot von Heinrich Baltazzi an, einstweilen in seinem Haus zu wohnen. Dort traf Marie Louise die Baronin Vetsera wieder, die öfter bei ihrem Bruder zu Besuch war. Eine Freundschaft bahnte sich an, die eines Tages verhängnisvolle Folgen haben wird. Der Kavallerieoffizier Heinrich Baltazzi war ein gutaussehender Mann, er war mittelgroß und schlank, seine blauen Augen und der Touch orientalischer Exotik, den er ausstrahlte, erregten bald Marie Louises Interesse. Und selbstverständlich war er ein schneidiger Reiter. Ihr hypochondrischer und häufig schlecht gelaunter Ehemann konnte dem Vergleich nicht standhalten, und Marie Louise der Versuchung, aus ihrer langweiligen Ehe auszubrechen, nicht widerstehen.

Am 14. November 1884 schenkte Marie Louise in ihrer Wohnung in Wien ihrer zweiten Tochter das Leben. Sie erhielt den Namen Marie Henriette, Taufpatin war in Vertretung der Königin Marie die Baronin von Wallersee. Das Mädchen wurde später Mary genannt, eine Koseform, die damals modern war. Daß die Verbindung mit der Kaiserin zu der Zeit immer noch bestand, bewies ein Besuch Elisabeths bei der Wöchnerin. Ein gutes Jahr später kam das vierte Kind, Georg Heinrich, zur Welt. Es kann mit ziemlicher Sicherheit behauptet werden, daß die beiden letztgeborenen Kinder Heinrich Baltazzi zum Vater haben und nicht Georg Larisch, dessen Namen sie tragen. Wahrscheinlich hat der Graf davon gewußt, die Kinder aber dennoch anerkannt, um einen Skandal zu vermeiden. Obwohl er bisher in Geldangelegenheiten recht großzügig war, hielt er seine Frau nun ziemlich knapp.

Doch das Leben war teuer. Für eine Saison brauchte eine Frau, die als gut angezogen gelten wollte, mindestens fünf neue Abendroben, natürlich aus edelstem Material und in einem erstklassigen Salon gearbeitet. Und eine Palastdame hatte besonders elegant zu sein. »Bezaubernd schön in weißer Toilette mit Pelzbesatz, im Haar Aigrettes aus kostbaren Steinen und Federn«, schreibt die Presse über Gräfin Larisch beim Hofball am 18. Januar 1888. Es dauerte nicht lange und Marie Louise hatte Schulden. Sie behalf sich, indem sie Wechsel unterschrieb, die zunächst noch von Heinrich Baltazzi eingelöst wurden. Bis er selbst nicht mehr dazu imstande war. Er wurde schließlich sogar gerichtlich wegen Verschwendung unter Kuratel gestellt! Erst bei seiner Heirat mit der vermögenden Paula von Scharschmid-Adlertreu wurde das Gerichtsurteil aufgehoben und die Schulden von den Eltern Scharschmid-Adlertreu bezahlt, deren Vermögen aber auf die Tochter übertragen. Noch viele Jahre später mußten Zinsen für Marie Louises Verpflichtungen beglichen werden, welche an die 200000 Kronen betrugen.

Damals hat Marie Louise sich wohl öfter um Hilfe an den Kronprinzen Rudolf gewandt, der seiner Cousine dann gelegentlich mit Geld aushalf.

Die Sommermonate verlebte Marie Louise mit ihren Kindern in Rottach am Tegernsee. Dort hatte ihre Mutter ein kleines Landhaus für sie gemietet, das sie ihr am Ende der Ferienzeit schenkte. Man nimmt an, daß Ex-Königin Marie die wirkliche Käuferin war. Die »Villa Valerie« wird nach der Trennung von ihrem Mann für Marie Louise jahrelang eine Zuflucht sein.

Tod König Ludwigs II. von Bayern

Die Aufenthalte in Bayern bedeuteten auch regelmäßig ein Wiedersehen mit der Kaiserin, welches allerdings 1886 von Tragik überschattet war. Der Tod König Ludwigs II. und die Ereignisse, die ihm vorausgingen, hatten Elisabeth in tiefe Depressionen gestürzt. Angeblich erzählte sie ihrer Nichte sogar, daß er ihr erschienen sei und ihr den grausamen Tod ihrer Schwester Sophie und sogar ihren eigenen vorausgesagt habe.

Gerüchten zufolge soll Elisabeth einen Versuch unternommen haben, Ludwig in Sicherheit zu bringen, welcher allerdings mißglückte. Auch der Tod König Ludwigs gehört zu den Rätseln der Geschichte und wird wohl nie mehr aufgeklärt werden. Licht in das Dunkel könnte höchstens eine Untersuchung seines Leichnams bringen, zu der aber die Familie ihre Einwilligung geben müßte.

Wiedersehen mit Mary Vetsera

Im Frühsommer 1888 gelang es Marie Louise, ihren Gatten zu einem Besuch im Palais Vetsera in der Wiener Salesianergasse zu überreden. Die Baronin Vetsera war im Wiener Gesellschaftsleben zu einem Begriff geworden. Zwar zählte sie eigentlich nicht zu den Kreisen, die dort wirklich maßgebend waren, aber deren Angehörige, sogar Träger der berühmtesten und ältesten Adelsnamen, fanden sich immerhin regelmäßig dort ein. Denn die Baronin, inzwischen verwitwet, war berühmt für ihre Gastfreundschaft. Da sah man gern über die fehlenden sechzehn uradeligen Ahnen hinweg. Dort traf Marie Louise die jüngste Tochter des Hauses wieder. Mary, wie sie genannt wurde, war zu einem hübschen Mädchen herangewachsen, das bereits seine Verehrer hatte. Dazu zählte vor allem der nach einer kurzen Ehe bereits wieder verwitwete Prinz Miguel Braganza.

Die siebzehnjährige Mary war gesellschaftlich bereits allseits bekannt. Das *Salonblatt* hatte ihr Bild schon mehrmals auf der Titelseite gebracht und ihre Eislaufkünste und ihre anmutige Erscheinung auf Kinderkostümbällen gerühmt. Im Sommer 1887 fand das Blatt, daß sie zu den »vielbewundertsten Schönheiten« gehörte und aus dem »reizenden Kind eine reizende Dame« geworden war. Die »Griechin« mit ihren »großen unergründlichen Augen und der ätherischen Schönheit« sorgte für Gesprächsstoff. Ob Baronin Vetsera, die natürlich bestrebt war, ihre Tochter möglichst in den höchsten Kreisen zu verheiraten, bei den

Journalisten des *Salonblattes* ein wenig nachgeholfen hat? »Mehr pikant als schön und sehr kokett«, urteilte Freiin von Redwitz, Hofdame im Haus des Herzogs Carl Theodor, in ihrer *Hofchronik*. Die allgemeine Meinung, die über das Mädchen herrschte, war ziemlich negativ: Oberflächlich und frühreif, erotisch und heißblütig, eben eine Orientalin, die noch dazu nicht gerade intelligent, ungebildet und verzogen war. So manche Dame mißbilligte Marys häufige Flirts mit verheirateten Männern. In so mancher Bewertung mag jedoch auch Neid auf die erfolgreiche Rivalin im Spiele gewesen sein. Im *Berliner Börsen-Kurier* wird nach der Katastrophe von Mayerling zu lesen sein: »Die Baronesse war nicht eigentlich, was man eine Schönheit nennt, am wenigsten eine edle, vornehme Schönheit; das Wort Schopenhauers vom ›Knalleffekt der Natur‹ paßt selten so gut wie hier; von der üppigen früh erblühten Gestalt, dem hübschen Gesichtchen mit den zuckenden Lippen, dem kecken Stumpfnäschen, den feuchtschimmernden blauen Augen ging ein Hauch heißer Sinnlichkeit aus, welcher umso mehr auf die Männer wirkte, je sinnlicher ihre eigene Natur war …«

Mary ließ sich zwar von Miguel Braganza den Hof machen, aber eigentlich schwärmte sie nur für einen Mann: für Kronprinz Rudolf. Als Cousine des Begehrten war Marie Louise für sie höchst interessant. Die Anhänglichkeit Marys, die von Marie Louise allerdings auch für ihre Zwecke benutzt wurde, sollte für alle Beteiligten schwerwiegende Folgen haben.

Der Augenarzt

Herzog Carl Theodor wird Augenarzt

Es sollte wohl so sein, daß Carl Theodor mit seiner Familie zur Erholung nach Mentone fuhr. Dort lebte zu dieser Zeit Alexander von Iwanow, Professor der Augenheilkunde aus Kiew, der diese Stadt zu einem Wallfahrtsort für Augenleidende gemacht hatte. Professor von Iwanow hielt sich ebenfalls aus gesundheitlichen Gründen in Mentone auf. Er litt an Tuberkulose und erhoffte sich eine Besserung in der milden Luft der Riviera. Die Krankheit hinderte ihn jedoch nicht daran, auch in Mentone als Arzt zu arbeiten. Es war naheliegend, daß Herzog Carl Theodor von der Tätigkeit jenes berühmten Arztes erfuhr und seine Bekanntschaft machte.

Iwanow spürte das Interesse des jüngeren Kollegen und dessen Bereitschaft, sich weiterzubilden und lud ihn ein, ihm bei seinen Operationen zur Hand zu gehen. Carl Theodor war fasziniert von den Erfolgen, die Iwanow dabei hatte. Die Augenheilkunde zog ihn immer mehr in ihren Bann. Später arbeitete er zwei Monate in Zürich. Obwohl ihn die Augenheilkunde besonders anzog, erregten auch andere Gebiete der Medizin immer wieder sein Interesse. Als er anläßlich eines Besuches in Wien die Bekanntschaft des berühmten Chirurgen Billroth machte, nahm er sogleich die Gelegenheit wahr, um auch an dessen Klinik zu operieren und seine Fähigkeiten zu erweitern.

Auch privat gab es ein freudiges Ereignis. Endlich wurde der langersehnte Stammhalter, Ludwig Wilhelm, geboren. Drei Jahre später wird ihm noch ein Knabe, Franz Joseph, folgen.

Zurückgekehrt an den Tegernsee erwarteten den Herzog täglich bis zu dreißig Patienten. Als er einen verunglückten Waldarbeiter behandelte, wurde ihm das jedoch selbst zum Verhängnis. Er verletzte sich durch einen Knochensplitter an der rechten Hand. Die Folge war eine Lymphgefäßentzündung, die sich zu einer Phlegmone ausweitete. Die rechte Hand wurde dadurch unbrauchbar. Carl Theodor ließ sich nicht entmutigen. Um bis zur Heilung nicht ganz untätig zu sein, übte er so lange mit der linken Hand, bis er imstande war, auch damit zu arbeiten. Wo immer Herzog Carl Theodor sich befand, war er als Arzt tätig. In Meran behandelte er in drei Monaten über tausend Patienten, die ihn wegen ihrer Augenleiden aufsuchten. »Die Leute kamen aus den entferntesten Tälern und von abgelegenen Einödhöfen«, berichtet Freiin von Redwitz. »Viele hatten nicht die Initiative, scheuten wohl auch die Kosten, um in die Augenklinik nach Innsbruck zu reisen, aber hier, wo sie unentgeltlich operiert wurden, strömten sie herbei. Die Statistik zeigte, daß die Zahl der Blinden im Burggrafenamt so merklich zurückgegangen war, daß sich das Innsbrucker Amt erkundigte, ob kein Irrtum vorliege. Das war das Wirken von ›unserem Doktor‹, wie die Landsleute den Herzog nannten. Jeden Sonntag ging die Herzogin und Prinzessin Sophie mit Obst und Zigarren ins Spital, um den Patienten eine Sonntagsfreude zu machen.« Die Sprechstunde war immer überfüllt. Es kam vor, daß über sechzig Kranke dort warteten. Jeden Morgen wurde im Krankenhaus operiert. Der jüngste Patient war achtzehn Monate alt, der älteste zweiundneunzig

Jahre. Von der Familie wurde der Herzog auch für andere Leiden konsultiert. So rief ihn seine Schwester Helene in ihrer Verzweiflung über die schwere Erkrankung ihres Sohnes nach Regensburg. Doch da versagte alle ärztliche Kunst. Carl Theodor konnte dem Neffen nicht mehr helfen. Im August 1888 war Carl Theodor ein vielbeachtetes Mitglied des Ophthalmologenkongresses in Heidelberg. Eine Woche später erfolgte die feierliche Eröffnung des neuen Tegernseer Krankenhauses. Unter dem Jubel der Bevölkerung wurde die tausendste Staroperation gefeiert. Auch das städtische Krankenhaus in München war für einige Zeit Schauplatz seiner ärztlichen Tätigkeit, bis er sich in der Giselastraße eine eigene kleine Klinik einrichtete. Daraus entwickelte sich im Jahre 1896 die große Augenklinik in der Nymphenburger Straße.

Ärztliches Ethos bedeutete ihm alles. Er behandelte jeden, der es benötigte, auch wenn er nichts dafür bezahlen konnte. Freiin von Redwitz, die viele Jahre als Hofdame im Hause des Herzogs lebte, schrieb über ihn: »Er war vor allem ein Doktor der Armen.« Sein ärztlicher Ruf drang sogar bis nach Algerien, wo die herzogliche Familie einmal einen Winter verbrachte. Sogar dort mußte er unter Mithilfe seiner Töchter, die er als Assistentinnen anstellte, eine ständig wachsende Patientenschar operieren.

Tod von Herzog Max in Bayern

Am 11. November 1888 erlitt Herzog Max in Bayern einen Schlaganfall. Er hatte sich auf seine alten Tage ganz zurückgezogen und mit belletristischen Arbeiten beschäftigt. Nur an manchen Abenden sah er eine Runde gescheiter, witziger Leute, wie den alten Dichter von Kobell, Kaspar Braun, den Gründer der *Fliegenden Blätter* oder den Zithervirtuosen Petzmayer bei sich. Das waren die Menschen, die er mochte. Auch im Alter lebten die Eheleute nicht miteinander, sondern nebeneinander, ohne daß sie je Verständnis für den Partner gefunden hätten. In einer solchen Runde geschah es. Der Herzog hatte wie gewöhnlich an einem Samstag einen größeren Kreis von Herren zu sich geladen. Plötzlich bemerkten sie, daß mit ihrem Gastgeber etwas nicht stimmte. Das Gespräch erlahmte und brach schließlich ab. Max saß nur noch blaß und mit starrer Miene am Tisch. Man dachte an eine vorübergehende Schwäche und brachte ihn zu Bett. Doch die Hoffnung, daß sich sein Befinden wieder bessern würde, trog. Herzog Max starb vier Tage später am 15. November im Alter von 81 Jahren.

Sofort reisten Herzog Carl Theodor und seine Gattin, die sich in Wien aufgehalten hatten, nach München zurück. Auch die Erbprinzessin von Thurn und Taxis kam mit ihrem zweiundzwanzigjährigen Sohn Albert, sogar Kaiser Franz Joseph traf mit Prinzessin Gisela und seinem Bruder Karl Ludwig ein sowie der Herzog und die Herzogin von Alençon.

Allein Kaiserin Elisabeth erschien nicht. Sie kam auch nicht zum Begräbnis und ließ sich offiziell wegen ihrer angegriffenen Gesundheit entschuldigen. Der wahre Grund war jedoch, daß die Kaiserin auf ihren Vater nicht gut zu sprechen war. Anläßlich der diamantenen Hochzeit von Herzog Max und seiner Gattin Ludovika hatte er zwei Monate zuvor eine Stelle aus einem Buch vorgelesen, das er sehr schätzte. Darin hieß es: »Die Nervosität der Nichtarbeitenden wird nur allmählich geheilt werden, sobald nämlich die Herzöge, Grafen und Barone ihren Kindern beibringen werden, daß die Arbeit der beste Adelsbrief und zugleich der sicherste Weg zu einem langen und glücklichen Leben ist.«[58] Dieses Zitat erschien kurz danach im *Wiener Fremdenblatt*. Man sah darin eine Kritik an der Kaiserin.

»Es ist traurig zu denken, wie es anders hätte sein können«[59], sagte Herzog Carl Theodor im Gedenken an die Ehe seiner Eltern und die immer wiederkehrende Bemerkung seiner Mutter, daß sie und ihr Mann sich eigentlich nie haben heiraten wollen. Herzogin Ludovika folgte ihrem Gatten knapp vier Jahre später ins Grab.

Über ihre Schwiegersöhne soll sie öfter gesagt haben, daß sie alle gute Männer, aber ihre Töchter ihnen nicht immer bequeme Frauen gewesen wären.

Die neunziger Jahre waren bestimmt vom Tod mehrerer Kinder und Schwiegerkinder des Herzogpaares in Bayern. Bereits 1890 war Helene, Erbprinzessin von Thurn und Taxis, gestorben. 1893 starb Herzog Max Emanuel im Alter von nur 42 Jahren, tief betrauert von seiner Gattin Amélie, die ihm schon ein Jahr später ins Grab folgte. Ende 1894 verschied König Franz II., der Ex-König von Neapel, im damals noch österreichischen Arco und wurde auch dort begraben. Seine Gattin Marie hatte ihn bis zuletzt gepflegt. Wie Freiin von Redwitz in ihrer *Hofchronik* berichtet, bedauerten viele Familienangehörigen seinen Tod. Sie hatten es zu schätzen gewußt, daß sie sich auf seine Diskretion verlassen und ihm auch so manche heikle Angelegenheit anvertrauen konnten. Im Jahre 1919, als Arco italienisch wurde, ließ Marie seinen Sarg nach Tegernsee überführen. Der ehemalige König von Neapel sollte nicht in einem Land ruhen, gegen dessen Einigung er so erbittert gekämpft hatte. Über den tragischen Tod Sophies, der Herzogin von Alençon, im Jahre 1897 sowie ein Jahr später über den Kaiserin Elisabeths wird an anderer Stelle berichtet werden. Der Tod seiner Lieblingsschwester Sisi traf Herzog Theodor besonders.

Am 9. August 1909 wurde unter Beteiligung nahezu der ganzen weitverzweigten Familie und vieler Deputationen in Possenhofen der siebzigste Geburtstag Herzog Carl Theodors gefeiert. Das Glück sollte jedoch nur mehr von kurzer Dauer sein. Im Oktober reiste der Herzog mit seiner Familie nach Bad Kreuth, wo er am 7. November noch an einer Jagd teilnahm. Unmittelbar darauf erkrankte er ernstlich an einem Blasenleiden. Eine Nierenentzündung kam hinzu. Dennoch glaubte man an Besserung, bis eine Bronchitis die Kräfte des Kranken vollends aufzehrte.

Er verschied am 30. November 1909 in Anwesenheit der Herzogin und aller seiner Kinder, bis auf Maria Gabriele, die selbst erkrankt war.

Lassen wir noch einmal Freiin von Redwitz zu Wort kommen: »Die Leiche des Herzogs soll wunderbar schön gewesen sein und der edle feingeschnittene Kopf wie ein leuchtendes Kunstwerk aus Marmor gewirkt haben. Sie wurde in einem Schlitten nach Tegernsee gebracht, von Jägern mit Fackeln begleitet. Die Beisetzung fand am 1. Dezember in Tegernsee auf Wunsch des Verstorbenen in aller Stille statt. Es wurde die Anwesenheit sowohl der Höfe als von Deputationen dankend abgelehnt.

Bei der großen Popularität des Herzogs war die Anteilnahme bei seinem Hinscheiden eine allgemeine. Sehr viele hatten ihn als Arzt und Helfer kennen und verehren gelernt, wenige aber waren ihm im Privatleben nähergetreten, und nur da entfaltete er den ganzen Zauber seiner vornehmen Persönlichkeit, dem jeder unterliegen mußte, der mit ihm in nähere Berührung kam.« Herzog Carl Theodor hinterließ eine tieftrauernde Witwe mit sechs Kindern und unzählige Patienten, die ihm ihr Augenlicht verdankten. Sein Vermächtnis ist die Augenklinik in München, die seinen Namen trägt. Sie besteht noch heute.

1 *Ludovika, Herzogin in Bayern (1808–1892), geb. Prinzessin von Bayern. Mutter der Kaiserin Elisabeth (»Sisi«) von Österreich und ihrer sieben Geschwister*

2 *Der Vater: Maximilian Joseph, Herzog in Bayern (1808–1888), um 1850*

3 *Die Mutter im Alter: Ludovika, Herzogin in Bayern, um 1890*

4 *Erzherzogin Sophie von Österreich (1805–1872), geb. Prinzessin von Bayern. Mutter von Kaiser Franz Joseph I. von Österreich, Schwester von Sisis Mutter Ludovika*

5 *Ludwig, Herzog in Bayern (1831–1920)*
und Baronin Henriette von Wallersee, geb. Mendel, 1859

6 *Helene, Herzogin in Bayern (1834–1890), verh. Erbprinzessin von Thurn und Taxis*

7 *Kaiserin Elisabeth von Österreich im ungarischen Krönungsornat, 1867*

8 *Kaiserin Elisabeth, nach dem berühmten Gemälde von Franz Xaver Winterhalter, 1864*

9 *Franz Joseph I., Kaiser von Österreich (1830–1916), Gemälde von Franz Xaver Winterhalter, um 1864*

10 *Kaiser Franz Joseph I. und Sisi während ihrer Verlobungszeit, 1853*

11 *Kronprinz Rudolf (1858–1889), in Honveduniform, 1888*

12 *Baronesse Mary Vetsera, zur Zeit des ersten Zusammentreffens mit Kronprinz Rudolf, 1888*

13 *Gräfin Marie Louise Larisch, Tochter von Herzog Ludwig in Bayern, 1876*

14 *Marie, Herzogin in Bayern (1841–1925), verh. Königin von Neapel-Sizilien*

15 *Maria Josepha, Infantin von Portugal (1857–1943), die zweite Ehefrau von Carl Theodor, Herzog in Bayern*

16 *Sophie, Herzogin in Bayern (1847–1897), verh. Herzogin von Alençon*

17 *Carl Theodor, Herzog in Bayern (1839–1909), Augenarzt und Gründer der Carl-Theodor-Klinik in München, um 1879*

18 *Mathilde, Herzogin in Bayern (1843–1925), verh. Gräfin Trani*

19 *Die Tochter von Gräfin Mathilde Trani (rechts) mit zwei Unbekannten*

20 *Graf Luigi Trani, Schwager von Kaiserin Elisabeth*

21 *Schloß Possenhofen am Starnberger See, Sommerresidenz der Wittelsbacher Herzogsfamilie*

Die Herzogin von Alençon

Heirat von Herzogin Sophie in Bayern und Herzog Fernand Alençon

FERNAND PHILIPPE-MARIE Herzog von Alençon war ein Enkel von König Louis Philippe, der als »Bürgerkönig« 1830 den französischen Thron bestiegen hatte, aber durch die Revolution und die ihr folgende Ausrufung der Republik im Jahre 1848 gestürzt worden war. König Louis Philippe flüchtete nach England, wo er unter dem Namen eines Grafen von Neuilly bis zu seinem Tod lebte. Der Herzog von Alençon war ein gutaussehender Mann. Freiin von Redwitz beschreibt ihn als eine ritterlich vornehme Erscheinung mit einem »famos geschnittenen Rassekopf und gewinnend verbindlicher Art«, dessen elegantem Französisch man mit Vergnügen lausche. Allerdings fügt sie vielsagend hinzu, daß er mehr die Eigenschaften eines Heiligen als eines Ehemannes besitze. Die Familie gehörte dem französischen Königshaus an, wenn auch wenig Hoffnung bestand, daß eines ihrer Mitglieder je wieder eine Krone tragen würde. Aber vielleicht hatte Herzogin Ludovika schon Abstand davon genommen, von Königstiteln für ihre Töchter zu träumen und damit auch noch die eigene Eitelkeit zu befriedigen. Weder Kaiserin Elisabeth noch Königin Marie waren in ihren Ehen glücklich geworden, letztere hatte sogar Krone und Land verloren und war nur mehr eine »Ex-Königin«. Und der schöne Plan, Sophie auf dem Thron von Bayern sitzen zu sehen, war vollends gescheitert. Da mochte der blonde Herzog aus dem ebenfalls ehrwürdigen Haus Bourbon-Orléans besser zu ihr passen. Er war schon im Vorjahr mit seinem Vater, dem Herzog von Nemours, in Possenhofen zu Gast gewesen.

Ludovika verlor keine Zeit, galt es doch die Pleite mit König Ludwig so rasch wie möglich auszumerzen. Das Photo, das sie dem neuen Auserwählten schickte, schien ihm zu gefallen; nun war es an der Zeit, daß sich Sophie und der Herzog kennenlernten. »Da sie sich nicht gerade unsympathisch waren«, so beschloß man, wie Egon Conte Corti schrieb, »diesmal nicht lange zu fackeln und schon im September zu heiraten«.[60]

Sophie war zwanzig, Alençon um drei Jahre älter, als die beiden sich am 24. Juni 1868 verlobten. Fast auf den Tag genau drei Monate später fand die Hochzeit in Possenhofen statt. Als am Abend vorher der Polterabend gefeiert wurde, leuchtete plötzlich am gegenüberliegenden Ufer Schloß Berg in großartiger Illumination. Unmittelbar darauf erhellten mit lautem Knattern farbenprächtige Raketen den abendlichen Himmel. Ob das gigantische Feuerwerk wirklich zu Ehren der Zarin von Rußland veranstaltet wurde, die gerade zu Besuch in Bayern war, oder als Gruß für die ehemalige Braut, bleibt dahingestellt.

Von der Trauung hat Fürst Hohenlohe-Schillingsfürst einen genauen Bericht gegeben. Sie fand in einem Saal des Schlosses statt, der zu einer Kapelle umgestaltet worden war. Der junge Duc d'Alençon wird als »hübscher junger Mensch von frischem Aussehen beschrieben. Die Braut war in weißer Seide mit Orangenblüten garniert, mit Coiffuren von Orangenblüten und Tüllschleier. Das Brautpaar kniete vor dem Altar, links dahinter Prinz Adalbert (der Trauzeuge) hinter diesem wir beide Minister (der zweite Trauzeuge Pfretzschner) und dann hinter uns die Herren des Hauses Orléans. Auf der anderen Seite der Duc de Nemours und die Herzogin sowie alle Prinzessinnen ... Niemand weinte ... Die Braut sah sehr gleichmütig aus. Vor dem Jawort machte der Bräutigam erst dem Vater ein Kompliment und ebenso der Braut und ihren Eltern. Das Ja der Herzogin klang, als wollte sie sagen, ›von mir aus ja oder meinetwegen‹. Doch ich will damit nichts Böses sagen, mir klang es so. Nach der Trauung küßte ich der Herzogin die Hand und beglückwünschte sie. Sie schien recht zufrieden und vergnügt.«[61]

Nach der Trauung wurde in zwei Sälen des Schlosses das Hochzeitsmahl ausgerichtet. Eine Kapelle des bayrischen Heeres war draußen angetreten und spielte den Brautchor aus »Lohengrin«.

Depressionen trüben die Ehe

Die erste Zeit seiner Ehe verlebte das junge Paar in Bushy-House in der Nähe Londons. Zunächst ging alles gut. Der Herbst war wunderschön, üppiges Grün bedeckte die Wiesen, in den Gärten blühten unzählige Blumen.

Sophie und ihr Gatte wurden mit Einladungen überhäuft, alle Nachbarn wetteiferten, die junge Herzogin als erste kennenzulernen. Wie ihre Schwester Elisabeth war auch Sophie eine gute Reiterin, die mit großem Vergnügen an den Herbstjagden teilnahm.

Mit ihrem Schwiegervater, dem Duc de Nemours, verstand sie sich weniger gut. Er war ihr zu autoritär. Doch sobald das schöne Wetter zu Ende ging, Herbstnebel und Nieselregen ins Land zogen, verfiel Sophie in eine krankhafte Melancholie. Solche Depressionen haben sie immer wieder überfallen. Vergebens versuchte ihr Gatte, ihr zu helfen und forschte nach der Ursache. Er fand keinen Grund. Sie waren jung verheiratet, das ganze Leben lag vor ihnen, und an irdischen Gütern fehlte es auch nicht. Es ist anzunehmen, daß Sophies Depressionen auf ihre Erbanlagen zurückgingen. Ihr Großvater, Herzog Pius in Bayern, verbrachte seine letzten Lebensjahre in völliger Einsamkeit. Auch andere Geschwister Sophies, wie Marie und Mathilde litten zeitweise unter starken Depressionen, ebenso Helene nach dem frühen Tode ihres Mannes und ihres älteren Sohnes. Auch bei Elisabeth machten sich Depressionen, Menschenscheu und Hang zur Einsamkeit mit fortschreitendem Alter immer mehr bemerkbar. Selbst die Geburt eines gesunden Mädchens, das am 19. Juli 1869 zur Welt kam und den Namen Louise Viktoria Sophie erhielt, vermochte Sophie nicht zu heilen. Unglücklicherweise starb nun auch noch die Herzogin d'Aumale, die für sie zu einer mütterlichen Freundin geworden war.

Das Herzogspaar in Italien

Da schritt der Herzog d'Aumale ein. Er erkannte, daß vor allem die düstere Umgebung des Hauses einen negativen Einfluß auf die Kranke ausübte und bot dem Herzogspaar d'Alençon das Palais d'Orléans, sein Haus in Palermo, zum Aufenthalt an. Herzog Fernand nahm mit Freuden an. Im sonnigen Sizilien mußte seine Frau doch wieder Freude am Leben finden. Zuerst sah es nicht danach aus. Sophie verließ in den ersten Tagen nicht einmal das Haus. Erst als ihre Kraft allmählich wiederkehrte, vermochte sie die blühende Landschaft und die herrliche Umgebung zu genießen. Mit ihrem Mann besichtigte Sophie die vielen Sehenswürdigkeiten der Insel, oft mieteten sie ein Boot und fuhren aufs Meer hinaus. Sophies Depressionen waren überwunden. Doch nach zwei Monaten fand der Aufenthalt des Paares in Sizilien ein jähes Ende. Das hatte politische Gründe. Die Herzöge von Alençon gehörten dem Königshaus der Bourbonen an und die waren den Sizilianern noch in übler Erinnerung. Man mochte sie nicht, noch nicht einmal ein harmloses junges Ehepaar und eine Frau, die dort eigentlich nur Genesung suchte. Fernand und Sophie mußten

Sizilien verlassen. Der Militärgouverneur von Palermo sah sich außerstande, für ihre Sicherheit zu garantieren. Auch in Neapel waren sie unerwünscht.

Ein neuerlicher Rückfall in die Krankheit sowie Angstzustände waren die Folge dieses jähen Aufbruchs. »Glück macht Angst. Wir sind nicht zum Glück geboren«, soll Sophie behauptet haben. Da der Herzog nicht nach England zurückkehren wollte, nahm er das Angebot seines Schwagers, des Ex-Königs von Neapel an, im Palazzo Farnese in Rom Aufenthalt zu nehmen. Dort befanden sich zu der Zeit zwei Schwestern Sophies, Marie, Ex-Königin von Neapel, und Mathilde Gräfin Trani. Er hoffte, daß die Gegenwart ihrer Verwandten seiner Frau guttun würde. Leicht hatte es der Herzog wirklich nicht mit seiner Frau. Bisweilen waren seine Vorstellungen von der Ehe wohl etwas anders. Gewiß hatte Sophie ebenso wie ihre Geschwister ein leidvolles Erbe mitbekommen. Aber ebenso gewiß ließen sie sich auch ein wenig gehen. Jede Menge Diener, Zofen, Kammerfrauen und Kindermädchen nahmen ihnen alle Arbeit ab. Geistige Tätigkeit lag ihnen nicht so recht, war sie doch in ihren Kreisen nicht üblich. Etwas Klavierspiel, ein wenig Malerei, oder ab und zu ein Gedicht, wie Kaiserin Elisabeth es hielt, damit erschöpfte sich die Beschäftigung. Da hatten sie Zeit für ihre Leiden. Eine Ausnahme bildete Herzog Carl Theodor. Er hatte als Arzt ein reiches Betätigungsfeld gefunden und auch nie unter Depressionen und »Melancholie« gelitten. Erst im Jahre 1870, als auch Marie und Mathilde mit ihren Familien Rom den Rücken kehrten, verließ Sophie mit ihrem Gatten ebenfalls die Ewige Stadt.

Als Spanien nach zwei Jahren republikanischer Herrschaft im Jahre 1874 wieder zur Monarchie zurückkehren wollte, erhielt der Herzog von Alençon das Angebot, die spanische Krone anzunehmen. Dazu hätte er jedoch die französische Staatsbürgerschaft aufgeben müssen. Daran scheiterte der Plan. Den Krieg zwischen Preußen und

Frankreich erlebten die Alençons in Sophies Heimat am Starnberger See, wo Sophie zunächst blieb, während der Herzog sich vergeblich bemühte, in der französischen Armee Fuß zu fassen. Nach dem Sturz Kaiser Napoleons III. und der Gründung der Republik hofften die Bourbonen nicht nur auf eine Wiederherstellung der Monarchie, sondern auch auf eine neuerliche Berufung auf den französischen Thron. Es wäre sogar dazu gekommen, denn in der Nationalversammlung gab es eine monarchistische Mehrheit. Sie scheiterte, da sich Graf Henri von Chambord, der französische Thronprätendent, weigerte, die Trikolore und die konstitutionelle Verfassung anzunehmen. »L'état c'est moi«, »Der Staat bin ich«, hatte der vierzehnte Ludwig einst behauptet und danach gelebt und regiert; andere Herrscher hatten ihn sich zum Vorbild genommen und ihm nachgeeifert. Doch die Zeiten des Absolutismus waren vorbei. Der Graf von Chambord hatte es nur noch nicht begriffen. Frankreich wurde damals Republik.

Ein Sohn wird geboren – von Vincennes nach Paris

Der ersehnte Sohn wurde dem Herzogspaar in Meran geboren. Kaiserin Elisabeth hob ihn aus der Taufe. Sophie blieb zunächst bei ihr in der Stadt, bis sie schließlich ihrem Mann nach Vincennes folgte, der endlich als Hauptmann im 12. Artillerie-Regiment untergekommen war. Eine Zeit ungetrübten Familienlebens begann. Das Paar war ein beliebtes Mitglied der Gesellschaft und sah mit Freude seine beiden Kinder heranwachsen. Doch das Glück war nicht von langer Dauer, weil der Herzog aus der Armee entlassen wurde. Das Regiment war den Vorgesetzten zu aristokratisch. Auch andere Offiziere traf das Verdikt. Sie alle verließen Vincennes. Wieder war eine Epoche im Leben Sophies zu Ende gegangen.

Ihr neuer Wohnsitz wurde Paris, wo Fernands Vater ihnen sein Haus in der Avenue Kleber zur Verfügung stellte. Doch die Aufregungen waren zuviel für Sophie und sie verfiel wieder in tiefe Depressionen. Ihr Zustand wurde noch verstärkt, da auch die anderen Mitglieder der Familie nicht mehr an eine glückliche Zukunft glaubten. Vergebens versuchte der Herzog, seine Frau aus ihrer Melancholie zu befreien. Das Schicksal hatte Sophie so viel gegeben: Schönheit und Musikalität, eine Ehe, die durchaus harmonisch hätte sein können, und einen hohen Rang. Doch es hatte ihr nicht die Gabe verliehen, es zu genießen, Freude darüber zu empfinden und ihr Glück zu bewahren. »Un couple de tragédie«, »Ein Paar voll Tragik« nennt die französische Autorin Marguerite Bourcet den Herzog und die Herzogin von Alençon.

Es schien auch wirklich, als sollte es Sophie verwehrt sein, irgendwo Wurzeln zu schlagen. Die Bourbonen waren in der Republik Frankreich nicht mehr beliebt. Der Herzog d'Aumale wurde des Landes verwiesen. Daraufhin vermachte er sein Schloß Chantilly und alle seine Kunstsammlungen dem Institut de France. Auch dem Herzog von Nemours, Sophies Schwiegervater, entzogen die Behörden seine Würden. Er zog daraus die Konsequenzen und liquidierte den Großteil seines Besitzes. Einzig das Haus in der Avenue Kleber behielt er für sich. Da sein Sohn und Sophie sowieso die meiste Zeit in Bayern lebten, schenkte er ihnen dafür Schloß Mentelberg bei Innsbruck in Tirol.

Noch eine Liebesbeziehung und ihre Folgen

Als Sophie vierzig Jahre zählte, verliebte sie sich Hals über Kopf in den Arzt Dr. Glaser aus Graz. Erschwerend kam noch hinzu, daß der Mann ihrer Träume verheiratet war und das Liebesverhältnis nicht lange geheim blieb. Auch die Gattin des Arztes erfuhr davon und dachte nicht daran, die Angelegenheit auf sich beruhen zu lassen. Sie drohte sogar damit, sie publik zu machen und sich scheiden zu lassen. Die beiden Verliebten flüchteten nach Meran, wo sie allerdings bald entdeckt und getrennt wurden. Erneut fiel Sophie in Depressionen. In seiner Verzweiflung wandte sich der Herzog an seinen Schwager Carl Theodor. Doch dieser konnte auch nicht helfen und gab ihm nur den Rat, Sophie in das Sanatorium des renommierten Nervenarztes Professor von Krafft-Ebing nach Graz zu bringen, der sich auf die Behandlung von »sexuellen Abartigkeiten« spezialisiert hatte. Kaiserin Elisabeth machte sich zwar Sorgen um ihre Schwester, tat aber nichts, um ihr zu helfen.

Der Aufenthalt in einem Nervensanatorium, also in einer geschlossenen Anstalt, war besonders bei Persönlichkeiten aus höheren Kreisen nicht ohne Gefahr. Es brauchte nicht viel, um solche Menschen für geisteskrank zu erklären und sie entmündigen zu lassen. So geschehen bei Prinzessin Louise von Coburg, einer Tochter des Königs von Belgien und Schwester der österreichischen Kronprinzessin Stephanie. Sie hatte allerdings eine Menge angestellt. Sie war mit ihrem Geliebten auf Reisen gegangen, verursachte immense Schulden und als die Gläubiger sie zu sehr gedrängt hatten, fälschte sie Wechsel. Ihr Gatte ließ sie daraufhin mit »allerhöchster Billigung« in eine Irrenanstalt einweisen. Der berühmteste Psychiater der damaligen Welt und spätere Nobelpreisträger, Professor Julius Wagner von Jauregg, stellte in seinem Gutachten fest, daß Louise von Coburg unter krankhafter Geistesschwäche litt und daher in ihrem Interesse ein dauernder Aufenthalt in einer geschlossenen Anstalt geboten sei. Erst einige Jahre später gelang es ihrem Freund, sie zu befreien. Ein französisches Gutachten bewies, daß Louise vollkommen normal war. Damals sei sie eben nicht gesund gewesen, entschuldigte Professor Wagner von Jauregg später sein Gefälligkeitsattest.

Daß Sophie möglicherweise für immer in einer Anstalt bleiben könnte, wenn ihr Gatte es wünschte, lag also durchaus im Bereich des Möglichen. Selbst wenn sich die Kaiserin um ihre Schwester sorgte, so galt ihre Sympathie hingegen dem betrogenen Ehemann. Das beweist ein Gedicht, das sie damals verfaßte.

... Du wolltest Mann und Kinder schnöd verlassen,
Mit dem Entführer in die Weite zieh'n.
Doch muß dein sündhaft Hoffen nun verblassen,
Wo du jetzt weilst, gelingt kein Entflieh'n.

Ihre bayrische Familie hielt Sophie tatsächlich für geistesgestört, was vielleicht nur als Schutzbehauptung benutzt wurde, um ihre Entgleisung zu entschuldigen. Man erklärte sie mit einer »Nervenschwäche« als Spätfolge einer Scharlachinfektion.

Jedenfalls kehrte Sophie nach einiger Zeit wieder zu ihrer Familie zurück. Es scheint also, daß sie wieder »normal« geworden ist. Auch ihre Depressionen hatten sich zumindestens verringert. In Zukunft beabsichtigte sie sich karitativen Tätigkeiten zu widmen. »Tante Sophie wieder ganz die Alte. Glasergeschichte nur ein böser Traum, nur die Melancholie, die ihr stets zu eigen war, ist geblieben«[62], schrieb ihre Nichte Amélie, die älteste Tochter Carl Theodors, in ihr Tagebuch.

Schwester Marie Madeleine

Ganz »die Alte« war Sophie aber nicht, denn sie wandte sich weit mehr als früher der Religion zu. Sie trat 1880 in den Dritten Orden der Dominikanerinnen ein und nannte sich dort »Schwester Marie Madeleine«. Beim »Dritten Orden« handelte es sich um eine Vereinigung von Laien, die sich zur besonderen Pflege der Frömmigkeit an Männer- oder Frauenorden anschließen. Die Mitglieder brauchen kein Gelübde abzulegen und bleiben meist außerhalb des Klosters. Menschen beizustehen, die in Not geraten waren, und sich für die Schwachen einzusetzen, darin sah Sophie jetzt den Sinn ihres Lebens. »Tochter des heiligen Dominikus«, war jetzt der einzige Titel, auf den sie Wert legte. Die Häuser Wittelsbach, Habsburg und Bourbon waren nicht gerade erfreut, daß ein Familienmitglied, das noch dazu die Schwester der Kaiserin von Österreich war, nun die Clochards an der Seine betreute! Sophies Hauptsorge aber galt alleinstehenden Frauen mit Kindern.

Am 4. Oktober 1895 machte Sophie auf Schloß Mentelberg ihr Testament: Darin legte sie vor allem die Modalitäten ihrer Beerdigung fest. Sie wünschte, durch eine Ordensfrau oder Schwester des Dritten Ordens mit ihrem Ordenskleid bekleidet zu werden. Ihre Haare solle man ihr schneiden und verbrennen, außer ihr »vielgeliebter Gatte« wünsche einen Teil davon zu behalten. An seiner Seite, der »ihr Schutzengel im Leben war« wollte sie auch »zunächst« liegen.

Das Begräbnis solle ganz einfach sein, ohne Schmuck, ohne Blumen, ohne Musik, ... die Messe von einem Dominikaner gelesen werden. Auf ihrem Grab sollte folgende Inschrift stehen: Sophie Charlotte, Herzogin von Alençon, geborene Herzogin in Bayern, Schwester Madeleine vom Dritten Orden der Buße des hl. Dominikus, dann das Datum von Geburt und Tod.[63]

Sophies und Herzog Fernands Tochter Louise, ein hübsches Mädchen mit einer blonden Haarkrone, heiratete 1891 Prinz Alfons von Bayern, der einzige Sohn, Emanuel, der nun den Titel eines Herzogs von Vendôme trug, die Schwester des zukünftigen Königs Albert I. von Belgien, Prinzessin Henriette. Als Sophie ihren Sohn zum Altar führte, ahnte sie nicht, daß sie nur mehr ein Jahr zu leben hatte.

Vom 3. bis 6. Mai 1897 wurde in Paris ein Wohltätigkeitsbasar des Dominikanerinnenklosters veranstaltet. Eine der Hauptinitiatorinnen war die Herzogin von Alençon. Sie hatte das Gebäude ausgewählt, ein leeres, früher gewerblich genutztes Anwesen in der Rue Jean Goujon mit großen ebenerdig gelegenen Räumen, das sich sehr gut für die Aufstellung der Stände eignete, und soll sogar selbst die Gebrüder Lumière engagiert haben, die als Erfinder der ersten »bewegten Photographien« bekannt geworden waren. Diese Attraktion sollte besonders viele Besucher – und Käufer – anlocken. Sophie hatte sich also selbst den Tod ins Haus geholt!

Der Basar wurde zunächst zu einem vollen Erfolg. Eine große Zahl von Besuchern schob sich an den Ständen vorbei, auf denen die Spenden wohlhabender Pariser zum Kauf ausgebreitet waren. Sophie stand hinter ihrem Tisch, an dem handgearbeitete Stickereien verkauft wurden. Ihr Erlös sollte einem Heim für »gefallene« Mädchen zukommen. Sie trug ein hochgeschlossenes schwarzes Kleid mit einem Umhang aus schwarzem Samt. Ihr Haar war zu einem strengen Zopf geflochten.

»Die wunderbarste Entdeckung des Jahrhunderts! Belebte Photos! Eine Illusion des wirklichen Lebens!« kündigte ein Plakat auf dem Basar an, welches Werbung machte für eine sensationelle Erfindung: den Film. Viele Neugierige strömten in den Saal. Die Vorführung versprach interessant zu sein. Belebte Bilder, das wollte man sich nicht entgehen lassen. An ein Unglück dachte niemand, bis es geschah. Das leicht entflammbare Material fing Feuer, so daß sich der Brand im Nu ausbreitete. Es kam zu einer Panik. Alle drängten ins Freie, versperrten den Ausgang, Menschen kamen zu Fall, wurden niedergetrampelt. »Sauve qui peut! Rette sich, wer kann!« war die Devise. Jeder war sich selbst der Nächste, außer Sophie, die nur an die Mädchen dachte, die ihr an ihrem Verkaufsstand halfen und die sich zuerst retten sollten. »Le devoir avant tout«, »Die Pflicht vor allem«, hörte man sie noch sagen. Erst wenn diese draußen waren, wollte sie ihnen folgen. Aber dazu kam es nicht mehr; das Feuer war rascher als die Herzogin.

Der Herzog von Alençon, der seine Frau zum Basar begleitet hatte, war gerade von ihrem Stand weggegangen, weil er einen Bekannten getroffen hatte. Als er den Brand bemerkte, hatte er nur den einen Gedanken: zu Sophie zurückzueilen, um dann gemeinsam mit ihr das Gebäude so schnell wie möglich zu verlassen. Doch es war vergeblich. Er kam nicht mehr durch. Die Panik war bereits ausgebrochen. Er kam selbst zu Fall, wurde am Kopf verletzt, suchte dennoch weiter. Vergebens. Die Ex-Königin von Neapel und Gräfin Trani, die sich ebenfalls zeitweise in Paris aufhielten, beteiligten sich an der Suche, denn es gab noch einen Hoffnungsschimmer; nämlich daß Sophie sich unter den Verletzten befindet, die in die Krankenhäuser gebracht worden waren. Aber Sophie war nicht unter ihnen. Sie war tot. Das einstürzende brennende Dach hatte sie und andere Opfer unter sich begraben. Die stark verkohlten Leichen konnten nur schwer identifiziert werden. Nur an ihren Zähnen konnte Sophies Schädel erkannt werden. Ob aber die Körperteile, die damit begraben wurden, wirklich dazugehörten, wußte nach Aussage ihrer Kammerfrau niemand. Die sterblichen Überreste, oder was immer man dafür hielt, wurden in der Kapelle von Schloß Dreux zur ewigen Ruhe gebettet. Ihr letzter Wunsch, ihre Haare sollten verbrannt werden, hatte sich auf tragische Weise erfüllt.

»Soit bénie ma bien-aimée Sophie, pour tout le bonheur que tu m'as donné«. »Sei gesegnet, geliebte Sophie, für alles Glück, was du mir gegeben hast«[64], stand in dem Nachruf des Herzogs von Alençon.

»Wir sterben alle eines gewaltsamen Todes«[65], sagte angeblich Kaiserin Elisabeth zu ihrem Schwager, als sie ihn auf Schloß Mentelberg besuchte. Das war am 10. September 1897. Genau ein Jahr später setzte das Attentat Luigi Luchenis in Genf ihrem Leben ein jähes Ende.

Der Herzog von Alençon überlebte seine Frau noch um dreizehn Jahre. Im Juni 1910 fuhr er nach England, wo er den Landsitz Belmont bei Wimbledon gekauft hatte. Er starb kurz darauf am 23. Juni.

Die Erbprinzessin von Thurn und Taxis

Das Haus Thurn und Taxis

ELISABETHS SCHWESTER NÉNÉ hatte sich anscheinend damit abgefunden, ledig zu bleiben. Mit zweiundzwanzig Jahren – ein Mädchen war damals beinahe schon eine alte Jungfer –, vor allem aber nach den Ereignissen in Ischl, schätzte man ihre Heiratsaussichten ziemlich gering ein. Die Kinder des Herzogs in Bayern waren zwar christlich, aber durchaus liberal erzogen worden. Wenn man sonntags und feiertags zur heiligen Messe ging, dann tat man es, weil es so üblich war, nicht weil man besonders fromm war. Bis auf Néné. Sie ging auch an Wochentagen gerne zur Andacht, betete den Rosenkranz und Litaneien und folgte andächtig dem Geschehen vor dem Altar. Die Religion war ihr ein Herzensbedürfnis, ein anderes bestand darin, sich um arme Menschen zu kümmern. Wie Herzogin Ludovika an ihre Schwester Maria von Sachsen schrieb, »ging sie viel zu armen Kranken in den Dörfern«. Man schätzte sie in der ganzen Umgebung, denn sie war bekannt dafür, daß sie half, wo sie konnte. Sehr gerne nahm sie auch Pinsel und Zeichenstift zur Hand, um zu zeichnen und zu malen. Ludovika hatte an sich nichts gegen die karitative Tätigkeit, die Helene in den Dörfern der Umgebung ausübte. Nur einen geeigneten Mann würde sie dort bestimmt nicht finden. Und gerade das war bekanntlich Ludovikas größte Sorge. Denn es war höchste Zeit, daß Néné endlich heiratete. Die Herzogin war davon überzeugt, daß gerade sie eine ideale Frau und Mutter wäre!

Ludovika hatte auch schon einen Mann im Auge, der ihr geeignet erschien, ihr Schwiegersohn zu werden: Maximilian Anton Erbprinz von Thurn und Taxis.

Seine Familie war uralt und immens reich, seit Erzherzog Philipp der Schöne, der einzige Sohn Kaiser Maximilians, Franz von Taxis am 1. März 1501 in Gent zu seinem »capitaine et maistre de nos postes« ernannt hatte. Unter dem Firmenzeichen des heraldischen Dachses, seit 1512 mit dem Reichsadler gepaart, ritten die Taxischen Kuriere durch ganz Europa und wurden zu Begründern der Post. Die Thurn und Taxis selbst leiten ihre Herkunft aus einem lombardischen Adelsgeschlecht ab, das 1146 erstmalig erwähnt wurde. Daher erhielten sie später die Erlaubnis, Namen und Wappen ihrer Mailänder Vorfahren anzunehmen und sich Grafen von Thurn und Taxis (Torre e Tasso) zu nennen. Im Jahre 1512 erhob Kaiser Maximilian die Taxis in den erblichen deutschen Reichsadelsstand, 1520 wurde Johann Baptist Taxis zum Reichspostmeister ernannt, ein Amt, das seit 1615 erblich war. 1695 wurde Reichsgraf Eugen Alexander in den Reichsfürstenstand erhoben. Eine ehrwürdige Familie also. Das erbliche Reichspostgeneralat hatte ihr einen Riesenbesitz eingebracht, nicht nur in Bayern, sondern auch in Böhmen und Polen, in Ungarn und Kroatien.

Herzogin Ludovika oblag es, die jungen Leute auf diskrete Weise zusammenzubringen. Sie war ganz in ihrem Element, als sie ihren Plan entwickelte. Die Thurn und Taxis waren alle begeisterte Jäger und besaßen große Jagdreviere. Auch Herzog Max war schon öfter von ihnen eingeladen worden. Er war überall ein gerngesehener Gast. In seiner Gegenwart gab es nie Langeweile, denn er verstand es großartig, eine ganze Gesellschaft mit seinen Geschichten zu unterhalten. Ludovika schlug ihrem Mann also vor, die Familie Thurn und Taxis nach Possenhofen einzuladen. Dann könnte Herzog Max mit dem Erbprinzen zur Jagd ins Gebirge fahren. Nach der Rückkehr der Jäger würde dann irgendwann Helene in Erscheinung treten. Letzteres verschwieg die Herzogin wohlweislich. Sie kannte ja ihren Max. Er wäre imstande, ihr den Plan, den sie so fein gesponnen hatte, mit seinen Späßen zu verderben.

Es geschah alles, wie Ludovika es geplant hatte. Als die Herren müde, aber zufrieden mit ihren Jagderfolgen sowie reichlich hungrig und durstig zurückkamen, schmeckte die bayrische Brotzeit, die sie auftischen ließ, mit der Maß kühlen Bieres besonders gut. Außerdem schafften die Witze und Jagdgeschichten, die der Herzog zum besten gab, bald eine fröhliche Stimmung. Herzogin Ludovika sah mit besonderer Freude, daß der Erbprinz Helene mit immer deutlicherem Wohlgefallen betrachtete. Sie war auch wirklich hübsch mit ihrem ebenmäßigen Gesicht, dem dunklen Haar und den seelenvollen Augen. Als Maximilian Anton sich später mit ihr unterhielt, stellte er mit Erstaunen fest, wie wohltuend sie sich von den anderen Mädchen unterschied, denen er bis jetzt begegnet war. Da war nichts von Oberflächlichkeit und leerem gesellschaftlichem Gehabe, Helene war ein Mensch mit Seele und Gemüt, die ihr Leben sinnvoll gestalten wollte. Wie hatte Kaiser Franz Joseph dieses Mädchen nur ablehnen können! Erbprinz Maximilian war beeindruckt. Die Jagd war unwichtig geworden, mochten die Hirsche und Gemsen, die der Herzog ihm versprach, auch wahre Prachtexemplare sein. Allein Helene interessierte ihn. Dieser ging es nicht anders. Erbprinz Maximilian war nicht nur ein gutaussehender, sondern auch ein gebildeter Mann. Sein Vater hatte Wert darauf gelegt, daß er studierte und sich gebührend bildete, um für die Nachfolge bereit zu sein, die er einmal antreten würde. Bald spürten die beiden jungen Menschen, daß sie füreinander bestimmt waren.

Verlobung von Helene Herzogin in Bayern mit dem Erbprinzen von Thurn und Taxis

Als Erbprinz Maximilian von Possenhofen abreiste, nahm er sich fest vor, sofort nach seiner Rückkehr mit seinen Eltern über seine Heiratspläne zu sprechen. Fürst Maximilian Karl und seine Gattin waren einverstanden. Die Aussicht auf den kaiserlichen Schwager, den ihr Sohn bekommen würde, tat ein übriges, denn eine einflußreiche Verwandtschaft konnte nie schaden. Nur zu gut wußte der Fürst von Thurn und Taxis, daß man besonders in Preußen danach strebte, der Vorherrschaft der Taxisschen Post ein Ende zu bereiten. »Daß der Wunsch meines Sohnes mich in jeder Hinsicht nur erfreuen konnte, ist so natürlich, daß ich nicht zu versichern brauche, daß er keine Wahl hätte treffen können, die mir angenehmer gewesen wäre ... Mit Überzeugung darf ich dabei versichern, daß mein Sohn den besten Willen und die beste Absicht hat, I.K.H., die Prinzessin Helene so glücklich zu machen, als er es vermag«[66], schrieb der Fürst von Thurn und Taxis an Herzog Max.

Ganz ohne Schwierigkeiten sollte es aber auch diesmal nicht ablaufen. Die Familie zählte zwar zu den reichsten des Landes, aber sie war nicht souverän, und daher, genau genommen nicht ebenbürtig für eine Angehörige des Hauses Wittelsbach. Deshalb wollte der König von Bayern die Heiratserlaubnis nicht erteilen. »Er habe ›bey der ersten Anschauung Bedenken gefunden‹«[67], hieß es.

Auch über Kaiserin Elisabeth hatten manche besonders adelsstolze Habsburger übrigens die Nase gerümpft. Die Herzöge in Bayern waren zwar Wittelsbacher, gehörten aber nur einer Nebenlinie an. Außerdem war eine Großmutter der künftigen Kaiserin nur eine gebürtige Arenberg, Prinzessin zwar, aber nicht aus einem souveränen Haus. Erzherzogin Sophie, die sonst so stolz auf ihre königliche Herkunft war, hatte das offensichtlich nicht gestört, als sie nach einer Gattin für ihren Sohn Ausschau hielt, und auch für Franz Joseph, den es vor allem betraf, schien es nicht wichtig zu sein.

Ludovika war verzweifelt über die ablehnende Haltung des Königs, um so mehr, als die beiden jungen Leute doch sichtlich Gefallen aneinander fanden. Da konnte nur ein Mensch helfen: ihre Tochter Elisabeth, die Kaiserin von Österreich. Kaiser Franz Joseph würde es ihr bestimmt nicht abschlagen, wenn sie ihn bäte, beim König von Bayern in Helenes Sinn Einfluß zu nehmen. Was Elisabeth natürlich tat. Ein klein wenig mochte sie auch an Ischl denken und an die unliebsame Rolle, die ihre Schwester dort hatte spielen müssen.

Sie liebte Néné. Längst war ihr altes schwesterliches Verhältnis wiederhergestellt. Ob sie einander in Wien trafen oder in Possenhofen, stets hatte sie bei Néné ein offenes Ohr für ihre Klagen gefunden, über die Schwiegermutter, die sie ununterbrochen bevormundete, über Franz Joseph, der ihrer Meinung nach weit mehr zu seiner Mutter hielt als zu ihr, oder über das alte Gemäuer der Hofburg, in dem es am primitivsten Komfort mangelte. Und Néné war auch später immer zur Stelle, wenn Sisi sie brauchte. Sie unterhielten sich meist auf Englisch, denn das verstand sonst niemand, und so sollte es bis zuletzt die Sprache der Schwestern bleiben.

Die Intervention des österreichischen Kaiserpaares war erfolgreich. Der König verlangte nur eine schriftliche Erklärung, »daß der durchlauchtigsten Braut Rang und Rechte einer Prinzeßin(!) und Herzogin in Bayern auch nach ihrer Vermählung vorbehalten bleiben, und dieselbe zwar demgemäß Fürstin von Thurn und Taxis heißen wird, zugleich aber auch den Titel Herzogin in Bayern-Königliche Hoheit zu führen hat«. Der königliche Erlaß trug das Datum vom 2. Mai 1858. Der offiziellen Verlobung stand nichts mehr im Wege.

In Possenhofen begann ein hektisches Treiben. Es wurde geputzt und so manches renoviert, eine Anzahl Gärtner arbeitete im Park, Handwerker installierten Springbrunnen und Beleuchtungen. Die vornehmen Gäste sollten sich nicht zu beklagen haben, auch nicht über die Unterkünfte in den Gasthöfen der Umgebung. Das Urteil einer Hofdame der Kaiserin, in Possenhofen herrsche eine »Bettelwirtschaft«, war noch unangenehm in Erinnerung. Für die Trauung, die am 24. August stattfinden sollte, ließ Herzog Max im Park eine eigene Kapelle bauen, während die Herzogin ein waches Auge auf die Schneiderinnen und Näherinnen hatte, die in aller Eile Helenes Aussteuer fertigstellen mußten. Schon am Vorabend der Hochzeit waren unzählige mit bunten Laternen und Blumen geschmückte Boote über den See gefahren. Am Ufer waren ihre Insassen ausgestiegen und hatten dem Brautpaar ein Ständchen dargeboten. Schon lange vor der Trauung, die um zwei Uhr nachmittags stattfinden sollte, waren trotz des Regens viele Zuschauer aus der Umgebung und aus München gekommen, um der Hochzeit wenigstens von ferne beizuwohnen, aber vor allem, um die Braut und ihre Gäste zu sehen. Auch daran war gedacht. Es gab Würstel und Freibier, um auch die Zaungäste zu bewirten. Die Gästeliste war lang und wies eine Menge berühmter Namen auf. Man bedauerte allgemein, daß Kaiserin Elisabeth nicht anwesend sein würde, die erst einige Tage vorher dem ersehnten Thronfolger das Leben geschenkt hatte. Nach dem Mittag fuhren die offiziellen Gäste vor, doch es dauerte noch eine ganze Weile, bis endlich die Geduld der Wartenden belohnt wurde: Der Hochzeitszug kam in Sicht.

An der Seite ihres Vaters schritt Néné über einen wahren Teppich von Blumenblüten zur Kapelle. Alle waren sich einig, daß sie in ihrem bestickten weißen Kleid und dem langen Schleier eine wunderschöne Braut war. Das Musikkorps des königlichen Infanterie-Leibregiments intonierte einen Fanfarengruß, dann erklang ein eigens für das Brautpaar gedichtetes und komponiertes Hochzeitslied. Vor dem Altar wartete bereits der Abt von Beuerberg, der die Trauung vornahm.

Herzog Max hatte Néné zur Hochzeit Schloß Biederstein geschenkt, der Fürst von Thurn und Taxis ein prachtvolles Brillantkollier. Im Schloß waren inzwischen alle Vorbereitungen für das Festmahl getroffen worden. Die berühmtesten bayrischen Köche hatten das Menü zusammengestellt, welches bayrische und französische Spezialitäten enthielt. Es zog sich bis zum frühen Abend hin, bis es für das Brautpaar Zeit war, den »Tanztee« zu eröffnen. Die Bevölkerung sollte ebenfalls auf bayrische Art mitfeiern. Der Herzog hatte hunderte Fässer Bier bestellt. Dazu gab es ganz wie es sich gehört heißen Leberkäs, Radi und frisch gebackene Brezen. Damit war die Feier keineswegs zu Ende. »Zu dem Festschießen, welches der Erbprinz von Taxis am nächsten Tag gab, hatten sich des unaufhörlichen Regens ungeachtet die geladenen Schützen zahlreich eingefunden und es wurde dabei auch sehr gut geschossen.« In einer nicht verregneten Nacht ließ Brautvater Max ein »Kunstfeuerwerk« abbrennen, »das eben so glänzend als gelungen war«, schrieben die *Münchner Neuesten Nachrichten*.

Am 9. September stand schließlich der Zug bereit. Die Eltern und Geschwister waren mitgekommen, als Néné und ihr Mann den Starnberger See verließen. Der Platz vor dem Bahnhof war voller Menschen. Es hieß, daß 1000 Gulden an die Armen der Umgebung verteilt werden würden. 700 hatte der Herzog gespendet, 300 die Thurn und Taxis. Und Néné hatte endlich die Möglichkeit, eine Anstalt für die weibliche Jugend zu errichten. »Nur ungern sehen die Landsleute die hohe Neuvermählte scheiden. Ihre unermüdliche Wohlthätigkeit und Herzensgüte schuf ihr im

Munde des Volkes den Namen ›Engel von Possenhofen‹ ... kein Kranker entbehrte ihres Trostes und die Zahl der Thränen, die sie im stillen getrocknet, kennt nur Gott allein. So möge sie denn in ihrer neuen Stellung als Gattin auch des Segens des Allmächtigen im reichsten Maße teilhaftig werden und eine lange Reihe von glücklichen Jahren an der Seite ihres hohen Gemahls verleben!« konnte man in der Zeitung lesen.[68]

Das junge Paar genoß seine Flitterwochen auf Schloß Biederstein. Im Oktober verbrachte es einige Tage im Kreise der Familie in Ischl. Während Kaiser Franz Joseph und der Erbprinz mit ihrem Gefolge die Jagdreviere durchstreiften, unternahmen Néné und Sisi weite Spaziergänge.

Einzug in Regensburg

Alle Häuser waren beflaggt, die Fenster mit Reisiggirlanden geschmückt, die Straßen waren trotz der Nässe und Kälte voller Menschen, als die Jungvermählten am 22. Dezember ihren Einzug in Regensburg hielten. Bereits vor den Toren der Stadt wurden sie von einer Bürgerabordnung begrüßt, auf einem für diesen Freudentag über dem Maxtor errichteten Triumphbogen stand: »So viele Herzen drinnen wohnen, so viele Grüße nach Millionen.«[69] Helene spürte beglückt, daß sie hier willkommen war. Bei der Festvorstellung im Theater erhoben sich alle Besucher und stimmten einen dreifachen Hochruf an, der Regisseur hatte für diesen Zweck eigens einen Prolog verfaßt. Nach der Vorstellung bewegte sich ein langer Fackelzug des Gewerbevereins durch die Straßen.

Néné fielen die zahlreichen Festivitäten und Gesellschaften, bei denen sie anwesend sein mußte, nicht immer leicht. Denn sie erwartete bereits ihr erstes Kind. Aber anders als ihre Schwester Elisabeth sah sie ein, daß ihre Stellung es verlangte und sie als künftige Landesmutter ihre Pflichten hatte.

Nach zwei Mädchen ein Sohn – Helene in Korfu

Am 1. Juni 1859 wurde Helenes erstes Kind geboren, eine kleine Enttäuschung, die sich sehr bald in Freude verwandelte. Nicht der erhoffte Erbe erblickte das Licht der Welt, sondern ein Mädchen, dessen Geburt gut verlief; es war wohlgestaltet und gesund, man taufte es auf den Namen Luisa Mathilde. Es war ein Glück, daß Helene von dem vernichtenden Urteil keine Ahnung hatte, das ihre Schwester Elisabeth über das Aussehen ihrer kleinen Tochter gefällt haben muß. In einem Brief, mit dem Kaiser Franz Joseph ein Schreiben seiner Frau beantwortete, steht nämlich der Satz: »Das Kind von der Néné muß grauslich sein.«[70] Am 28. Mai 1860 schenkte Helene einem zweiten Mädchen, Elisabeth Maria, das Leben.

Auf Bitten Kaiser Franz Josephs entschloß Néné sich dennoch, ihre Kinder in der Obhut ihres Gatten und ihrer Mutter zu lassen und Kaiserin Elisabeth auf Korfu zu besuchen. Der Kaiser machte sich große Sorgen um seine Frau, die kaum, daß sie sich in Wien befand, wieder krank wurde, so daß die Ärzte keinen anderen Rat wußten, als einen neuerlichen Aufenthalt im Süden zu empfehlen.

Es schien sich um psychosomatische Leiden zu handeln, denn sie traten nur in Wien auf, in der Hofburg, in der Nähe von Erzherzogin Sophie und an der Seite ihres Mannes. Elisabeth empfand nichts in seinen Armen, die Leidenschaft, die er ihr entgegenbrachte, war ihr lästig und sie fürchtete nichts mehr als wieder schwanger zu werden. Sie wollte schlank sein und bleiben, daher liebte sie ihren Mann am besten aus der Ferne. Ob sie auch dieses Problem mit Néné besprach, ist nicht bekannt. Aber bestimmt redete sie sich so manches von der Seele, was sie bedrückte, wie ihre Schwierigkeiten mit der dauernd nörgelnden Schwiegermutter, die Pflichten der Repräsentation oder die Kälte am Wiener Hof. Néné versuchte, ihr gut zuzureden. Sie legte ein gutes Wort für Tante Sophie ein und empfahl Elisabeth, danach zu trachten, gut mit ihr auszukommen. Doch sie wußte nur zu gut, wie empfindlich und wie nachtragend die Schwester war und wie sehr sie auf ihre Meinung beharrte.

Auch Helene hatte ihre Probleme. Sie war gewiß glücklich mit Maximilian, dennoch schien sie einiges an Leidenschaft in ihrem Eheleben zu vermissen. Im Gegensatz zu Sisi, die sich am liebsten aus der Ferne anbeten ließ und jede körperliche Nähe vermied, hatte Néné eher das heiße Blut ihres Vaters geerbt. Angeblich war sie gerade zu jener Zeit in einen Ulanenoffizier verliebt, was sie in schlimme Gewissensnöte brachte, weil doch in ihren Augen schon sehnsüchtige Gedanken eine schwere Sünde bedeuteten.

Bevor Helene nach Regensburg heimkehrte, wo Maximilian sie schon ungeduldig erwartete, sollte sie noch Kaiser Franz Joseph Bericht erstatten. Sie konnte ihn zwar über Elisabeths Gesundheitszustand beruhigen, mußte ihm aber zugleich gestehen, daß ihre Schwester nicht daran denke, bald nach Wien zurückzureisen. Selbst als Franz Joseph persönlich nach Korfu fuhr, konnte das nichts an ihrem Entschluß ändern. Sisi gestand ihm nur zu, den Winter in Venedig zu verbringen. Es war kein guter Entschluß. Das Wetter war kalt und feucht, die venezianische Gesellschaft ablehnend. Los von Habsburg! Heim nach Italien! lauteten die Parolen, mit denen die Agitatoren, die für ein geeintes Italien kämpften, das Volk aufwiegelten.

Außerdem bemerkte die Kaiserin, daß sie immer dicker wurde, ein wahrer Alptraum für sie. Offensichtlich handelte es sich um Hungerödeme, die sich durch das wiederholte Fasten gebildet hatten. Für Elisabeth hieß das jedoch, noch mehr und noch strenger Diät zu halten! So geriet sie in einen Teufelskreis, dem sie nie mehr entkommen sollte.

Zur Freude der Familie und der ganzen Stadt Regensburg wurde dem Erbprinzenpaar im Juni 1862 endlich ein Stammhalter geboren. Die lange Abwesenheit der Erbprinzessin hatte sowieso schon Anlaß zur Sorge gegeben. Man hatte schon ein Zerwürfnis zwischen den Ehegatten vermutet. Das Baby bekam den Namen Maximilian Maria Lamoral und wurde mit den herzlichsten Glückwünschen für seinen Lebensweg bedacht, die leider nicht in Erfüllung gehen sollten. Der Fürst von Thurn und Taxis zeigte sich dafür erkenntlich und kaufte für Sohn und Schwiegertochter ein repräsentatives Barockgebäude am Oberen Jakobsplatz in Regensburg, das von nun an »Erbprinzenpalais« genannt wurde. Es war mit kostbaren Möbeln und allem Komfort ausgestattet und bot der jungen Familie ein Heim, wie sie es sich schöner nicht denken konnte. Obwohl sich Helene in ihrer neuen Heimat wohlfühlte und so sehr sie dort geschätzt wurde, die Verbindung mit Possi und ihrer Familie riß nie ab. Der September brachte ein Wiedersehen mit Marie und Mathilde sowie der Mutter in Passau, wo Elisabeth sich auf der Durchreise einige Stunden lang aufhielt. Und der Erbprinz war immer ein gerngesehener Jagdgast des Kaisers in Bad Ischl. Die Jagd war Franz Josephs einziges Vergnügen geworden, da das kaiserliche Ehepaar immer häufiger getrennte Wege ging. Und wenn es einmal beisammen war, dann lebten sie mehr nebeneinander als miteinander.

Ein Wermutstropfen fiel allerdings in Helenes Glück: Der Erbprinz erfreute sich keiner stabilen Gesundheit und auch ihr Töchterchen Elisabeth sowie deren kleiner Bruder waren sehr anfällig für Krankheiten.

Im März 1864 starb plötzlich König Maximilian II. in München und machte dem erst achtzehnjährigen Thronfolger Ludwig II. Platz, der allerdings für die Musik Wagners wesentlich mehr Interesse hatte als für die Politik. Das Jahr 1866 brachte die bittere Niederlage Österreichs bei Königgrätz, 1867 den Ausgleich mit Ungarn und die Gründung der Doppelmonarchie. Während also die Ungarn ihren neugekrönten König und die schöne Königin feierten, bahnte sich in Regensburg eine Tragödie an. Erbprinz Maximilian war schwer erkrankt.

Tod des Erbprinzen von Thurn und Taxis

Schon seit einiger Zeit hatte Erbprinz Maximilian Anton gekränkelt, ohne daß die Ärzte die Ursache feststellen konnten. Dazu kam, daß er sich auch äußerlich verändert hatte. Er sah aufgedunsen aus und wirkte weit älter als er tatsächlich war.

Am 8. Mai brachte Helene zur Freude aller Regensburger einen zweiten Jungen zur Welt, der den Namen Albert erhielt. Doch Maximilian fühlte sich immer schlechter. Als Obermedizinalrat von Pfeufer, ein bekannter Spezialist, schließlich ein schweres Nierenleiden feststellte, war es zu spät. Weder eine Kur in Karlsbad noch die besten Ärzte, die nach Regensburg gerufen wurden, konnten ihn retten. Wenige Tage später starb Erbprinz von Thurn und Taxis im Alter von nur sechsunddreißig Jahren.

Néné war wie erstarrt vor Verzweiflung. Mit ihr trauerten Maximilians Eltern und ganz Regensburg um einen Mann, welcher der künftige Fürst von Thurn und Taxis hätte werden sollen und in den alle die größten Hoffnungen gesetzt hatten.

Die einzige glückliche Ehe unter den herzoglich-bayrischen Schwestern war jäh zu Ende gegangen. Zurück blieben tief trauernde Eltern und eine gramgebeugte junge Frau mit vier kleinen Kindern, die die Grausamkeit des

Schicksals nicht fassen konnte. Ganz Regensburg war auf den Beinen, als der Wagen mit dem toten Erbprinzen zur Gruftkapelle der Thurn und Taxis fuhr, wo der Leichnam aufgebahrt wurde. Maximilian Anton war sehr beliebt gewesen. Ohne seine Großzügigkeit hätte Helene so manchen ihrer karitativen Wünsche nicht erfüllen können.

»Ich fühle mit Euren Lieben den tiefen und gerechten Schmerz, welche dieselben und die gesamte Taxische Familie empfindet und ermesse sehr wohl, welch eine Fülle von Hoffnungen mit dem teuren Leben des Dahingeschiedenen erloschen ist«[71], stand in dem persönlichen Beileidsbrief von König Ludwig II., den Oberstallmeister Graf von Holnstein als dessen Vertreter überreichte. Viele Trauergäste, darunter Kaiser Franz Joseph und Kaiserin Elisabeth wohnten der Trauerzeremonie bei, als am nächsten Tag der Sarg in der Fürstengruft beigesetzt wurde.

Staatsbesuch in Salzburg

Elisabeth wäre gerne in Regensburg geblieben, um Helene beizustehen, doch sie und Franz Joseph wurden in Salzburg erwartet, wo Kaiser Napoleon III. und seine Gattin Eugénie zu einem Besuch eintrafen. Business as usual. Es geschah sowieso höchst selten, daß Elisabeth sich einer solchen Repräsentationspflicht unterzog, doch diesmal mußte es sein.

Zwei schöne Frauen, die eine Kaiserin von Frankreich, die andere von Österreich, standen einander gegenüber. Beide galten als die schönsten Frauen ihrer Zeit. Man sagt, daß beide in Salzburg heimlich zusammenkamen, um jeweils den Umfang ihrer Waden zu messen und damit festzustellen, wer die schlankeren Beine hatte ... Die Füße der Kaiserin Eugénie erregten damals Aufsehen, weil sie so kurze Kleider trug, daß man ihre Knöchel sehen konnte, was viele schockierte. Der Wettstreit der Kaiserinnen endete unentschieden. Kaiserin Eugénies Gesichtszüge seien zwar ebenmäßiger, Kaiserin Elisabeth sei aber in ihrer ganzen Erscheinung anmutiger. Prinz Hohenlohe fand noch etwas anderes bemerkenswert, was allerdings zugunsten Eugénies sprach. Es war »der Ausdruck von Geist und Sicherheit, den man bei ihrer stets verlegenen Nachbarin vermißte«. Um den Gegenbesuch in Paris konnte Elisabeth erfolgreich herumkommen. Diesmal hatte sie wirklich eine gute Ausrede, denn sie war schwanger.

Erbprinzessin Helene als Vormund ihrer Kinder

Ob in Possenhofen oder in Regensburg, es dauerte lange, bis Helene sich einigermaßen beruhigt hatte. Jeden Tag wohnte sie einer Messe bei, die am Grabe des Frühverstorbenen gelesen wurde. Das Gebet und ihr fester Glaube an ein Weiterleben nach dem Tode halfen ihr ein wenig über den großen Verlust hinweg. Dennoch lag die Zukunft düster und traurig vor ihr. Wie sollte es bloß weitergehen ohne ihren Mann? Auch die Kinder, die noch zu klein waren, um die wahre Tragweite ihres Verlustes ermessen zu können, vermochten es nicht, sie aufzuheitern, obwohl sie zum einzigen Zweck ihres Daseins geworden waren. Sie war jetzt ihr Vormund. Dafür hatte sich Kaiser Franz Joseph als »Vormund aller Witwen und Waisen« eingesetzt. Ein wenig Abwechslung brachte ihr die karitative Tätigkeit, zu der sie sich nach wie vor verpflichtet fühlte, ganz im Geiste ihres Mannes, der sie immer dabei unterstützt hatte. »Ich führe ein stilles, eintöniges Leben, habe aber so viel zu tun, daß trotz meiner Herzenseinsamkeit und Trübseligkeit die Zeit schnell verfliegt«[71], schrieb sie ein halbes Jahr nach dem Tod ihres Gatten an ihre Kaiserliche Schwester in Wien. Schon zu seinen Lebzeiten hatte sie sich um einen eigenen

Besitz am Starnberger See bemüht. Als jetzt Schloß Tutzing, ein Schlößchen mit einem Seegrundstück zum Verkauf stand, entschloß sie sich schnell. Hier wollte sie mit ihren Kindern die Sommermonate verbringen, in der Nähe der Eltern und Geschwister, die ebenfalls immer wiederkamen, um Heimatluft zu schnuppern.

Doch Helenes eigentliche Aufgabe lag in Regensburg, wo ihr Schwiegervater sie allmählich an die Regierungsgeschäfte heranführte. Er fühlte wohl, daß er nicht mehr lange zu leben hatte. Die Zeiten waren schwierig, schon hatte Bismarck das Thurn und Taxissche Postmonopol in Mitteldeutschland beendet und in die preußische Verwaltung eingegliedert. Da mußte man wachsam sein. Helene tat, was sie konnte und wenn sie eine Aufgabe vor sich sah, setzte sie alle ihre Kräfte ein, sie zu bewältigen. Der Fürst hatte sich entschlossen, Maße und Gewichte auf das einheitliche metrische System umzustellen, was der Bevölkerung nicht leicht fiel und großer Aufklärungsarbeit bedurfte. Sein Tod am 10. November 1871 machte Helene bis zur Volljährigkeit ihres ältesten Sohnes zum Familienoberhaupt. Mit den 3 Millionen Gulden, die Preußen als Ablöse für die letzten Poststationen bezahlt hatte, kaufte sie Batthyanys und Erdödys Ländereien in Kroatien ab. Ihre Absicht war, ihrem Sohn ein wohlbestelltes Haus zu übergeben, wobei sie stets der Armen und Bedürftigen gedachte.

Helenes Töchter heiraten

Es gab auch freudige Ereignisse. Im Jahre 1877 verheiratete sich Helenes Tochter Elisabeth mit dem Prinzen Miguel von Braganza, k. u. k. Oberst im Husarenregiment Wilhelm II., und übersiedelte nach Reichenau an der Rax in Niederösterreich, eine Gegend, in der so manche Herrscher lebten, die ihren Thron verloren hatten. Die pulsierende Großstadt Wien, wo die weite Welt sich traf, mit der Hofburg und den vielen Theatern, war nicht zu weit entfernt und bot Abwechslung vom Landleben.

Ein Jahr später machte Elisabeth sie zum ersten Mal zur Großmutter. Auch diesmal schien es, als verlange das Schicksal wieder eine Kompensation für seine Gaben. Die Gesundheit der jungen Prinzessin von Braganza, die schon in ihrer Jugend nicht besonders gut war, wurde durch die Geburt ihres Kindes schwer erschüttert. Sowohl die besten Ärzte als auch Wunderheiler wurden konsultiert, aber keiner konnte verhindern, daß die junge Frau immer schwächer wurde. Sie starb nach nur vierjähriger Ehe am 7. Februar 1881 mit einundzwanzig Jahren in Ödenburg.

Nach solchen Schicksalsschlägen suchte Helene besonders oft Trost und Hilfe in ihrem Glauben. Sie hatte ihr Schlafzimmer direkt neben der Hauskapelle einrichten lassen und traf sich offensichtlich häufig für das Gespräch mit einem katholischen Geistlichen namens Löffler. Gerüchte kursierten, wonach das Einvernehmen der beiden sich nicht nur auf Religion und Gebet beschränkte. Es fällt allerdings schwer, der frommen Helene eine solche Sünde zuzutrauen. Seltsam ist nur, warum ihr Sohn Albert, als er Fürst von Thurn und Taxis wurde, die gesamte Korrespondenz seiner Mutter mit ihrer Schwester Elisabeth vernichten ließ. Stand doch etwas darin, was niemand wissen sollte?

Nicht nur Sisi, auch Néné reiste zu dieser Zeit viel in Europa umher, nach Rom, nach Paris oder an die Côte d'Azur. Dort traf sie Freunde, oft auch ihre Schwestern, mit denen sie nach wie vor ein herzliches Verhältnis verband. Danach ging es wieder heim nach Regensburg, wo sie so manche Entscheidung treffen mußte.

In den späten siebziger Jahren lebte nur mehr ihre Tochter Luisa zu Hause, die beiden Söhne befanden sich in der

Obhut ihrer Erzieher und beschäftigten sich mit ihren Studien.

Viel zu schnell kam die Zeit heran, wo Néné es für ihre Pflicht hielt, nach einem geeigneten Lebenspartner für Luisa Ausschau zu halten. Ihre Wahl fiel auf den jungen Prinzen Friedrich von Hohenzollern-Sigmaringen, mit dessen Familie schon seit Jahren ein freundschaftliches Verhältnis bestand. Nénés Wunsch ging in Erfüllung. Die beiden jungen Leute verliebten sich. Am 21. Juni 1879 wurde in Regensburg die Hochzeit gefeiert. Sie wurde zu einem rauschenden Fest. Der ganze Schloßpark war erleuchtet, alle Häuser waren beflaggt, auch auf den Straßen und Plätzen der Stadt spielte Musik und wurde getanzt. Es war immer ein Prinzip der Thurn und Taxis gewesen, daß auch die Bevölkerung bei ihren Festen mitfeiern sollte. Im Silbersaal des Schlosses nahmen die Jungvermählten die Glückwünsche entgegen, ehe die Festgäste um fünf Uhr abends zur Tafel schritten. Schon vor Wochen hatte sich Helene persönlich um die Menüfolge gekümmert. Sie ließ alles an Speis und Trank aufbieten, um auch dem verwöhntesten Geschmack zu genügen. Schließlich zog sich das junge Paar zurück, um auf Schloß Haus bei Alteglofheim die Flitterwochen zu verbringen.

Goldene Hochzeit am Tegernsee

Im selben Jahr versammelte sich die ganze Familie am Tegernsee, um die goldene Hochzeit von Herzog Max und Herzogin Ludovika zu feiern. Der früher immer so fröhliche und lebenslustige Herzog war mit den Jahren beinahe menschenscheu geworden. Etwas schien er also doch von seinem Vater Pius geerbt zu haben, der im Alter ein Dasein als Eremit geführt hatte. Aber an diesem Feiertag mußten auch die Schützenvereine anwesend sein, die Böller krachten und Verse waren geschmiedet worden, um das goldene Hochzeitspaar zu feiern.

Mit kritischem Blick betrachtete der Herzog seine Kinder. Vor allem Sisi, die einmal sein Liebling gewesen war. Warum war sie bloß unzufrieden mit ihrem Leben, warum fühlte sie sich dauernd unverstanden? War es denn wirklich so ein schweres Schicksal, Kaiserin von Österreich zu sein, daß sie sich fast nur mehr in Ungarn oder auf Reisen aufhielt? Und der unsinnige Aufwand, den sie trieb! Brauchte man auf Reisen wirklich eine eigene Bäckerei, um frische Wiener Semmeln zu haben? Oder zwei Kühe wegen eines oder zwei Gläsern Milch? Manchmal verstand er seinen Schwiegersohn nicht, der diese Überspanntheiten immer wieder unterstützte und alles bezahlte.

Néné hingegen bewunderte er. Das Schicksal hatte sie wirklich nicht immer mit Samthandschuhen angefaßt, doch sie leitete mit sicherer Hand die umfangreichen Besitzungen des Hauses, um sie ihrem Sohn zu erhalten. Zudem hatte sie immer ein offenes Ohr und eine freigebige Hand für alle, die Hilfe benötigten.

Fürst Maximilian Maria Lamoral

Mit seinem einundzwanzigsten Geburtstag am 24. Juni 1883 wurde Maximilian Maria volljährig und übernahm als siebenter Fürst von Thurn und Taxis die Regierung des fürstlichen Hauses. Helene konnte die Verantwortung endlich in jüngere Hände abgeben. Schon am Vorabend veranstaltete die Stadtgemeinde eine Serenade mit Fackelzug, das Stadttheater eine Festvorstellung sowie die Hauptschützengesellschaft ein zweitägiges Festschießen. Eine Abordnung berittener Bürger geleitete den jungen Fürsten, der sich wegen seines gewinnenden Wesens großer Beliebtheit erfreute, zum Schloß St. Emmeran. Am nächsten Tag gab

Helene für ihren Sohn ein großartiges Diner mit geladenen Ehrengästen. Sämtliche Vereine schickten ihre Abordnungen, Musikkapellen spielten, und abends erstrahlte die ganze Stadt in feenhafter Beleuchtung. Der nunmehr großjährige Fürst machte an dem Tag, »an welchem ich aus der Hand Meiner vielgeliebten Frau Mutter, Ihrer Königlichen Hoheit, der Erbprinzessinwitwe Helene von Thurn und Taxis, Herzogin in Bayern die Regierung Meines Fürstlichen Hauses übernehme«[72], großzügige Stiftungen für die Armen der Stadt und des Umlandes sowie auf den fürstlichen Besitzungen. Zahlreiche Einladungen folgten. In den nächsten Monaten reiste Fürst Maximilian Maria durch ganz Deutschland, um sich an den anderen Fürstenhöfen vorzustellen und dort seine Aufwartung zu machen.

Er hatte eine Menge Pläne. Vor allem das Regensburger Schloß gefiel ihm nicht. Dort sollte wenigstens teilweise etwas Neues entstehen.

»Wir haben beschlossen, den in schlechtem Bauzustand befindlichen südlichen Flügel unseres Schlosses zu St. Emmeran ... dem Abbruch zu unterstellen und an dessen Stelle einen neuen Schloßflügel zu errichten«[73], beschloß er am 21. September 1883. Außerdem ordnete er an, für das abgebrannte Schloß Donaustauf ein Jagdschloß im »Thiergarten« zu errichten.

Für das Stadtschloß wurden die besten Handwerker engagiert, täglich besichtigte Maximilian die Bauarbeiten und sah zu, wie der Neubau allmählich Gestalt annahm. Seine Fertigstellung, die erst 1887 erfolgte, sollte er jedoch nicht mehr erleben. Sein Gesundheitszustand verschlechterte sich von Tag zu Tag. Auch Kaiser Franz Joseph war anläßlich einer Jagd in Ischl, zu der er den Neffen eingeladen hatte, aufgefallen, wie kurzatmig der junge Mann war und wie rasch er ermüdete. Ende Mai 1885 fuhr Maximilian Maria noch zur Auerhahnbalz. Doch das war zu viel für seine schwache Gesundheit. Als er aus Wien zurückkehrte, war er bereits schwer krank. Er fieberte hoch, die Ärzte stellten eine entzündliche Affektion der Lunge fest. Doch er erholte sich wider Erwarten schnell, so daß seine Umgebung, vor allem seine Mutter, neue Hoffnung schöpfte. Diese war trügerisch. Auch Herzog Carl Theodor, den Helene in ihrer Angst um den Sohn verständigt hatte, konnte nicht mehr helfen. Fürst Maximilian Maria hatte in der Nacht zum 1. Juni einen Lungeninfarkt erlitten, wonach keine Rettung möglich war. Er starb am 2. Juni 1885 in den frühen Abendstunden im Alter von 23 Jahren. Die Ursache seiner Krankheit könnte schwerer Scharlach gewesen sein, den er in seiner Kindheit zwar überstanden, der aber einen damals unheilbaren Herzfehler verursacht hatte.

Néné stand fassungslos und verzweifelt an seiner Bahre. Mit ihr trauerten ihre Geschwister und ganz Regensburg. Allein Sisi war zu spät gekommen, um ihren Lieblingsneffen noch lebend anzutreffen. »Um halb neun Uhr abends kam Mama und erzählte viel von der armen Tante, die in ihrer furchtbaren Leidenschaftlichkeit oft wie wahnsinnig sein soll«[74], schrieb Erzherzogin Valerie in ihr Tagebuch.

Dieser erneute schwere Schicksalsschlag nach dem frühen Tod ihres Mannes und ihrer jüngeren Tochter bewirkte, daß Helene sich in den kommenden Jahren immer mehr von der Welt zurückzog und noch weit mehr als früher in der Religion Trost suchte. Die Kapelle, die sie sich in dem neu erbauten Südflügel des Schlosses direkt neben ihren Privatgemächern errichten ließ, gibt davon Zeugnis. Aber vorerst legte ihr die Vormundschaft über Albert, mit der sie Kaiser Franz Joseph betraut hatte, erneut Pflichten auf, die es zu erfüllen galt.

Zwei Jahre später wurde Fürst Albert großjährig und sollte nun die Regierung übernehmen. Er war ein gutaussehender charmanter junger Mann geworden, dem die Herzen so mancher Mädchen zuflogen und der auch bei der Bevölkerung sehr beliebt war. Die Erinnerung an den frühen Tod des Fürsten Maximilian war jedoch noch zu frisch, als daß man den Regierungsantritt des neuen Fürsten durch Tanz und Feuerwerk feiern wollte. Dennoch waren an dem großen Tag alle Häuser beflaggt und mit Blumen geschmückt. Es fehlte nicht an Musikkapellen sowie großen Diners, die Fürst Albert für die Honoratioren von Regensburg veranstaltete.

Ein Jahr später erfüllte er einen langgehegten Wunsch seiner Mutter und erwarb Schloß Garatshausen am Starnberger See, das gerade zum Verkauf stand. Helene ließ es restaurieren und neu einrichten. Nun konnte sie beruhigt in die Zukunft blicken, denn Albert versprach, ein tüchtiger Fürst zu werden.

Ein persönlicher Wunsch lag ihm am Herzen. Er hatte sich in Erzherzogin Margarete, die Tochter des Palatins von Ungarn, Erzherzog Joseph, verliebt und durfte auf Gegenliebe hoffen. An Margaretes neunzehntem Geburtstag sollte auf Schloß Acsut in Ungarn die Verlobung gefeiert werden.

Tod Helenes und Heirat des jungen Fürsten

Ein Jahr später erkrankte Helene. Schon seit längerer Zeit war ihrem Sohn aufgefallen, wie blaß sie geworden war. Sie erklärte allerdings, sich ganz wohl zu fühlen. Dennoch bekam sie plötzlich hohes Fieber, ein stundenlanger Schüttelfrost überfiel sie, und die Ärzte waren sich noch nicht klar über die Ursache. Fürst Albert hatte vorsorglich die Kaiserin verständigt, die sofort nach Regensburg an Helenes Krankenbett reiste. Erzherzogin Valerie notierte über diesen letzten Besuch ihrer Mutter bei ihrer Schwester in ihr Tagebuch: »... Tante Néné, die gar nicht ans Sterben glaubte, freute sich Mama zu sehen und sagte ihr:

›Old Sisi!‹

›We two have had hard puffs in our lives‹, sagte Mama.

›Yes, but we had hearts‹, antwortete Tante Néné.

Als Mama fragte, ob ihr etwas weh tue, antwortete sie: ›No, nothing‹.[75]

Sie delirierte öfter, sprach von ihrem Mann, von ihren verstorbenen Kindern Bubi und Elisabeth, und kam den letzten Nachmittag nicht mehr zu sich ...«

Die Ärzte konnten nichts mehr tun. Helene starb am 16. Mai 1890 um sieben Uhr abends.

Über ihre letzten Stunden schrieb die *Regensburger Morgenpost:* »... An einem anfänglich nicht bösartig sich zeigenden Unterleibsleiden, zu dem sich alsdann ausgehend von einer Ohrspeicheldrüse ein Halsleiden gesellte, erkrankt, nahm, nachdem die Herztätigkeit in Mitleidenschaft gezogen ward, der Krankheitszustand verhältnismäßig rasch einen schlimmen Verlauf, so daß vorgestern und gestern bereits mehrere Verwandte ... I. M. die Kaiserin von Österreich, dann S. K. Hoheit Herzog Don Miguel von Braganza, der Gemahl der verstorbenen Prinzessin Elisabeth von Thurn und Taxis, sowie S. K. Hoheit Herzog Max Emanuel eintrafen ... Durch die heftige Halsgeschwulst seit einiger Zeit fast ganz außerstande, Nahrung zu sich zu nehmen, wechselte bei verminderter Herztätigkeit, Schwäche, gesteigerter Temperatur, irregulärem kleinen Puls, der Verfall der Kräfte mit anscheinend momentaner Erholung, bis endlich die Natur einen Widerstand gegen das nahende Ende nicht mehr zu leisten vermochte und Erbfürstin Helene ... ohne besonderen Todeskampf fromm und gottergeben, wie sie als getreue Tochter der katholischen Kirche gelebt, verschied.«

Kaiserin Elisabeth war am Sterbebett geblieben und reiste nach Helenes Tod ab, fuhr jedoch zu den Begräbnisfeierlichkeiten erneut nach Regensburg. Stundenlang zogen die Regensburger an Helenes Bahre vorbei, um von ihrer Wohltäterin Abschied zu nehmen, die in einem schwarzen Samtkleid, ein goldenes Kreuz auf der Brust, auf einem roten Seidenkissen ruhte. Der Bischof von Regensburg las die Totenmesse, ehe Helene in der Familiengruft der Thurn und Taxis beigesetzt wurde. Fürst Albert ließ die Hauskapelle seiner Mutter um ihr Sterbezimmer vergrößern und den Raum zu einer Gedächtnisstätte gestalten.

Doch das Leben ging weiter. Trotz des erst zwei Monate zurückliegenden Todes der Erbprinzessin Helene wurde am 15. Juli 1890 wie vorgesehen in Budapest Hochzeit gefeiert.

Dazu schrieb der *Pester Lloyd:* »Seit den glorreichen Tagen Mathias Corvinus', der im Jahre 1476 seine Vermählung mit der italienischen Prinzessin Beatrix unter Entfaltung eines den farbenprächtigen Zeiten der Renaissance entsprechenden Pompes gefeiert hatte, war das Ofner Königsschloß nicht mehr der Schauplatz eines Festes wie das heutige, da Erzherzogin Margarete Klementine, die Tochter des Erzherzogs Joseph, dem Mann ihrer Wahl, dem Fürsten von Thurn und Taxis zum Traualtar folgte ...« Die Trauungszeremonie nahm in der Siegmundkapelle der Ofener Hofburg der Primas von Ungarn in ungarischer Sprache vor. Alle Mitglieder des Hauses Habsburg sowie zahlreiche Angehörige der österreichischen, ungarischen und bayrischen Aristokratie waren geladen. Noch am gleichen Tag reiste das Paar nach Regensburg ab, wo am 16. Juli der feierliche Einzug erfolgte. Die Fahrt des sechsspännigen Galawagens führte durch eine wappengeschmückte Ehrenpforte zum Schloß, wo um 18 Uhr ein Galadiner stattfand. Mit Rücksicht auf die erst kürzlich verstorbene Erbprinzessin Helene beendete ein Fackelzug der Regensburger Vereine vorzeitig die Feierlichkeiten.

Der Ehe des Fürstenpaares, die sich als sehr harmonisch gestaltete, entsprossen acht Kinder. Fürst Albert starb im Alter von 85 Jahren am 22. Januar 1952, seine Gattin folgte ihm drei Jahre später.

Der nächste Fürst von Thurn und Taxis wurde der zu diesem Zeitpunkt schon fast 60jährige Erbprinz Franz Joseph. Da dessen einziger Sohn aber im Zweiten Weltkrieg vor Stalingrad gefallen war, folgte ihm im Jahre 1971 der Bruder des Fürsten Franz Joseph, Karl August.

Dessen Nachfolger war im Jahre 1982 der uns bereits aus zahlreichen Presseberichten bekannte Fürst Johannes, verheiratet mit Mariae Gloria Gräfin von Schönburg-Glauchau. Bis zur Volljährigkeit des 1983 geborenen Fürsten Albert II., 12. Fürst von Thurn und Taxis, war dessen Mutter, Fürstin Mariae Gloria, dessen gesetzlicher Vormund.

Hurra, ein Prinz!

Kronprinz Rudolfs Jugend

Es begann alles so hoffnungsvoll, damals, als 101 Kanonenschüsse den Bewohnern verkündeten, daß dem Kaiserpaar ein Sohn geboren worden war.

Ein Thronfolger. Endlich ein Erbe für die Habsburgermonarchie. Man hatte lange darauf warten müssen. Die beiden ersten Kinder waren Mädchen gewesen, die in Fürstenhäusern nur wenig bedeuteten. Obwohl die Pragmatische Sanktion, die Kaiser Karl VI. im Jahre 1713 erließ, die Erbfolge nach dem Erstgeburtsrecht auch im weiblichen Stamm erlaubt hätte. Karl VI. wollte seiner Tochter Maria Theresia dadurch die Nachfolge sichern. In der Folgezeit mußten alle weiblichen Angehörigen des Kaiserhauses, selbst wenn sie nur Nebenlinien entstammten, bei ihrer Heirat in einem feierlichen Renunziationsakt auf eine meist sowieso nur theoretisch vorhandene Erbfolge verzichten. In der Praxis wurde jedoch immer an einem männlichen Thronerben festgehalten. Eine Frau auf dem Kaiserthron! Diese Vorstellung allein schien schon absurd.

Aber nun gab es ja einen Erben: Rudolf, benannt nach dem ersten deutschen Kaiser aus dem Hause Habsburg, wurde am 21. August 1858 in Laxenburg bei Wien geboren. »Rudolf Franz Carl Joseph, des Kaisertums Österreich Kronprinz und Thronfolger, königlicher Prinz von Ungarn und Böhmen, der Lombardei und Venedig und wie die sonstigen Titel alle lauten, Ritter des Goldenen Vlieses und Inhaber des Infanterie-Regimentes Nr. 19.«[76] So hieß es bei der feierlichen Taufe in Schloß Laxenburg. Zugleich erließ der Kaiser einen Armeebefehl: »Ich will, daß der durch Gnade mir geschenkte Sohn von seinem Eintritt in diese Welt Meiner braven Armee angehöre, und ernenne ihn hiernach zum Oberst-Inhaber Meines 19ten Infanterie-Regimentes, welches von nun an den Namen ›Kronprinz‹ zu führen hat. Laxenburg, am 22. August 1858.«[77] Das zeigt, was der Kaiser vor allem von seinem Sohn erwartete, obwohl dieser erst als winziges Baby in seiner mit Spitzen übersäten Wiege lag: Er sollte ein tüchtiger Soldat werden. Denn noch nie war es vorgekommen, daß ein Neugeborenes bereits zum Offizier befördert und Inhaber eines Regimentes wurde. Der Armeebefehl war aber auch eine Hommage an »Seine brave Armee«, die er als Stütze seines Thrones betrachtete. »In deinem Lager ist Österreich« hatte Grillparzer als enthusiastische Huldigung an den Feldmarschall Radetzky und dessen Armee nach dem Sieg 1849 über die piemontesischen Truppen gedichtet. Das Heer war auch die Klammer, die die Nationen zusammenhielt. Als der Erste Weltkrieg im Herbst 1918 seinem Ende entgegenging und die Streitmacht zusammenbrach, bedeutete das zugleich das Ende der jahrhundertealten Habsburger Monarchie, die sich in Nationalstaaten auflöste.

Vielleicht hatte jener Wunsch des Kaisers, sein Sohn möge vor allem ein guter Soldat werden, bereits damals den Keim zu der späteren Tragödie des Kronprinzen gelegt. Wie schon die ersten beiden Kinder wurde auch Rudolf vor allem der Obhut der Großmutter überlassen. Elisabeth hatte es aufgegeben, um ihre Kinder zu kämpfen. Kaum war Rudolf dem Babyalter entwachsen, bekam er schon seine erste Uniform, die eines Obersten natürlich. Wie der *Pester Lloyd* berichtete, empfing der Kronprinz im Alter von gut zwei Jahren zwei Offiziere und einige Soldaten »seines« Regiments, die er auf einem hölzernen Spielzeugpferdchen sitzend nach Anordnung des Hauptmanns kommandierte. Es soll ihm großen Spaß gemacht haben. »Spaß« wird es ihm später nicht machen.

Der kleine Rudolf war kein robustes Kind, im Gegenteil, er war eher ein ängstliches und weinerliches, oft auch kränkliches Kind, das schon früh eine große Wißbegierde zeigte. Schon mit drei Jahren begann der Unterricht in Religion, den wichtigsten Sprachen der Monarchie, Tschechisch und Ungarisch sowie im Lesen und Schreiben. Dazu kamen tägliche Schieß- und Exerzierübungen und das Abnehmen von Paraden neben seinem Vater.

Mit sechs Jahren erhielt er einen eigenen Hofstaat und wurde dadurch von seiner Schwester Gisela getrennt. Das bedeutete einen großen Einschnitt in sein Gefühlsleben, denn die Geschwister hingen sehr aneinander. Ihre Mutter war überhaupt nur mehr selten anwesend. Damit war Rudolf freilich kein Einzelfall. Auch in Adelskreisen, sogar im Besitzbürgertum, war es üblich, die Kinder hauptsächlich Erziehern und Gouvernanten zu überlassen. Die Eltern sahen sie oft nur für kurze Zeit. Viele Kinder nahmen dadurch keinen Schaden, für den sensiblen kleinen Erzherzog aber bedeutete die Wahl seines Erziehers die Katastrophe schlechthin.

Sie fiel auf Generalmajor Graf Gondrecourt, der nach Ansicht des Kaisers bestens geeignet war, das Kind auf seinen künftigen Beruf vorzubereiten. Auch die Großmutter, Erzherzogin Sophie, die bis jetzt den Enkelkindern ein liebevolles Familienleben geboten hatte, fand nichts dagegen einzuwenden. Der Graf, ein alter Junggeselle, erfüllte seine Aufgabe mit Hingabe: Er ließ Rudolf exerzieren bis zur Erschöpfung, überschüttete ihn mit kaltem Wasser, schreckte den Schlafenden mit Pistolenschüssen auf oder machte ihm im Lainzer Tiergarten weis, daß ein Wildschwein hinter ihm her wäre. Härte war die Devise, sie war nach Meinung des Grafen der beste Weg, um aus dem Kronprinzen den schneidigen Soldaten zu machen, den sich der Kaiser wünschte. Der Kleine wurde immer nervöser und ängstlicher, ohne daß der Vater oder die Großmutter Notiz davon nahmen. Er hätte es nie gewagt, sich zu beklagen. Erst ein Jahr später, als Elisabeth wieder im Land war, schritt sie ein. Energisch und mit Erfolg verlangte sie die alleinige Vollmacht über die Erziehung der Kinder. »Ich wünsche, daß mir vorbehalten bleibt unumschränkte Vollmacht in allem, was die Kinder betrifft, die Wahl ihrer Umgebung, den Ort ihres Aufenthaltes, die komplette Leitung ihrer Erziehung, mit einem Wort, alles bleibt mir ganz allein zu bestimmen bis zum Moment der Volljährigkeit.«

Die Kaiserin nahm die Gelegenheit wahr, auch persönliche Forderungen zu stellen: »Ferner wünsche ich, daß was immer meine persönlichen Angelegenheiten betrifft, wie unter anderem die Wahl meiner Umgebung, den Ort meines Aufenthaltes, alle Anordnungen im Haus p.p. mir allein zu bestimmen vorbehalten bleibt«,[78] schrieb sie am 27. August 1865 in Ischl. Sisi war resolut geworden. Sie war sich der Wirkung bewußt, die sie auf ihren Mann hatte. Daraufhin resignierte Erzherzogin Sophie, denn ein gutes Einvernehmen zwischen den Ehegatten lag durchaus in ihrem Interesse. Der Erfolg dieses Briefes war, daß Graf Gondrecourt durch Oberst Graf Latour von Thurmburg ersetzt wurde, eine glückliche Fügung für den Kronprinzen, der seinem neuen Erzieher sehr zugetan war. Um Gondrecourt seine »Ablösung« nicht allzusehr spüren zu lassen, wurde Latour erst fünf Jahre später auch offiziell zum Erzieher ernannt. Latour stand in dem Ruf, »liberal« zu sein und war deshalb in manchen Hofkreisen nicht gerade beliebt. Liberal waren auch die Lehrer, vielfach berühmte Fachleute, die gemeinsam mit der Kaiserin nun für Rudolf ausgewählt wurden. Denn das Lernpensum war inzwischen noch größer geworden. Es soll an die 50 Wochenstunden betragen haben. Die Lehrer waren Bürgerliche, an Volksschulen und Gymnasien unterrichtende, später dann Hochschulprofessoren. Die religiöse Erziehung, auf die Erzherzogin Sophie so großen Wert legte, wurde vernachlässigt.

Eine Fülle von Wissen wurde an den Jungen herangetragen, die menschliche Bindung blieb dabei auf der Strecke. Die Mutter beschränkte ihre Aufmerksamkeit gegenüber ihrem Sohn hauptsächlich auf Briefe, denn sie befand sich weit öfter auf Reisen als zu Hause in der Hofburg. Der Vater, der von früh bis spät über seinen Akten »regierte«, kümmerte sich ebenfalls sehr wenig um den Sohn. Er trat höchstens als oberster Richter in Aktion. Einer der wenigen Berührungspunkte zwischen dem Kaiser und dem Kronprinzen war die Jagd. Schon im Alter von neun Jahren erlegte Rudolf in Ischl seinen ersten Hirsch, Anlaß für ein freudiges väterliches Glückwunschtelegramm. Die Jagd blieb auch später Hauptgesprächsthema. Denn auch Rudolf durfte seinen Vater nie ansprechen, sondern mußte warten, bis dieser das Wort an ihn richtete. Daher war es dem jungen Mann von Jugend an versagt, Themen anzuschneiden, die ihm am Herzen lagen.

Kaiser Franz Joseph und Anna Nahowski

Rudolf war noch ein Junge, als Kaiser Franz Joseph die Konsequenzen aus seinem Eheleben zog, das eigentlich keines war. Er war zwar seiner Frau in einer fast unterwürfig zu nennenden Liebe ergeben, litt aber dennoch sehr unter seinem einsamen Leben. »Wenn Du glaubst, daß es für Deine Gesundheit notwendig ist, will ich schweigen, obwohl wir heute seit Frühjahr nie länger als einige Tage beisammen waren«, schrieb er ihr einmal. Liebe und Liebe sind aber zweierlei. Bei einem Morgenspaziergang im Schönbrunner Schloßpark war ihm 1875 eine junge Frau über den Weg gelaufen. Sie hieß Anna, war erst sechzehn und seit kurzem verheiratet. Von da an trafen Anna und der Kaiser einander öfter und kamen sich schließlich im abgesperrten Teil des Parks näher. Als Anna drei Jahre später ein Sommerhaus in der heutigen Schönbrunner Allee mietete, durfte sie der regelmäßigen Besuche des Kaisers gewiß sein, meist zwischen vier und fünf Uhr morgens. Sie wurde seine Geliebte, eine darüber hinausgehende menschliche Bindung entstand nicht. Es war reine Prostitution. Annas zweiter Mann, Franz Nahowski, ein Angestellter der Südbahn-Gesellschaft, muß von der Beziehung gewußt haben, denn er profitierte recht gut von dem Geld, das der Kaiser seiner Frau schenkte, und das nicht zu knapp. Auch die Villa in der Maxingstraße gegenüber vom Schönbrunner Schloßpark, die das Ehepaar 1884 für 15000 Gulden erwarb und um die gleiche Summe fürstlich ausstatten ließ, stammte mit Sicherheit nicht aus Franz Nahowskis Bemühungen für die Südbahn-Gesellschaft. Anna erhielt außerdem Geld für ihre drei Kinder, obwohl es nicht sicher war, daß sie alle Franz Joseph zum Vater haben. Als dieser Katharina Schratt kennenlernte, begannen seine morgendlichen Besuche bei Anna seltener zu werden. 1889 wurde die Beziehung, die immerhin vierzehn Jahre überdauerte, schriftlich mit einer Abfindung von 200000 Gulden beendet.

Es ist mit Sicherheit anzunehmen, daß die Kaiserin keine Ahnung von Anna Nahowski hatte. Sie hielt ihren Mann für absolut treu. Dennoch regte sich allmählich ihr Gewissen. Nicht, daß sie daran dachte, nun öfter zu Hause zu sein, aber sie suchte ihm eine Gefährtin.

Der Kaiser und die »Freundin«

Katharina Schratt war damals 33 Jahre alt, der Kaiser 56. Sie war mit dem ungarischen Landedelmann Nikolaus Kiss von Ittebe verheiratet und hatte einen Sohn, lebte aber seit langem von ihrem Mann getrennt. Der Kaiser mußte einige Mühe aufwenden, um Kiss mit diplomatischen Posten möglichst weit entfernt ins Ausland zu versetzen. Er wendete hohe Summen auf, um immer wieder dessen hohe Schulden zu begleichen und der »Freundin« auf diese Weise Sorgen abzunehmen.

Als die Kaiserin bemerkte, daß Franz Joseph die Burgschauspielerin Katharina Schratt sehr gerne sah, veranlaßte sie Frau von Ferenczy, mit dem damals sehr bekannten Maler Angeli Verbindung aufzunehmen. Die Künstlerin sollte ihm Portrait sitzen, denn das Bild war als Geschenk für den Kaiser gedacht. Am 21. Mai 1886 traf Kaiser Franz Joseph Frau Schratt im Atelier von Angeli und honorierte ihre Sitzungen mit einem Brief an »Meine gnädige Frau« und einem wertvollen Smaragdring, unterzeichnet: »Ihr ergebener Bewunderer.« Diesem ersten Brief werden unzählige weitere folgen, aus allen Orten, an denen sich der Kaiser befand. Immer wieder wird er Katharina in rührenden Worten überschwenglich für die Nachrichten danken, die sie ihm sandte. Sehr oft waren stattliche Geldgeschenke beigelegt. Im Lauf der Jahre wird die Schratt, die schönen Schmuck sehr schätzte, eine der wertvollsten Juwelensammlungen der Monarchie besitzen.

Franz Josephs Morgenbesuche fanden nun zwar nicht mehr um vier Uhr früh statt und wenn man den offiziellen Lesarten traut, auch nicht zu eindeutigen Zwecken. Immerhin aber mußte Frau Katharina Schratt schon um sieben Uhr früh bereit sein, den Kaiser zum Frühstück zu empfangen. Für den notorischen Frühaufsteher eine ganz normale Zeit, für die Schauspielerin, die nach der Vorstellung sehr spät nach Hause kam, eine nahezu unmögliche Stunde, vor allem, wenn man bedenkt, daß sie ihn perfekt angezogen und frisiert zu empfangen hatte.

Damit der Kaiser bei seinen morgendlichen Besuchen neben einem guten Kaffee auch einen tadellos geratenen

Kuchen, einen »Gugelhupf«, erhielt, hatte die Köchin den Auftrag, jeweils gleich zwei zu backen. Man wollte vorbeugen, falls einer davon mißriet.

Katharina Schratt war eine humorvolle Frau, die ihm das gab, was er eigentlich kaum je gehabt hatte: Wärme und Geborgenheit in einer gemütlichen Umgebung, eine familiäre Atmosphäre und eine ungezwungene Unterhaltung, bei der Klatsch und Tratsch nicht fehlten. Sie brachte ihn durch amüsante Geschichten zum Lachen – kurz, das Heim der Schratt, ob in Wien oder Ischl, war der Ort, an dem der Kaiser sich wohl fühlte. Die Schauspielerin gab ihm in vieler Hinsicht, was ihm seine Frau hätte geben sollen. Politischen Einfluß hatte sie keinen, obwohl der Kaiser manchen Ärger bei ihr loswurde, den etwa die Ungarn oder das leidige Parlament ihm bereiteten. Im Alter beklagte er sich auch gelegentlich über diverse Wehwehchen, die ihn beeinträchtigten. »Meine liebe Freundin«, hieß es bald in Franz Josephs Briefen, der nicht nur einmal betonte, daß er »Sie halt gar so lieb habe«, und endet mit »Ihr Sie innig liebender F.J«.[79] Öfter standen am Schluß auch neben den ergebensten Grüßen einige vielsagende Strichlein. Man geht wohl nicht fehl in der Annahme, daß damit Küsse gemeint sind. Zu Weihnachten heißt es einmal: »... Erlauben Sie, daß ich Ihnen meine bescheidene Gabe zum ›Christkindl‹ mit der Bitte zu Füßen lege, daß Sie dieselbe mit gewohnter Güte und Nachsicht entgegennehmen wollen ...«[80] Es handelte sich um Brillanten. Man sagt dem Kaiser nach, daß er vom Wert des Geldes keine Ahnung hatte und auch nicht wußte, welche Kostbarkeiten er bei solchen Gelegenheiten verschenkte.

1889 kaufte Katharina eine Villa ebenfalls mit einem großen Park in der Maxingstraße unweit von der Anna Nahowskis und erleichterte so die morgendlichen Besuche des Kaisers. Ein verstecktes Türchen, welches schon für die seinerzeitigen Besuche bei Anna in die Schloßmauer von Schönbrunn eingelassen wurde, erwies sich auch jetzt als praktisch. Katharina Schratt kaufte außerdem auf Kosten des Kaisers die »Villa Felicitas« in Ischl und später sogar ein Palais am Kärntnerring. Franz Joseph kam auch für die nicht geringen Spielschulden Katharinas auf, denn die Schratt war eine begeisterte Besucherin des Casinos von Monte Carlo. Sie erhielt regelmäßig eine Jahresapanage von 30000 Gulden, die aber laufend erhöht wurde. Ihre Abfindung von 1911 betrug 2,5 Millionen Kronen aus dem Privat- und Familienfond. Damit wollte der Kaiser, der damals schon 81 Jahre alt war, ihr Alter sichern. Nach seinem Tod war Katharina Schratt eine sehr vermögende Frau.

Kaiserin Elisabeth bemühte sich zeit ihres Lebens, die Beziehung zu sanktionieren, die Schratt gelegentlich einzuladen, so daß man mit Recht behaupten konnte, sie sei auch eine Freundin der Kaiserin. Die Schauspielerin befleißigte sich in ihren Briefen an Franz Joseph wiederum Ihrer Majestät in aller Ergebenheit Handküsse übermitteln zu lassen. Insgeheim machte sich die Kaiserin allerdings lustig über die »arme dicke Schratt«, die dauernd mit ihrem Gewicht kämpfte und zum Schrecken Franz Josephs immer wieder neue Abmagerungsrezepte probierte.

Es gab auch Krisen in der Beziehung, etwa, als der Kaiser den Direktor des Burgtheaters, mit dem sie nicht gut auskam, nicht entlassen wollte. Obwohl das Theater vom Kaiser privat erhalten wurde, scheute er sich, die Schratt so offen zu protegieren. Das nahm sie ihm übel. Wie die Kaiserin reiste sie dann aus Wien ab und strafte ihn durch Abwesenheit.

Es ist viel geredet worden über den Kaiser und seine »liebe Freundin«. Haben sie nun? Oder haben sie doch nicht? Brigitte Hamann, die unter anderem auch die Briefe Franz Josephs an Katharina Schratt herausgegeben hat und als ausgezeichnete Kennerin der Materie gilt, ist davon überzeugt, daß das Verhältnis zwischen den beiden nur platonischer Natur war, eine »hohe Minne« gewissermaßen im Unterschied zu der »niederen«, die ihn mit Anna Nahowski verbunden hatte. Manche Briefstellen lassen ein wenig daran zweifeln. Der Historiker Professor Wandruszka ist wiederum der Meinung, daß eine intime Beziehung sehr wohl bestand. Sehr oft geht der Kaiser auf die »stille Woche« der Schratt ein, wie er die monatliche Periode diskret umschreibt. Das spricht eigentlich dafür, daß in ihrer Freundschaft eine gewisse Intimität herrschte, obwohl die »Freundin« den Kaiser immer mit »Majestät« angesprochen haben soll. Aber in welcher Sprachmelodie? Katharina Schratt war immerhin Schauspielerin.

Die Beziehung des Kaisers zu Katharina Schratt wurde nicht von allen gutgeheißen. Vor allem Erzherzogin Valerie äußerte sich oft unwillig darüber: »Frau Schratt dinierte mit uns (zu viert), machte mit uns einen Spaziergang und blieb bis Abend. Ich kann nicht sagen, wie peinlich mir solche Nachmittage sind, wie unbegreiflich, daß Mama dieselben eher gemütlich findet«[81], schrieb sie einmal.

Als Nikolaus Kiss im Jahre 1909 starb, tauchten Gerüchte auf, der Kaiser habe Katharina in einer heimlich geschlossenen Ehe geheiratet. Georg Markus bezieht sich in seinem Buch über Katharina Schratt auf jene »Gewissensehe«, die angeblich nach dem Tod von Kiss in der Andreaskapelle des Erzbischöflichen Palais in Wien geschlossen wurde. Als Zeugen wird ein Paar genannt, das am 30. Juni 1934 ebenfalls eine Gewissensehe eingegangen war und welches zufällig die entsprechende Eintragung in dem dafür bestimmten Buch las, das im Geheimarchiv der bischöflichen Kurie verwahrt wurde. Wie so vieles andere ist aber dieses Buch verschwunden, die Zeugen selbst sind bereits gestorben, haben aber angeblich zu Lebzeiten einigen Personen von ihrer Beobachtung berichtet. Ob diese »Gewissensehe« tatsächlich existierte, wird man nie mehr ergründen können. Es wäre aber durchaus möglich, daß das belastende Dokument vernichtet wurde, sei es auch nur, um jemandem gefällig zu sein.

Eine Gattin für Rudolf

Mit 19 Jahren endete Rudolfs Studienzeit. Es galt von Latour Abschied zu nehmen. Graf Charles Bombelles, ein Lebemann, wurde sein Obersthofmeister, der ihn statt zu Studium und Büchern zum Reiten, Jagen und Umgang mit dem schönen Geschlecht animierte. Rudolf hätte am liebsten ein naturwissenschaftliches Universitätsstudium begonnen, er wäre auch bestimmt sehr dazu geeignet gewesen, aber das kam für den Kronprinzen des Hauses Habsburg natürlich nicht in Frage. Für ihn gab es nur eines: eine militärische Karriere. So bestimmten es der Kaiser und dessen Onkel, der streng konservative Erzherzog Albrecht.

Die erste Auslandsreise erfolgte mit Carl Menger, Rudolfs Lehrer für Nationalökonomie, in die Schweiz und nach England, wo Kaiserin Elisabeth sich gerade zu Reitjagden aufhielt. Wie schon an anderer Stelle erwähnt, wurde Rudolf damals mit einem Gerücht konfrontiert, das sich um seine Mutter und Bay Middleton rankte. Rudolfs Tante, Ex-Königin Marie, hatte ihm von intimen Beziehungen zwischen den beiden berichtet. Gräfin Larisch, die ebenfalls anwesend war, tat noch das Ihre dazu. Rudolf glaubte also genügend Gründe zu haben, den Klatsch zu glauben und stellte den Schotten zur Rede. Elisabeths anschließender Zorn betraf vor allem ihre Schwester, aber die Begebenheit trug auch nicht zu einem guten Einvernehmen zwischen Mutter und Sohn bei.

Der Kronprinz hatte sich zu einem ansehnlichen jungen Mann mit starker persönlicher Ausstrahlung entwickelt. Die Frauen jedenfalls machten es ihm leicht. Rudolf machte eifrig davon Gebrauch. »Er war mehr als schön, er war verführerisch ... Man dachte bei ihm unwillkürlich an ein Vollblutpferd«[82], urteilte Louise von Coburg. Rudolfs alter Lehrer Walterskirchen sah sich veranlaßt, den ehemaligen Schüler zu mahnen: »Sie haben nicht Not, den Becher des Daseins mit Hast hinunterzustürzen ... Genießen Sie die Freude des Daseins mit Maß.«[83]

Und Gräfin Festetics urteilte über ihn: »Er ist zu nett, kennt aber kein Maß, andererseits ist es gut, wenn er unschuldige und normale Unterhaltung genießt, denn sonst hat er so viele Abenteuer, daß einem bange wird.«[84] Damals kursierte bei Hof ein Gerücht, das dem Kronprinzen eine Affäre mit Helene Vetsera, der Mutter der damals noch kleinen Mary, nachsagte. Den Ausspruch »Es hat noch keine Frau gegeben, die mir widerstanden hätte«[85], will Prinzessin Louise von Coburg von ihm gehört haben.

Doch ganz gab Rudolf seine wissenschaftlichen Ambitionen nicht auf, vor allem befaßte er sich ernsthaft mit Studien in Ornithologie, die sich in etlichen Schriften widerspiegeln und verfaßte Beiträge für das von ihm herausgegebene Sammelwerk *Die österreich-ungarische Monarchie in Wort und Bild* sowie ebenfalls über Vögel für *Brehms Tierleben.* Zahllos sind die politischen Artikel, die anonym unter Mitwirkung von Rudolfs Freund Moritz Szeps, Chefredakteur des liberalen *Wiener Tagblatts,* erschienen sind. Sein Kampf für Fortschritt, gegen Klerikalismus und aristokratische Bevorzugung, seine Kritik am Elend der Arbeiterschaft und anderen Verkrustungen der Monarchie hätten zu so manchen Zukunftshoffnungen Anlaß gegeben.

Während Rudolfs Dienstzeit in Prag beim 36. Infanterie-Regiment begann, war man im Jahre 1879 in Wien schon eifrig dabei, eine geeignete Frau für ihn zu finden. Da die Prinzessinnen in Madrid, Lissabon und Dresden nicht seine Zustimmung fanden, verfiel man auf das ebenfalls katholische belgische Königshaus. Der Plan traf dort auf lebhafte Zustimmung, denn König Leopold II. hatte eine beinahe heiratsfähige Tochter, die fünfzehnjährige Prinzessin Stephanie. Alles war genau vorherbestimmt. Am dritten Tag seines Aufenthaltes sollte Rudolf seine Absicht erklären. Dazu ließ man die beiden jungen Leute wie zufällig allein. Lassen wir Stephanie an dieser Stelle zu Wort kommen: »Er küßte mir die Hand, sprach mich deutsch an und erzählte mir von meiner Schwester Louise, die er verehre. Dann sagte er mir einige schmeichelhafte, aber sehr förmliche Worte, und schon nach einigen Minuten stellte er mir die große Frage, die über unsere Zukunft entscheiden sollte. Hierauf reichte er mir den Arm, und so näherten wir uns meinen Eltern und baten sie, unsere Verlobung zu segnen. Hierauf küßten sie ihren zukünftigen Schwiegersohn und erlaubten uns, fortan Du zu sagen.«[86]

»Es war ein still erhebender, weihevoller Augenblick, die höchsten Herrschaften vermochten kaum zu sprechen«, berichtete Graf Chotek, der österreichisch-ungarische Gesandte in Brüssel, der die künftige Verbindung vorbereitet hatte. Brigitte Hamann berichtet weiter: »Um über die verlegene Stimmung hinwegzuhelfen und die Atmosphäre aufzulockern, war ein Taschenspieler engagiert worden, der Brautpaar, Brauteltern und Gefolge mit seinen Kunststücken unterhielt.«[87]

»Ich schwelge in Glück und Freude. Was ich gesucht, habe ich gefunden, einen treuen guten Engel«[88], schrieb Rudolf begeistert an seinen Freund Graf Wilczek. Dazu paßt eigentlich nicht, daß sich in seinem Gefolge auch seine Geliebte, »eine junge hübsche Jüdin«, eine Schauspielerin des Badener Theaters, befand.

Kaiser Franz Joseph war nicht sehr begeistert von der zukünftigen Schwiegertochter. Er mochte König Leopold nicht. Auch die Kaiserin, die auf der Rückreise aus England in Brüssel Station machte, war skeptisch. Als das Telegramm von der Verlobung ankam und sich ihre Umgebung froh darüber zeigte, daß es keine Unglücksbotschaft enthielt, soll sie geantwortet haben: »Wolle Gott, daß es kein Unglück wird.« [89] Eine prophetische Äußerung. Warum Rudolfs Eltern unter diesen Umständen mit der künftigen Heirat einverstanden waren, bleibt ihr Geheimnis. Eine Erklärung bietet möglicherweise die Annahme, daß die Auswahl an heiratsfähigen Prinzessinnen, die ja katholisch sein und aus einem souveränen Haus stammen mußten, sehr beschränkt war.

Die Hofdame der Kaiserin, Gräfin Festetics, bemerkte zur Verlobung: »Der Kronprinz sah nicht sehr glücklich aus, und seine Braut machte einen ungünstigen Eindruck. Sie war bekanntlich noch sehr jung, sehr lang, mit großen Gliedern. Ihre gelben Haare fingen erst am Mittelkopf an... Sie sah aus wie ein Albino, hatte kleine schlaue Augen, die rot umrändert waren, angenehm war nur ihr schöner, weißer Teint...«[90] »In dem eckigen, schüchternen Kinde mit den mageren, roten Ärmchen lag nichts, was zu der Erwartung berechtigt hätte, daß es sich einst zu einer hervorragend anmutigen und hoheitsvollen Frauengestalt herausbilden würde«[91], urteilte Graf Lützow anläßlich der Hochzeit. Und Fürst Khevenhüller: »An der Kronprinzessin ist nicht viel, fadblond, wenig Haare, Gesicht ohne Ausdruck, Nase lang.«[92] Vernichtend war auch das Urteil von Gräfin Larisch: »Die belgische Prinzessin sah in ihrem Brautkleid so unvorteilhaft wie möglich aus; ihre Arme waren rot, ihr stumpfes, gelbes Haar sehr unkleidsam frisiert. Sie war sehr groß und ihre Figur in jenen Tagen geradezu kläglich... Sie hatte weder Augenbrauen noch Wimpern. Das einzig Schöne an ihr war ihr makelloser Teint.«[93] Es ist kaum zu glauben, daß sich dieses noch unentwickelte und offensichtlich wenig hübsche Kind in späteren Jahren zu einer hoheitsvollen Persönlichkeit und einer der elegantesten Frauen der damaligen Welt entwickeln wird. Auch später erfreute sich Stephanie keiner besonderen Beliebtheit in der Familie. Kaiserin Elisabeth nannte sie nur das »häßliche Trampeltier« oder »die flämische Bäuerin«, Erzherzogin Valerie einmal »ein Turm, groß, dick, gelb und blond«.[94]

Die Hochzeit fand im Mai 1880 statt. Schon zur Feier der Ankunft Stephanies gab es ein Volksfest im Prater mit Feuerwerk, ein Konzert mit 1300 Sängern, außerdem eine große Lotterie. »Von allen Seiten regnete es Blüten und wir fuhren auf Rosenblättern«[95], schrieb Stephanie. Beim Galadiner im Redoutensaal der Hofburg am Vorabend der Trauung fanden 100 Gedecke in Gold und 64 in Silber Verwendung. Johann Strauß hatte den »Myrthenblütenwalzer«, Eduard Strauß den Walzer »Schleier und Krone« zu dem festlichen Anlaß komponiert. Kardinal Fürst Schwarzenberg nahm die Trauung vor. »Sein Ja klang ernst und traurig, sie schrie es beinahe«[96], schrieb Gräfin Festetics über das Brautpaar. Danach fuhren die Neuvermählten nach Laxenburg. »Es war neblig und trüb. Fröstelnd und völlig erschöpft lehnte ich in den Kissen des Wagens. Allein mit einem Mann, den ich kaum kannte, überkam mich ... ein Gefühl furchtbarer Bangigkeit ... Wir wußten uns nichts zu sagen, wir waren uns völlig fremd. Vergeblich wartete ich auf ein zärtliches oder liebevolles Wort, das mich aus meiner Stimmung erlöst hätte. Meine Ermüdung, vermischt mit den verworrenen Empfindungen von Furcht und Einsamkeit, steigerte sich zu einer schweren, hoffnungslosen Verzweiflung«, schilderte Stephanie die Eindrücke dieses Abends. »Unsere Räume ... lagen im Blauen Hof, gegenüber der Schloßkirche. Ich erwartete schöne, freundliche Appartements. In allen Zeitungen war zu lesen gewesen, es seien vierzehn Gemächer, welche man seit Wochen renoviert und neu möbliert hatte. Als wir in die für uns vorbereiteten Gemächer traten, schlug uns modrige, atembeklemmende, eisige Kellerluft entgegen. Nicht eine blühende Pflanze, keine Blume, um meine Ankunft zu feiern ... Nirgends lagen weiche, schmeichelnde Teppiche, kein Toilettentisch, kein Badezimmer, nur ein Lavoir auf einem dreibeinigen Schemel ... als habe niemand daran gedacht, der jungen Frau ein Heim zu bereiten, das der künftigen Kaiserin von Österreich würdig war.«[97]

Es ist kaum zu verstehen, daß Kaiserin Elisabeth, die sich selbst seinerzeit so sehr über die bedrückende Atmosphäre von Laxenburg beklagt hatte, hier anscheinend nichts hatte ändern lassen, um der Schwiegertochter den Anfang zu erleichtern.

Über die katastrophale Hochzeitsnacht wurde bereits berichtet. Der junge Mann, der bisher von erfahrenen Frauen verwöhnt worden war, sah sich plötzlich mit einem jungen Mädchen konfrontiert, das das Ereignis dieser Nacht nur als Schrecken und Abscheu empfand. Auch hier mag bereits ein Keim der künftigen Tragödie zu finden sein. Stephanie wird auch später einiges auszusetzen haben. Die Räume in der Hofburg gefielen ihr nicht, der Komfort war mangelhaft, was er ja tatsächlich war, die Petroleumlampen stanken und rußten, das Essen war ihr zu »derb«. Die Folge davon war, daß der Hof sie selbst ziemlich kühl empfing. Man fand sie nicht nur unansehnlich und schlecht gekleidet, man hielt sie für überheblich und arrogant.

Nach einer Woche reiste das junge Paar nach Prag, wo Rudolf weiterhin Dienst bei seinem Regiment machte. Dort scheinen sich die beiden aber trotz allem nähergekommen zu sein. »Ich war nie so glücklich wie heuer im Sommer, wo ich, umgeben von einer beseeligenden Häuslichkeit ruhig meine Vorstudien zur ›Orientreise‹ machen konnte ...« Stephanie »ist gescheit, sehr aufmerksam und feinfühlend ... Ich bin sehr in sie verliebt, und sie ist die einzige, die mich zu vielem verleiten könnte«[98], schrieb er ein halbes Jahr später an Latour.

Das eheliche Glück steigerte sich noch, als Stephanie schwanger wurde. Um so stärker werden später die Gegensätze zwischen den beiden ungleichen Partnern hervortreten. Rudolf rechnete mit einem Sohn, den er liebevoll Waclaw nannte, die tschechische Form von Wenzel.

Weniger zufrieden als zunächst mit seiner Ehe war Rudolf mit der Entwicklung der österreichischen Politik. Dort stand er in starkem Gegensatz zu Ministerpräsident Graf Taaffe und dem besonders klerikal gesinnten Erzherzog Albrecht. Die Ansichten des Kronprinzen findet man in den Artikeln von Moritz Szeps im *Wiener Tagblatt,* allerdings so, daß die wahre Urheberschaft im dunkeln blieb. Rudolf wagte nicht, derart offenkundig zu sagen, was ihm am System des Vaters mißfiel, wie etwa die Rolle des Adels, dem er kein gutes Zeugnis ausstellte, der große Einfluß der Kirche und der Zustand des Militärs. Franz Joseph liebte seine Armee: die Paraden, bei denen jeder Uniformknopf glänzte, die Manöver, bei denen alles klappte. Das änderte aber nichts daran, daß die Ausgaben für dringend nötige Neuanschaffungen immer wieder gekürzt wurden. Da der Kaiser mit seinem Sohn nie über Politik sprach, waren die anonymen Artikel die einzige Möglichkeit, gegen das konservative System zu opponieren.

Rudolf wurde zeit seines Lebens von der Geheimpolizei beschattet. Die sogenannten »Konfidentenberichte« hielten genau fest, wohin er ging und mit wem er verkehrte. Daher ist es gut möglich, daß Kaiser Franz Joseph über die politischen Aktivitäten seines Sohnes Bescheid wußte und sie einfach ignorierte.

Am 2. September 1883 brachte Kronprinzessin Stephanie in Laxenburg ein Kind zur Welt. Gespannt zählten die Leute die Kanonenschüsse, die die glückliche Geburt verkündeten. Es waren nur 21, was bedeutete, daß kein Prinz, sondern nur eine Prinzessin geboren worden war. Doch alle trösteten sich mit dem Gedanken, daß die Eltern ja noch jung genug wären und sich schon noch ein weiterer Kindersegen einstellen würde. Das Mädchen erhielt den Namen Elisabeth und wurde nach der ungarischen Form Ercsi genannt. Es wird später auf ganz ungewöhnliche Weise auf sich aufmerksam machen und nach dem Ersten Weltkrieg als die »rote Erzherzogin« Geschichte werden.

Ein Jagdschloß im Wienerwald

Der Ehehimmel verdüstert sich

IM SELBEN JAHR erfüllte der Kaiser endlich den Wunsch des Kronprinzen, ein Kommando in Wien zu bekommen. Rudolf war inzwischen Feldmarschalleutnant, hatte also eine Blitzkarriere gemacht, wie es bei den Angehörigen des Kaiserhauses üblich war. Dies führte allerdings sehr bald zu Konfrontationen mit Erzherzog Albrecht, der beim Kaiser großen Einfluß hatte und ebenso wie sein Neffe Franz Joseph von den längst fälligen Reformen nichts wissen wollte. Rudolf war jung, die vielen Neuerungen, die es auf technischem Gebiet gab, egal, ob militärischer oder ziviler Natur, faszinierten ihn. Eine bessere Ausrüstung hätte die Schlagkraft der Armee um einiges erhöht, denn eines Tages würde sie es dringend brauchen. Als aber der Kronprinz merkte, daß er nichts von dem erreichte, was ihm im Interesse der Monarchie am Herzen lag, wurde ihm der militärische Dienst immer mehr zuwider.

Sein Eheleben schlitterte indessen in eine Krise. Die höfischen Veranstaltungen, bei denen der hohe Adel sich unterhielt, hatten ihm nie besonders zugesagt. Der Jahresablauf der Aristokratie, zu der sich etwa 200 Familien zählten, war immer der gleiche. Bald nach Neujahr begann die Ballsaison mit Soireen, Wohltätigkeitsveranstaltungen, Bällen, Schlittschuhlaufen und Schlittenfahrten, dann fuhr man an die Riviera, nach Biarritz oder Paris, im Mai kehrte man nach Wien zurück, um Korso und Derby zu besuchen und dabei die neuesten Toiletten auszuführen. Ein Aufenthalt auf den Gütern mit Reiten und Besuchen folgte. »In der

Schweiz, in Kurorten und Seebädern oder dem österreichischen Hochland warten sie unter größter Langeweile das Ende des Sommers ab«, schrieb Kronprinz Rudolf in seiner Schrift über den österreichischen Adel, dessen Lebensführung er zutiefst verurteilte, sehr im Gegensatz zu seiner Frau. Im Oktober war es schließlich Zeit, den Landschlössern wieder einen Besuch abzustatten, denn für die Herren war die Zeit der Jagden und der großen Rennen in Pardubitz gekommen. Die Damen veranstalteten Einladungen oder machten selbst Besuche bei Verwandten und Freunden, wobei nicht selten Pläne für die künftigen Ehen der Kinder geschmiedet wurden.

Rudolf hatte für diese Art Leben nichts übrig. Da ging er lieber in ein Heurigenlokal, wo er ungezwungen mitten unter dem Volk sitzen konnte. Stephanie, die er einmal mitnahm, war schockiert. Lokale dieser Art waren ihr viel zu vulgär. Die Gegensätze der beiden Charaktere, anfangs mühsam überbrückt, wurden immer deutlicher. Bald nahm Rudolf sein altes Junggesellenleben wieder auf. An gefälligen Frauen, die ihn auf seine Heurigentouren begleiteten, mangelte es nicht. Eifersuchtsszenen Stephanies waren die Folge, die ihm den Aufenthalt zu Hause noch mehr verleideten. Außerdem stellte sie ihn in aller Öffentlichkeit bloß. »In der Folge kam es vor, daß der Kronprinz erst frühmorgens in einer unerfreulichen Verfassung nach Hause kam. Unter solchen Umständen war ein wirkliches Zusammenleben nicht mehr möglich. Mein ganzes Wesen empörte sich dagegen«[99], sagte Stephanie viel später, als sie längst Fürstin Lonyay war, zu Juliane von Stockhausen, die die Memoiren der ehemaligen Kronprinzessin herausbrachte.

Im Reigen der Gefährtinnen, die ihn die bedrückende häusliche Atmosphäre ein wenig vergessen ließen, taucht in Rudolfs letzten Lebensjahren eine Konstante auf, zu der er regelmäßig Kontakt hatte: Mizzi Caspar. Wir würden sie heute eine Edelprostituierte nennen. Sie war eine hübsche junge Frau, grazil und dunkelhaarig, die er durch die Kupplerin Wolf kennengelernt hat. Es war in Wien bekannt, daß Frau Wolf nicht nur hübsche, sondern auch sprachenkundige Mädchen mit gutem Benehmen an Herren aus höheren und höchsten Kreisen vermittelte, die sich mit ihrer Begleitung nicht blamieren wollten. Das hatte natürlich seinen Preis. Nebenbei erfuhr sie von den Mädchen so manches Wissenswerte, das sie an interessierte Stellen weitergab, auch das hatte wohl seinen Preis. Einmal hatte Frau Wolf sogar den späteren Kaiser Wilhelm II. mit einer Begleiterin versorgt, der sich dafür von Rudolf 3000 Gulden lieh. Wilhelm spielte zwar zu Hause den untadeligen Ehemann, hielt sich dafür aber auf Auslandsreisen schadlos. Der Kaiser soll sich über die Begebenheit sehr amüsiert haben.

Seit 1886 wurde Mizzi Caspar oft in Begleitung des Kronprinzen gesehen. Er nahm sie gelegentlich sogar auf Dienstreisen in Garnisonsorte mit, oft jedoch in diverse Heurigenlokale zu Wein und Schrammelmusik, wo Leibkutscher Bratfisch sie hinkutschierte. Im selben Jahr kaufte Mizzi Caspar ein Haus für etwa 60000 Gulden im renommierten vierten Wiener Gemeindebezirk und nannte sich nun »Hauseigentümerin«. Man kann mit Recht sagen, daß Mizzi Caspar für Rudolf mehr bedeutete als eine bloße Prostituierte.

Dieses Leben mit vielfach wechselnden Frauenbekanntschaften forderte von Rudolf einen hohen Preis. Er holte sich, angeblich bei einer rassigen Zigeunerin, eine Gonorrhöe, die damals in einer so schweren Form so gut wie unheilbar war. Die wirkliche Krankheit wurde allerdings vertuscht, offiziell war von Rheuma, Bronchitis und einem Blasenleiden die Rede. Die Ärzte, die Rudolf behandelten, schickten ihn zur Erholung auf die Insel Lacroma (heute Locrum) bei Ragusa (heute Dubrovnik). Stephanie begleitete ihn und steckte sich prompt an. Sie schrieb später: »Ich selbst ahnte den Grund meines Leidens nicht. Auf hohen Befehl wurde alles vertuscht... Erst später entdeckte ich, daß der Kronprinz an meinem Leiden schuld war.«[100] Die Krankheit hatte schwerwiegende Folgen: Stephanie konnte keine Kinder mehr bekommen.

Rudolf muß gewußt haben, daß er unheilbar krank war. Seine Gier nach Leben und Erleben, das Dasein noch auszukosten und alles mitzunehmen, was es bot, hat da seine Ursache. Er bekämpfte die Schmerzen und seine Bronchitis mit Morphium und Kokain, trank ein Gemisch von kaltem Champagner vermischt mit Kognak, um sich aufzuputschen und seine Impotenz zu überwinden. Immer wieder wurde er von Angstzuständen und Depressionen heimgesucht, bedingt durch die Hoffnungslosigkeit der Krankheit, möglicherweise aber auch verstärkt durch sein Familienerbe. Rudolf war nur zu einem Viertel Habsburger, durch seine Mutter und seine Großmutter Sophie aber zu drei Vierteln Wittelsbacher.

Um seine schlechte körperliche Verfassung vor seinem Vater zu verbergen, leistete er nach wie vor seinen militärischen Dienst als Generalinspekteur des Heeres und arbeitete oft bis in die tiefe Nacht an seinen politischen Plänen. Alkohol, Drogen und Sex ergaben eine Mischung, die ihn nur noch ärger zugrunde richtete. Hans Bankl schrieb in seinem Buch über die kranken Habsburger zum Fall Rudolf: »Solche Stimmungsschwankungen zwischen hemmungsloser Lebensgier und Genußsucht einerseits und tiefster pessimistischer Betrübtheit andererseits sind medizinisch charakteristisch... Als Fluchthilfe aus ihren Depressionen benützen solche Menschen häufig Drogen bzw. Alkohol.«

Der Kronprinz führte längere Zeit eine Art Doppelleben: einerseits war er der ehrgeizige Kaisersohn und Thronanwärter, andererseits der radikale Journalist und Freidenker, aber auch Zechgenosse in Vorstadtlokalen und Freund leichter Mädchen. Für den 30jährigen körperlich und psychisch Kranken gab es jedoch niemanden, der diese auf eine Katastrophe hinsteuernde Entwicklung sah, geschweige denn, sie zu stoppen versuchte. Rudolf war – aus heutiger Sicht – ein Fall für den Leib- und Seelenarzt. Dazu kam, daß er die politische Lage, in der sich Österreich befand, äußerst pessimistisch beurteilte. Die enge Bindung an Deutschland und die Vereinbarung mit Italien im Dreibund sowie das Engagement auf dem Balkan schien ihm gefährlich. Kaiser Wilhelm II., der nach dem frühen Tod seines Vaters die Regierung angetreten hatte, war ihm mit seiner Großmannssucht überhaupt suspekt. Rudolf hätte ein Bündnis mit Rußland und Frankreich vorgezogen.

Bezeichnend ist eine politische Denkschrift mit dem Titel *Österreich-Ungarn und seine Alliancen, Offener Brief an S. M. Kaiser Franz Joseph I.* von Julius Felix, Paris 1888. Obwohl es nicht ganz sicher ist, ob dieser Artikel tatsächlich vom Kronprinzen stammt, entspricht er doch ganz seinen Ansichten: strikte Ablehnung des Bündnisses mit Deutschland zugunsten einer Allianz mit Rußland und Frankreich. »Sagen Sie sich doch los, Majestät, solange es noch Zeit ist. Verständigen Sie sich direkt mit Rußland... Lassen Sie den

Balkan, so lange es noch Zeit ist! Lassen Sie Bulgarien, den Coburg, seine Mutter, seine Minister, die Türkei und das ganze Gesindel im Balkan, und werfen Sie denselben womöglich noch Ihr Bosnien und die Herzegowina an den Kopf!« Ob dieser Brief zur Kenntnis des Kaisers gelangte? Und wenn er ihn las, wußte er, wer sich hinter dem Pseudonym verbarg? Im nachhinein betrachtet, wäre es gut gewesen, wenn man bisweilen auf Rudolf gehört hätte. Doch es blieb alles beim alten. Rudolf erkannte immer deutlicher, daß er auf allen Gebieten gescheitert war. Beruflich, weil er zwar einen hohen Posten bekleidete, aber keinerlei Einfluß hatte, und politisch, da seine liberalen Ansichten diametral zu denen seines Vaters standen. Und es bestand keine Aussicht, ihm in absehbarer Zeit auf den Thron zu folgen. Tatsächlich wäre Rudolf beim Tode seines Vaters schon 58 Jahre alt gewesen! Und nicht zuletzt war er auch privat gescheitert. Er war schwerkrank, und seine Ehe war am Ende, auch wenn in der Öffentlichkeit die Fiktion eines harmonischen Zusammenlebens aufrechterhalten wurde. Der Weg, den er später beschreiten wird, war vorgezeichnet.

Gräfin Larisch und Mary Vetsera

In dieser letzten Phase von Rudolfs Dasein trat Mary Vetsera in sein Leben. Wie Brigitte Sokop in ihrem Buch über Gräfin Larisch schreibt, traf sich in der Saison 1886 der halbe Gotha im Hause Vetsera. Man achtete die Familie Vetsera zwar nicht besonders und ging beileibe nicht so weit, sie einer Freundschaft zu würdigen, dennoch ging »man« hin.

Marie Louise selbst besuchte die Gesellschaften der Baronin Vetsera zwar kaum, fühlte sich dennoch persönlich zu ihr hingezogen. Sie war bei den Angehörigen der Hocharistokratie nicht besonders angesehen, trotz ihres hochgeborenen Vaters blieb sie immer die »Tochter der Schauspielerin«. Auch in finanzieller Hinsicht konnte sie mit ihnen nie Schritt halten, da sie selbst nicht über Geld verfügte und ihr Gatte sie ziemlich knapp hielt. Daran änderte auch ihre Beziehung zu Kaiserin Elisabeth nichts. »Der Schotter reicht nicht«[101], wird sie wohl nicht nur einmal gesagt haben. Ende der achtziger Jahre nach ihrem viel beredeten Verhältnis mit Heinrich Baltazzi hatte sie überhaupt nur mehr wenig Lust, der Wiener Gesellschaft unter die Augen zu treten. Hinzu kam, daß ihr Gatte immer mißtrauischer wurde, weiter in jedem Mann einen neuen Liebhaber sah und unliebsame Szenen sich häuften. Der Besuch des Hofballes 1888, »bezaubernd schön in weißer Toilette mit Pelzbesatz, im Haar Aigrettes aus kostbaren Steinen und Federn«[102], war eine Ausnahme. Schließlich wollte man die Fiktion einer normalen Ehe bestehen lassen.

Nach einem mehrmonatigen Aufenthalt im Süden traf Marie Louise bei einem Besuch im Palais Vetsera die jüngste Tochter Baronin Helenes, Mary, wieder. »Zu den entouriertesten und mit Recht vielbewundertsten jugendlichen Schönheiten gehörte in der verflossenen Saison unstreitig Mary Vetsera, deren Liebreiz ... überall wo die wundervollen Mädchenaugen der Baronesse entzückt in die Welt hineinblickten, zur bestrickendsten Geltung kam. Aus dem reizenden Kind ist eine reizende Dame geworden ...«, stand im *Salonblatt.* Auf diese Weise avancierte Mary allmählich zum Mittelpunkt so mancher Gesellschaft, umschwärmt von Kavalieren und verfolgt von den mißgünstigen Blicken der weniger beachteten Rivalinnen.

Seit Mary im Frühjahr 1888 Kronprinz Rudolf im Prater und beim Pferderennen in der Freudenau gesehen hat, versuchte sie seine Aufmerksamkeit zu erregen und empfand es als Glück, wenn er sie grüßte. Eine Backfischschwärmerei, meinte man wohl damals in Marys Familie. War doch Kronprinz Rudolf der Schwarm vieler Mädchen und sogar etlicher reifer Frauen. »Seine Photographie trugen wir wie einen Schatz im Schulranzen herum«[103], gestand die inzwischen hochbetagte Burgschauspielerin Rosa Albach-Retty über die Schwärmerei für den Kronprinzen in ihrer Schulzeit. Marie Louise, die nach Marys Ansicht ihrem Cousin Rudolf ähnlich sah, machte sich möglicherweise sogar ein wenig wichtig mit der Verwandtschaft. Denn in Wirklichkeit war das Verhältnis zwischen Cousin und Cousine gar nicht so eng. Ob Marie Louise Rudolf gegenüber überhaupt Marys Schwärmerei erwähnte, ist nicht erwiesen.

Ende Juni reiste Baronin Vetsera mit ihren Töchtern nach London, Marie Louise verbrachte den Sommer in ihrer »Villa Valerie« in Rottach, wo sie eine Bernhardinerzucht betrieb. Kaiserin Elisabeth und ihre Tochter, die anläßlich des 80. Geburtstages von Herzogin Ludovika nach Bayern kamen, besuchten sie dort. Am 9. September meldet das *Salonblatt,* daß die Vetseras wieder in Wien eingetroffen seien. Die Tragödie des Kronprinzen, bei der Mary eine Hauptrolle spielen wird, bahnte sich an.

Rudolf war damals ein zutiefst unglücklicher Mensch. Während in Deutschland der etwa gleichaltrige Wilhelm nach dem frühen Tod seines Vaters am 16. Juni 1888 den deutschen Kaiserthron besteigen konnte, bestand für Rudolf dazu nicht die geringste Aussicht. Er konnte demnach nicht darauf hoffen, die seiner Ansicht nach verhängnisvolle Politik seines Vaters zu ändern. Seine politischen Träume blieben unerfüllt, seine Ehe war ein Fiasco. Was blieb, war Lebensüberdruß, die Flucht in den Genuß, in Alkohol und Drogen, in seichte Abenteuer mit willigen Frauen. Es schien, als wolle er noch auskosten, was das Leben zu bieten hatte, bevor es zu Ende ging.

Schon im Sommer 1888 hatte Rudolf seiner Freundin Mizzi Caspar den Vorschlag gemacht, mit ihm gemeinsam im Husarentempel bei Mödling, einem auf einer Wienerwaldhöhe gelegenen klassizistischen Tempel, Selbstmord zu begehen.

Mizzi hatte ihn ausgelacht, aber die Angelegenheit schien ihr doch zu ernst, um sie einfach beiseite zu schieben. Sie ging zum Wiener Polizeipräsidenten Baron Krauß und gab das Gespräch zu Protokoll. Doch Krauß, dem die makabre Idee des Kronprinzen ebenfalls nur lächerlich vorkam, gab die Meldung nicht weiter. Kaiser Franz Joseph erfuhr also nichts. Abgesehen davon erscheint es seltsam, daß weder dem Kaiser noch der Kaiserin die schlechte Verfassung ihres Sohnes aufgefallen ist. Nur Kronprinzessin Stephanie machte einen Versuch, einzugreifen. »Ich fand den Kronprinzen erschreckend gealtert, seine Haut war fahl und schlaff, sein Blick flackernd, seine Gesichtszüge völlig verändert... In meiner Herzensangst entschloß ich mich zum Kaiser zu gehen und ihm über alles rückhaltlos und rücksichtslos die Augen zu öffnen... Ich bat ihn inständig, er möge seinen Sohn doch bald durch eine längere Weltreise seinem aufreibenden jetzigen Leben entziehen. Da fiel mir der Kaiser ins Wort: ›Das ist eine Einbildung von dir. Rudolf fehlt nichts. Er sieht nur blaß aus, ist zu viel unterwegs, mutet sich zu viel zu. Er soll mehr bei dir bleiben. Sei nicht ängstlich!‹«[104] berichtet sie über die Reaktion ihres Schwiegervaters.

Daß Rudolf sich dem Tod nahe sah, beweist ein Gespräch mit Gräfin Festetics: »Man legte auch seinen Äußerungen, daß es mit ihm zu Ende gehe, nicht die Bedeutung bei, die ihnen zukam«[105], erinnerte sie sich später. Der Kaiserin gegenüber habe sie geschwiegen, weil sie sie nicht beunruhigen wollte.

Der fern von Wien verbrachte Sommer hat Marys Schwärmerei für den Kronprinzen keinen Abbruch getan, im

Gegenteil, sie wurde immer mehr zu einem wahren Kult. Mitte Oktober erfuhr Marie Louise, daß Mary dem Verehrten sogar einen Brief geschrieben hat, zwar angeblich nur anonym, trotzdem habe sie sie dafür ausgeschimpft. Danach sei sie zurück nach Böhmen zu den Rennen gereist. Bei der Eröffnung des Burgtheaters und einem Rennen in der Freudenau, das Rudolf mit dem Prinzen of Wales besuchte, sah Mary ihn wieder, wenn auch nur von ferne. Ihre Zofe Agnes Jahoda wird später allerdings von einem Brief Rudolfs berichten, »daß auch er das lebhafte Verlangen in sich trage, mit ihr zu sprechen und deshalb um ein Rendezvous im Prater bitte«. Man kann sich vorstellen, welcher Art Marys Brief war. Und ganz sicher schrieb sie ihm nicht anonym. Da es aber unmöglich war, daß ein junges Mädchen allein zu einem Stelldichein mit einem Mann ging, schrieb Mary dringend an Gräfin Larisch und flehte sie an, nach Wien zu kommen. Auch Rudolf telegraphierte seiner Cousine in diesem Sinn. »Ich kann nicht leben ohne ihn gesehen und gesprochen zu haben«, schrieb Mary ihrer ehemaligen Klavierlehrerin und Vertrauten Hermine Tobis in Frankfurt. »Geben Sie sich, liebe Hermine, keine Mühe mit mir, ich weiß, daß alles, was Sie sagen, recht ist, allein ich kann nicht anders. Ich habe zwei Freundinnen, Sie und Marie Larisch. Sie arbeiten für mein seelisches Glück und Marie für mein moralisches Unglück.«[106]

Ganz wohl mag es Marie Louise bei diesem doppelseitigen Ansinnen wahrscheinlich nicht gewesen sein. Aber zumindest dem Kronprinzen fühlte sie sich verpflichtet. Nicht umsonst hatte er ihr schon öfter mit Geldbeträgen aus der Patsche geholfen. Es wäre ihr unbillig erschienen, seinen Wunsch nicht zu erfüllen. Vielleicht war sie auch ein wenig stolz darüber, daß Mary sie als mütterliche Freundin betrachtete. Trotzdem hätte sie besser daran getan, dem Mädchen allen Ernstes den Kopf zurechtzusetzen. Unter dem Vorwand, zum Zahnarzt zu müssen, reiste Gräfin Larisch nach Wien. Am 28. Oktober besuchte sie das letzte Rennen in der Freudenau und bat bei Helene Vetsera um Marys Begleitung. Die Ausfahrt diente als Ausrede für das Treffen des Mädchens mit Rudolf.

Wann die heimlichen Treffen Marys mit Rudolf wirklich begannen, ist unklar. Aufschluß darüber geben nur die Rechtfertigungsschriften von Helene Vetsera und Marie Louise Gräfin Larisch, die beide mit einiger Vorsicht zu betrachten sind. Wie das Mädchen ihrer Vertrauten, Gräfin Larisch, erzählt haben soll, habe jede Nacht um zwölf Uhr ein Fiaker eine Stunde lang vor ihrem Haus auf sie gewartet. Mary scheint also jede Gelegenheit wahrgenommen zu haben, um sich heimlich aus dem Haus zu schleichen. Das konnte vor allem dann geschehen, wenn ihre Mutter und die ältere Schwester ausgegangen waren und erst spät zurückerwartet wurden. Die langen Opernabende von Richard Wagners »Ring des Nibelungen«, zu denen sie nicht mitging, waren daher für Mary höchst willkommen. Sie bediente sich dazu der Hilfe ihrer Zofe Agnes, die als Tochter des Hausmeisters leicht an den Haustorschlüssel herankam. »Ich wurde fast ohnmächtig vor Freude, als ich ihn an meiner Seite wußte. Ich fühlte mich wie im Himmel... Er war gerade so anbetungswürdig, wie ich ihn mir vorgestellt habe«[107], berichtet Marie Louise über ein Gespräch mit Mary.

Wie Brigitte Hamann in ihrer Rudolf-Biographie erklärt, ist es relativ gut bezeugt, daß Mary Ende Januar 1889 im vierten bis fünften Monat schwanger war. Demnach müssen sie und Rudolf schon bald nach Marys Rückkehr aus den Ferien intim geworden sein. Vielfach wurde nämlich angenommen, daß der erste intime Verkehr erst am 13. Januar 1889 stattgefunden habe. Wie die Denkschrift der Baronin Vetsera berichtet, habe Mary an diesem Tag nach einem erneuten heimlichen Besuch beim Kronprinzen zu ihrer Zofe gesagt, »sie müssen jetzt alles tun, was er von ihr verlange, denn jetzt gehöre sie nicht mehr sich selbst, sondern ihm ganz allein an«.[108] An Hermine schrieb sie: »Ich muß Ihnen ein Geständnis machen, über das Sie sehr böse sein werden. Ich war gestern von 7 bis 8 Uhr bei ihm. Wir haben beide den Kopf verloren. Jetzt gehören wir uns mit Leib und Seele an ...«[109]

Zwei Tage später kaufte sie bei Rodeck am Kohlmarkt um 480 Gulden eine goldene Zigarettentabatiere und ließ darin die Worte gravieren: »13. Januar – Dank dem Schicksal.« Es dürfte also an diesem Tag eine andere schwerwiegende Entscheidung gefallen sein, möglicherweise handelt es sich um den Entschluß, gemeinsam in den Tod zu gehen. Dazu paßt auch Rudolfs Geschenk an Mary, ein eiserner Ehering, in dem die Buchstaben I.T.V.B.I.D.T.« eingraviert waren. Sie bedeuteten im vollen Wortlaut: »In Treue vereint bis in den Tod.«

Im November 1888 muß es zu einem Auftritt zwischen Mary und ihrer Mutter gekommen sein. Offensichtlich fand Baronin Vetsera Beweise über die heimlichen Rendezvous ihrer Tochter und untersagte die Beziehung. Nun benötigte man erst recht die Hilfe der Gräfin Larisch, die als gute Bekannte des Hauses Mary zu Ausfahrten einladen konnte, ohne Verdacht zu erregen.

Eine gewisse Bestätigung wird Leibfiaker Bratfisch nach Rudolfs Tod liefern. Er sagte aus, daß er die Baronesse ungefähr zwanzigmal hinter dem Grand-Hotel, wo Marie Louise logierte, erwartet und dann zur Hofburg gebracht habe. Auf der Augustinerrampe gab es eine kleine schwarze Eisentür, von wo ein Weg durch lange Gänge und dunkle Räume, schließlich noch durch ein Fenster auf verschwiegenen Wegen zu Rudolfs Gemächern führte. Er galt als »Dienstbotenweg«, dürfte aber öfter von verliebten Damen benutzt worden sein. Die Aussage der Baronin Vetsera, daß ihre Tochter erst im November gemeinsam mit

Gräfin Larisch einen ersten Besuch beim Kronprinzen gemacht habe, kann also nicht stimmen.

Doch Gräfin Larisch hat nicht nur aus »mütterlicher Freundschaft« zu Mary gehandelt. Auch nicht ausschließlich aus verwandtschaftlichen Gefühlen für Rudolf, dessen Seitensprünge sie im Hinblick auf die eigene unglückliche Ehe wohl für legitim hielt. Sie hatte auch handfeste eigene Interessen. Nach dem Bericht von Marys Zofe, die zugleich ihre Vertraute war, hatte die Gräfin Mary gebeten, ihr für eine dringende Schuld, die sie eingegangen war, 25 000 Gulden zu beschaffen. Das Mädchen, voll Dankbarkeit über Marie Louises verständnisvolle Dienste, tat wirklich, wie ihr geheißen, und bat den Kronprinzen um den Betrag, worauf noch am selben Tag ein Diener aus der Hofburg das Geld in einem verschlossenen Umschlag an die Adresse der Kammerzofe brachte, an die auch die übrigen Briefe Rudolfs gerichtet waren. Eine erneute Bitte, diesmal um 10 000 Gulden, wurde von Mary zwar an den Kronprinzen weitergeleitet, diesmal aber hatte dieser taube Ohren.

Es muß Mary im November tatsächlich unmöglich gewesen sein, das Haus heimlich zu verlassen, denn sie schrieb an Hermine in Frankfurt: »Marie L. ist fort und so kann ich ihn nicht sehen. Ich vergehe vor Sehnsucht und kann den Tag nicht erwarten, an dem sie wiederkommt. ... ich zähle schon die Stunden, denn seit ich ihn kenne, ist meine Liebe nur noch größer. Ich studiere Tag und Nacht, wie ich ihn sehen könnte, aber es ist unmöglich ohne Marie.«[110] Als Gräfin Larisch am 21. November endlich nach Wien kam, holte sie Mary mit Erlaubnis der Baronin am frühen Nachmittag ab, um mit ihr »Kommissionen« zu erledigen oder Spazierfahrten zu unternehmen. Statt dessen brachte sie sie an einen vereinbarten Platz hinter dem Grand-Hotel, wo der Fiaker Bratfisch sie schon erwartete. Zur vorher verabredeten Zeit holte sie Mary dort wieder ab und begleitete sie nach Hause. Darüber schrieb Mary an Hermine: »Heute bekommen sie einen glückseligen Brief, denn ich war bei ihm. Marie Larisch nahm mich mit, Commissionen zu besorgen, dann gingen wir zu ›Adèle‹, um uns photographieren zu lassen, für Ihn natürlich und dann gingen wir hinter das Grand Hotel, wo uns Bratfisch erwartete...«[111] Als Gräfin Larisch eines Abends jedoch mit Mary eine Opernaufführung besuchte, benahm sich das Mädchen so auffallend und fixierte so herausfordernd das Kronprinzenpaar, daß sie mit Recht einen Skandal fürchtete und ihren eigenen Ruf ernstlich gefährdet sah. Bei einer Soiree beim Prinzen Reuß, dem deutschen Botschafter in Wien, anläßlich des 30. Geburtstages von Kaiser Wilhelm II., wird Mary am 26. Januar 1889 im Bewußtsein von Rudolfs Liebe Kronprinzessin Stephanie erneut provozieren. »Ihrer Macht bewußt... fürchtet sie keine Rivalin, leuchtend und triumphierend schien ihre Schönheit«, schrieb Louise von Coburg.[112]

Den Dezember verbrachten Rudolf und seine Frau in Abbazia. Während der Kronprinz schon Ende des Monats wieder nach Wien fuhr, kehrte Stephanie erst Mitte Januar zurück.

Am 26. (oder 28.) Januar soll es zu einer lautstarken Auseinandersetzung zwischen Rudolf und seinem Vater gekommen sein. Ob der Kaiser empört darüber war, daß Rudolf sich wegen der Trennung seiner Ehe persönlich an den Papst gewandt hatte, oder Franz Joseph von seinem Sohn verlangte, endgültig mit der Baronesse Vetsera Schluß zu machen, läßt sich nicht klären. Es müsse etwas Schreckliches gegeben haben, denn der Kaiser solle gesagt haben: »Du bist nicht würdig, mein Nachfolger zu werden«[113], berichtet Brigitte Hamann.

Andererseits deuten Anzeichen darauf hin, daß Rudolf die fordernde Liebe des exaltierten Mädchens bereits reichlich auf die Nerven ging. Wie Gräfin Larisch berichtet, gestand er ihr nämlich, daß die Verbindung bereits intim geworden sei, und beschwor sie, Mary zur Vernunft zu bringen. Ebenfalls am 26. Januar will Baronin Vetsera die Liaison ihrer Tochter mit dem Kronprinzen entdeckt haben, diese daraufhin unter Hausarrest gestellt und ihr gedroht haben, sie in ein Kloster sperren zu lassen. Wahrheit? Oder Lüge, weil es besser aussah? Der Verdacht liegt nahe, daß sie längst von der Beziehung wußte. An diesem Tag kam Gräfin Larisch erneut nach Wien, offensichtlich auf einen Ruf Rudolfs. In der Akte des Polizeipräsidenten vom 3. Februar 1889 fand sich eine Bemerkung des Ministerpräsidenten Graf Taaffe, wonach unter den Papieren Rudolfs ein Brief der Gräfin Larisch vom 25. oder 26. Januar gefunden wurde. Darin erklärte sie, eine Zusammenkunft zwischen ihm und Mary arrangieren zu können. Sie schloß mit den Worten: »Du weißt, daß ich Dir blind ergeben bin und Deinem Befehl jedesmal folgen werde, wenn Du mich rufst.«[114]

Am 27. Januar suchte der Kronprinz Marie Louise in ihrem Hotel auf. Er sei ziemlich verstört gewesen und habe sie angefleht: »Marie, wenn du mir nicht hilfst, ist alles verloren.«[115] Außerdem sei er selbst in Gefahr. Doch er müsse Mary sehen und sie solle sie ihm unbedingt in die Hofburg bringen. Auf die Frage, ob die Gefahr von Stephanie ausgehe, antwortete er: »Stephanie! Ach, nein, die ist nur ein häusliches Unglück. Die Gefahr, die mir droht, ist politischer Natur.«[116]

Bei dieser Gelegenheit habe Rudolf seiner Cousine eine in Stoff eingenähte Kassette mit der Weisung übergeben, sie nur der Person auszuhändigen, die sich mit den Buchstaben »R.I.U.O.« zu erkennen gebe. Das sei schließlich am 4. Februar Erzherzog Johann Salvator gewesen.

Man brachte später diese Story, die sonst nirgends auftaucht, mit einer von Rudolf und Johann Salvator ausgeheckten Verschwörung in Ungarn in Verbindung, was aber völlig haltlos erscheint. Brigitte Hamann erklärt das Codewort mit dem einer ungarischen Freimaurerloge, deren Mitgliedschaft für Mitglieder des Hauses Habsburg streng verboten war. Die Kassette jedenfalls ist verschwunden.

Die Fahrt nach Mayerling

Am 28. Januar fuhr Gräfin Larisch gegen 10 Uhr in die Salesianergasse. Da Mary anscheinend »vernünftig« geworden war, durfte sie sie begleiten. »Ihr Haar war schlicht zusammengeknotet, ihre ganze Erscheinung wirkte frisch und jungfräulich ... niemals werde ich den Ausdruck in ihren wunderbaren Augen vergessen. Eine fast überirdische Liebe strahlte in ihren blauen Tiefen«[117], schrieb Marie Louise über diese Zusammenkunft. Die beiden fuhren zuerst zum Wäschegeschäft *Weiße Katze* in der Kärntnerstraße, dann zur Hofburg, die sie über den geheimen Weg betraten. Der Kronprinz erwartete sie, bat aber, Mary für zehn Minuten allein sprechen zu dürfen. Es war eine Finte, denn Mary lief den Schleichweg zurück und stieg in den Fiaker von Bratfisch, der sie zum Jagdschloß Mayerling bringen sollte. Verständlicherweise war Marie Louise entsetzt, als Rudolf allein zu ihr zurückkam und sie einen Zettel zu lesen bekam, auf dem das Mädchen geschrieben hatte: »Ich kann nicht leben. Heute habe ich Vorsprung. Bis Du mich einholst, bin ich unmittelbar in der Donau.«[118] Rudolf riet ihr, Marys Mutter zu erzählen, ihre Tochter sei geflohen und gab ihr 500 Gulden, damit der Kutscher die Flucht bestätige. Er wolle Mary bei sich haben, erklärte er auf die Vorhaltungen seiner Cousine und bat: »Laß uns nicht in Unfrieden scheiden ... wenn du wüßtest wie unglücklich ich bin.« Gräfin Larisch blieb nichts anderes übrig, als Rudolfs Wunsch zu erfüllen. Sie bestach den Kutscher, fuhr zuerst zu Marys Mutter und anschließend zum Polizeipräsidenten, um dort zu berichten, daß ihr Mary entwischt sei, während sie sich im Geschäft Rodeck befand. Von dem Besuch beim Kronprinzen erwähnte sie nichts.

Nachdem Rudolf noch die Ankunft eines Telegramms abgewartet hatte, verabschiedete er sich von seiner Gattin, um zur Jagd nach Mayerling zu fahren. Seine Tochter sah er nicht mehr. Ihre Kinderfrau ließ ihn nicht zu ihr, da sie gerade auf dem »Thron«, auf dem Nachtgeschirr saß, und er wohl keine Geduld hatte, länger zu warten. Er verließ Wien mit einem Einspänner, schickte ihn aber auf halbem Weg zurück und ging zu Fuß weiter bis zu der Stelle, wo Bratfisch wie vereinbart mit Mary wartete. Auch in Mayerling ließ er Vorsicht walten. Er ging das letzte Stück allein und zu Fuß. Erst eine Stunde später, als es schon fast dunkel war, kam Bratfisch mit Mary. Es ist anzunehmen, daß nur der Kutscher und der Diener Loschek von der Anwesenheit des Mädchens wußten. Die Jagdgäste des Kronprinzen, Graf Hoyos und Prinz Philipp Coburg, kamen erst am nächsten Morgen. Beim gemeinsamen Frühstück erklärte Rudolf jedoch, sich tags zuvor erkältet zu haben, weswegen er lieber nicht auf die Jagd gehen wolle. Die beiden Herren ahnten wohl wirklich nichts von Marys Anwesenheit.

Der letzte Abend

Zum Familiendiner um 18 Uhr in der Hofburg, zu dem Rudolf erscheinen sollte, fuhr Prinz Coburg allein. Rudolf ließ sich telegraphisch wegen einer starken Erkältung entschuldigen. Den Abend verbrachte er zunächst mit Hoyos. Erst als dieser sich etwa um 9 Uhr in sein Quartier in einem Nebengebäude begeben hatte, zog sich auch der Kronprinz zurück, um den Rest des Abends mit Mary zu verbringen. Nur Bratfisch war zugegen und unterhielt das

Paar mit seinen Liedern und seiner Fertigkeit im Pfeifen. Er war der letzte, der die beiden lebend sah.

Schon tags zuvor hatte Rudolf Abschiedsbriefe an seine Schwester Valerie, seine Frau, Baron Hirsch sowie an Mizzi Caspar geschrieben und letzte Verfügungen getroffen. Unter anderem bestimmte er, daß Graf von Szögenyi-Marich, Sektionschef im Außenministerium, allein seinen Schreibtisch in der Hofburg öffnen und sämtliche Briefe der Gräfin Larisch und Mary Vetseras sogleich vernichten solle. Das vorhandene Geld, 30 000 Gulden, solle Mizzi Caspar erhalten, mit der er auch die letzte Nacht in Wien verbracht hatte. Der Polizeiagent Meißner, der Rudolf beschattete, schrieb in seinem Bericht: »Montag, den 28. 1. 1889 war E. R. bei Mizzi bis drei Uhr morgens, trank sehr viel Champagner und gab dem Hausmeister zehn Gulden Sperrgeld. Als er sich von Mizzi empfahl, machte er ganz gegen seine Gewohnheit ihr an der Stirne ein Kreuzzeichen.« Meißner wiederholte noch einmal Rudolfs Plan, sich mit Mizzi beim Husarentempel das Leben zu nehmen. Mizzi lachte darüber und glaubte es auch nicht, als er ihr Montag, den 28. 1. 1889, sagte, er werde sich in Mayerling erschießen.

Von Rudolfs Briefen ist nur einer im Wortlaut bekannt: »Liebe Stephanie, Du bist von meiner Gegenwart und Plage befreit. Werde glücklich auf Deine Art... Ich gehe ruhig in den Tod, der allein meinen guten Namen retten kann...«[120] In einem langen Brief an seine Mutter, der jedoch nicht erhalten ist, soll Rudolf geschrieben haben, daß er seinem Vater nicht zu schreiben wage, denn er sei nicht würdig, sein Sohn zu sein.

Auch Mary schrieb an ihre Mutter: »... Verzeiht mir, was ich getan; ich konnte der Liebe nicht widerstehen ... Ich bin glücklicher im Tode als im Leben...«[121] An ihre Schwester Hanna schrieb sie: »Wir beide gehen selig in das ungewisse Jenseits. Denket hie und da an mich, seid glücklich und heiratet nur aus Liebe. Ich konnte es nicht tun, und da ich der Liebe nicht widerstehen konnte, gehe ich mit ihm.«[122] An Gräfin Larisch: »Liebe Marie! Vergib mir all das Leid, das ich über Dich gebracht habe. Ich danke Dir herzlichst für alles, was Du an mir getan hast. Wenn das Leben zu schwer für Dich werden sollte, und ich fürchte, das wird es werden, nach dem, was wir getan haben, so folge uns. Es ist das Beste, was Du tun kannst. Deine Mary.«[123] Rudolf hatte in dem schwärmerischen und exaltierten Mädchen die Partnerin für einen gemeinsamen Tod gefunden, die er in Mizzi Caspar vergeblich gesucht hatte.

Obwohl die letzten Stunden Rudolfs und Marys nicht mehr zu rekonstruieren sind, gilt es bei den Historikern als so gut wie sicher, daß Rudolf zuerst Mary, dann sich selbst erschossen hat. Genaues wußten wohl nur Rudolfs vertraute Diener: Bratfisch und Loschek. Bratfisch hat zeit seines Lebens beharrlich geschwiegen. Loschek schrieb vierzig Jahre später seine Erinnerungen: Kurz nach sechs Uhr früh sei der Kronprinz vollständig angezogen aus seinem Zimmer gekommen und habe ihm befohlen, anspannen zu lassen. Er, Loschek, sei kaum aus dem Haus gegangen, als er zwei Schüsse gehört habe. Das Zimmer sei gegen alle Gewohnheit abgeschlossen gewesen. Darauf habe er Graf Hoyos geholt und in seiner Gegenwart mit einem Hammer die Türfüllung eingeschlagen. Sowohl Rudolf als auch Mary seien tot auf ihren Betten gelegen, der Revolver des Kronprinzen befand sich neben ihm.

Es ist viel über diesen Tod gerätselt worden, und die Gerüchte fanden kein Ende. Von einem eifersüchtigen Förster war die Rede, der seine von Rudolf verführte Frau gerächt habe, von den Brüdern Baltazzi, die ihn mit einer Champagnerflasche erschlagen hätten, um Rache zu üben für ihre Nichte. Zuletzt kam sogar Ex-Kaiserin Zita mit einer neuen Version: Rudolf sei von einem ausländischen Geheimdienst ermordet worden. Sie konnte die Vorstellung wohl nicht ertragen, daß der Kronprinz des Hauses Habsburg ein Mörder und Selbstmörder gewesen sein sollte. Sogar von einem russischen Duell wurde gemunkelt, zu dem Rudolf aus irgendwelchen nebulosen Gründen um seiner Ehre willen genötigt worden war. Luise von Toscana schreibt in ihrem Buch über ihr Leben, daß ihr Vater, Großherzog Ferdinand IV. von Toscana, die Leiche Rudolfs gesehen habe. Der Schädel sei eingeschlagen gewesen und Stücke zerbrochenen Glases hätten darin gesteckt. Später seien Kopf und Gesicht mit einer Wachsmaske überzogen worden. Luises Vermutung, daß Mary dem Geliebten jenen Schlag versetzt habe, weil er sie nicht heiraten konnte, erscheint jedoch wenig glaubhaft. Es ist anzunehmen, daß Loschek und Bratfisch wenigstens einen Teil der Wahrheit kannten. Ob sie aber auch über die Gründe, die zu dem tragischen Entschluß geführt hatten, Bescheid wußten, ist sehr fraglich. Sie müssen schwerwiegender Natur gewesen sein. Daß Rudolf die Tat beging, weil es ihm verwehrt war, Mary zu heiraten, dürfen wir jedoch mit Sicherheit ausschließen. Denn: »Für eine Mary Vetsera stirbt ein Kronprinz Rudolf nicht«, ließe sich in diesem Fall, frei nach Schiller sagen.

Waren also doch politische Gründe im Spiel? Eine Empörung gegen den allmächtigen Vater, vor der er im letzten Augenblick zurückschreckte, aber seine Ehre dafür verpfändet hatte? In dieser Angelegenheit ist viel über Ungarn spekuliert worden. Tatsache ist, daß Rudolf noch in Mayerling einige Telegramme bekommen hat, die aber wie so vieles andere auch verschwunden sind. Oder sollte er wirklich aus Lebensüberdruß seinem Leben ein vorzeitiges Ende gesetzt haben? Aus Sehnsucht nach dem Tod, dem ewigen Vergessen, da doch alles vergeblich und sinnlos war? Weil er sich seelisch und körperlich am Ende fühlte? Und gerade da ein leidenschaftlich verliebtes Mädchen aufgetaucht war, das bereit war mitzugehen in jenes unbekannte Land, von dem niemand je zurückgekehrt ist. Oder war alles ganz, ganz anders?

Die Theorie des Arztes Gerd Holler

Sollen wir der Theorie Gerd Hollers nachgehen, nach der der Selbstmord Rudolfs nur die Folge einer unglücklichen Verkettung von Umständen war? Für den Arzt Gerd Holler ist der Grund für diesen tragischen Entschluß eine mißglückte Abtreibung, die an Mary vorgenommen worden sein soll, nachdem Gräfin Larisch das Mädchen in die Hofburg gebracht hatte. »Ich schwöre dir, Marie, daß ich dir die Wahrheit sage: Ich will Mary nur zwei Tage bei mir behalten«[124], soll Rudolf zu ihr gesagt haben, als die Baronesse Vetsera sich schon auf dem Wege nach Mayerling befand. Außerdem habe eine gewisse Frau Therese Miller, »Hof- und Herrschaftshebamme«, die bereits Rudolf in seiner Kindheit öfter im Krankheitsfall betreut hatte, die Gräfin Larisch in ihrem Hotel besucht. Holler hält es nun für durchaus möglich, daß diese Frau Miller Mary einen Katheter eingesetzt hat, was für eine geübte Frau nur einige Minuten erforderte. Danach, so Holler, sei Bewegung, also auch eine rumpelnde Kutsche, sogar angebracht. Mary konnte auf diese Weise nach Mayerling fahren. Nach 24 Stunden solle der Katheter entfernt werden, ein Handgriff, der angeblich auch für jeden Laien leicht durchführbar sei. In Mayerling aber sei es zu Komplikationen gekommen, woraufhin Mary entweder an einer rasch um sich greifenden Sepsis oder einer unstillbaren Blutung starb. Rudolf sei infolgedessen in Panik geraten und habe keinen anderen Ausweg gesehen als den Tod von eigener Hand. Denn der Kronprinz eines katholischen Landes, der sich einer Abtreibung mit letalem Ausgang schuldig gemacht hat, konnte nicht mehr weiterleben. Als Beweis dienen dem Autor auch die Wendungen, die Rudolf in seinen Abschiedsbriefen gebrauchte, er müsse aus dem Leben scheiden, er sei »unwürdig« weiterzuleben, er habe kein Recht mehr zu leben, weil er getötet hätte, dies sei die einzige Möglichkeit, wie ein Gentleman aus dem Leben zu scheiden.

Die Wahrheit wird vertuscht

Als Graf Hoyos die verhängnisvolle Nachricht vom Tode des Kronprinzen in die Hofburg brachte, war Kaiserin Elisabeth gerade beim Griechisch-Unterricht. Sie nahm es auf sich, dem Kaiser die Schreckensbotschaft beizubringen. Sofort begann ein hektisches Treiben. Denn was immer auch geschehen war, die Wahrheit sollte nicht an die Öffentlichkeit kommen. Vor allem das Vorhandensein einer zweiten, weiblichen, Leiche mußte unbedingt geheimgehalten werden. Zuerst erklärte man Rudolfs Tod mit einem Herzschlag. Aber zu viele Gerüchte gingen bereits umher, so daß man sich wenigstens zu einer teilweisen Wahrheit entschließen mußte. Schon um eine kirchliche Bestattung zu gewährleisten, gaben die Ärzte an, Rudolf habe im Zustand geistiger Verwirrung gehandelt. Sie sagten aus, »pathologische Befunde« in Rudolfs Gehirn gefunden zu haben und waren damit dem Kaiserhaus gefällig.

Der Wunsch des Kronprinzen, auf dem Friedhof des nahe von Mayerling gelegenen Alland gemeinsam mit Baronesse Vetsera beerdigt zu werden, wurde nicht erfüllt. Seine Bestattung fand mit allem Pomp und Prunk statt, so wie es sich für seine Stellung gebührte. Rudolfs Leiche wurde zuerst in seiner Wohnung, später in der Hofburgkapelle aufgebahrt, wo über 100000 Wiener trotz der draußen herrschenden Kälte stundenlang Schlange standen, um noch einen Blick auf ihn zu werfen. Die Trauer, die um ihn beim einfachen Volk herrschte, war echt. Viele empfanden wohl, daß eine große Hoffnung für Österreich mit ihm zu Grabe getragen wurde. Seine Feinde hingegen waren nicht gerade böse über diese unerwartete Wendung zu ihren Gunsten. Am 5. Februar wurde Rudolf mit allem Zeremoniell in der Kapuzinergruft beigesetzt. Franz Joseph brach am Sarg seines Sohnes schluchzend zusammen. Noch am selben Tag nennt er ihn in einem Brief an Katharina Schratt »den besten Sohn und treuesten Untertan«.[125] Es gibt allerdings auch einen anderen Ausspruch des Kaisers, nämlich, sein Sohn sei wie ein Schneider gestorben, wobei Schneider in diesem Fall aus der Jägersprache stammt und »feiger Bock« bedeutet. Man kann dem Kaiser den Vorwurf jedoch nicht ersparen, daß er als Vater versagt hat. Hätte er sich früher um Rudolf gekümmert, wäre wahrscheinlich alles ganz anders gekommen.

Geradezu schmählich ging man mit der Leiche Marys um. Sie wurde vollständig bekleidet, ihr wurde ein Pelzmantel angezogen und ein Hut aufgesetzt. Dann transportierten sie ihre beiden Onkel, Graf Stockau und Alexander Baltazzi, zu der bereitstehenden Kutsche und nahmen sie zwischen sich. Als sie dennoch immer wieder umkippte, steckte man ihr einen Stock ins Kleid, damit sie scheinbar aufrecht saß. Um die Behörden auszuschalten, hatte der Arzt Marys Tod als Selbstmord deklariert. Die »weibliche Leiche« war offiziell im Gemeindegebiet von Mayerling »aufgefunden« worden. In der Totenkammer von Heiligenkreuz wurde der Leichnam in einen eilig zusammengezimmerten Sarg gelegt und in der sogenannten Selbstmörderecke beerdigt. Erst später erhielt sie ein würdiges Grab.

Es muß trotz allem eine Menge Menschen gegeben haben, die die Wahrheit wußten oder wenigstens ahnten: die Dienerschaft in Mayerling, die so manches sah, sowie die Ärzte, die die Leichen untersuchten. Sie alle wurden unter Eid zum Stillschweigen verpflichtet. Für den Hof existierte überhaupt keine Mary Vetsera.

Das Schweigen wurde gut honoriert. Loschek erhielt bei seiner Entlassung aus dem Dienst das Goldene Verdienstkreuz und eine Personalzulage, Karl Nehammer, der sowohl Mary als auch zahlreiche andere Damen von der Eisentür an der Augustinerrampe durch geheime Gänge zum Kronprinzen führte, wurde ebenfalls mehrfach ausgezeichnet. Ob und in welchem Maße der kaiserliche Familienfond, der so manche Ausgaben deckte, daran beteiligt war, blieb ebenfalls ein Geheimnis.

Perfekt war die Vertuschungsaktion, die der Hof unmittelbar nach Rudolfs Tod anstrengte. Alle Dokumente, die Licht in das Dunkel werfen könnten, sind bis heute verschwunden. Gelegentlich wurde dabei der Name des Grafen Taaffe, des langjährigen Ministerpräsidenten und Vertrauten Franz Josephs genannt. Angeblich befanden sich aufschlußreiche Dokumente in seinem böhmischen Schloß Ellischau, sollen aber durch einen Brand vernichtet worden sein. Es ist anzunehmen, daß sie wirklich nicht mehr existieren. Gab es also doch ein Geheimnis um Rudolfs Tod? Und war es so schwerwiegend, daß niemand es je erfahren durfte?

Marys Gruft wurde in den letzten Tagen des Zweiten Weltkrieges von russischen Soldaten geplündert. Als man die Ruhestätte wieder in Ordnung brachte, soll der Schädel intakt gewesen sein, ohne eine Schußverletzung aufzuweisen. Einen Antrag auf Exhumierung sowie eine gerichtsmedizinische Untersuchung lehnte der Abt von Heiligenkreuz im Jahre 1978 unter Berufung auf die Ruhe der Toten ab. Das scheint eine vage Entschuldigung. Hatte die Kirche Angst vor einer Entdeckung, die das Andenken Rudolfs beschädigt hätte? Seit dem Tod des Kronprinzen und Mary Vetseras sind über hundert Jahre vergangen. Die österreichisch-ungarische Monarchie und das Kaiserhaus sind längst nur mehr Geschichte. Sollte es dennoch Kreise geben, denen daran gelegen ist, die historische Wahrheit weiterhin zu verheimlichen? So bleiben Hollers Gedankengänge eine Theorie, die sich nicht beweisen läßt.

Das Jagdschloß Mayerling wurde auf Anordnung Kaiser Franz Josephs in ein Kloster umgewandelt, dessen Nonnen für die Seele seines unglücklichen Sohnes beten sollten. Das Äußere des ehemaligen Jagdschlosses blieb zwar erhalten, das Innere wurde dagegen völlig umgestaltet und dem neuen Zweck angepaßt. Dennoch ist es auch über die Jahre hinweg zu einer Touristenattraktion geworden.

Zum Zeitpunkt von Rudolfs Tod befand sich Gräfin Larisch bereits wieder in Pardubitz, kam jedoch Anfang Februar wieder nach Wien. Es wurde ihr verboten, der Bestattung in der Kapuzinerkirche beizuwohnen. Alle Versuche, ihre Tante zu sprechen, und sich selbst damit zu rehabilitieren, schlugen fehl. Ohne ihr auch nur die Möglichkeit einer Rechtfertigung gewährt zu haben, ist Marie Louise für sie der Kuppelei schuldig. Elisabeth, die für die früher so verhätschelte Nichte immer »Tante Sisi« bleiben wollte, ließ sie einfach fallen. Marie Louise hat weder den Kaiser noch die Kaiserin je wiedergesehen. Das bedeutete für sie auch das gesellschaftliche Ende. Helene Vetsera tat ein übriges. In ihrer Rechtfertigungsschrift, die sie in aristokratischen Kreisen verteilte, gab sie der ehemaligen Freundin alle Schuld an dem Geschehen. Obwohl manche der Meinung waren, man habe Marie Louise zu streng beurteilt, zeitigte die Haltung der Kaiserin ihr gegenüber auch in ihrer bayrischen Verwandtschaft und der Münchner Gesellschaft Nachwirkungen. Mit Rücksicht auf die nunmehr bayrische Prinzessin Gisela zog sich der königliche Hof von Marie Louise zurück. So wurde sie zu »jener Gräfin Larisch«.

Die Gräfin von Trani

Heirat in München und Geburt einer Tochter

IHRE FAMILIE SOWIE auch die meisten Verwandten nannten sie von Kindheit an nur »Spatz«. Im Jahre 1843 geboren war sie die zweitjüngste der fünf Schwestern aus dem Hause des Herzogs Max in Bayern. Wie bereits an anderer Stelle geschildert, wurde sie 1861 mit Graf Luigi Trani, Prinz von Bourbon, dem jüngeren Halbbruder von Ex-König Franz II. von Neapel verheiratet und teilte damals das Exil von Schwester und Schwager.

Wir finden Mathilde in Rom, später in Paris, immer wieder in Bayern rund um den Starnberger See oder in Baden-Baden und anderen Kurorten, wo sie sich oft monatelang aufhielt. Wie viele Angehörige des Hochadels ohne eine besondere Aufgabe, beschränkte sich ihr Lebensinhalt auf Reisen, Kuraufenthalte, Besuche der weitverzweigten Verwandtschaft und die vielen Jagden, die allerorten abgehalten wurden und denen vor allem die Herren mit Begeisterung nachgingen. Trotzdem sie im Exil lebten, scheint es an Geld nicht gemangelt zu haben.

Graf Trani war zwar »Oberst-Inhaber« des k.u.k. Ulanenregiments Nr. 13, doch dabei handelte es sich um eine reine Ehrenstelle, die er von 1861 bis zu seinem Tod innehatte. Für seine Tapferkeit bei der Verteidigung von Gaeta hatte er das Ritterkreuz des Maria-Theresia-Ordens verliehen bekommen.

Die Ehe der Tranis erwies sich als reichlich problematisch. Der Klatsch schrieb Mathilde sogar eine Liaison mit einem spanischen Granden zu. So gesehen wäre sie nicht nur die treue Begleiterin sondern auch die Schicksalsgenossin ihrer Schwester Marie gewesen, als diese aufgrund ihrer Liebesaffäre mit dem belgischen Grafen Lavayss in Schwierigkeiten geriet. Die Früchte vom Baume Wittelsbach fallen eben alle nicht weit vom Stamm.

Am 15. Januar 1867 brachte Mathilde in der wenig später zu Zürich gehörenden Gemeinde Enge im »Venedig-Gut« eine Tochter zur Welt. Kaiserin Elisabeth versäumte es nicht, dort hinzureisen, um ihrer Schwester beizustehen. Das Baby erhielt den Namen Maria Theresia, wurde in der Familie jedoch hauptsächlich »Mädi« genannt. Die vielfach verwendeten Kose- oder auch Spitznamen ergeben sich wohl aus der Tatsache, daß die meisten Vornamen in der Verwandtschaft immer wieder Verwendung fanden, die Kosenamen dienten also auch als Unterscheidungsmerkmal. Mädi blieb das einzige Kind des Ehepaares. Wenn sich die Kaiserin mit ihrer jüngsten Tochter Marie Valerie gleichzeitig mit den Tranis am Starnberger See befand, war die nur wenig ältere Cousine eine willkommene Spielgefährtin. Auch in späteren Jahren blieb die Verbundenheit bestehen.

Am 26. April 1883 berichtete das Wiener *Interessante Blatt* über einen Besuch Kaiserin Elisabeths in Baden-Baden: »Wohl noch niemals früher haben die Berge des Schwarzwaldes, die jetzt noch mitunter von Schnee bedeckt sind, eine Dame zu Pferd gesehen, begleitet nur von einem Stallmeister, der ihr in angemessener Entfernung folgt. Im Vertrauen auf ihre Geschicklichkeit und Ausdauer scheut die hohe Dame keine Entfernung, läßt sich von keinem Hindernis abschrecken. Nur bei leichten Partien nimmt die Kaiserin ihre Tochter Erzherzogin Valerie und deren Cousine Prinzessin Trani mit. Die jungen Damen machen dann die Tour auf Reiteseln, während die Kaiserin zu Pferde sitzt.«

Doch kehren wir zu Mädi in ihrer Kinderzeit zurück. Im Hohenzollernschen Staatsarchiv in Sigmaringen sind viele ihrer Briefe erhalten, die sie damals an ihre Mutter, oft aber auch an den wohl noch weit häufiger abwesenden Vater schrieb. Ein Beispiel vom 14. März 1876, als die damals neunjährige Mädi aus Baden-Baden offensichtlich unter dem Eindruck des Märchens vom Rotkäppchen an ihre Mutter schrieb: »Teuerste, liebste Mama. Ich komme geraden Weges zu Dir und bringe viele gute Wünsche zu Deinem Namenstag. Ich will auch gehorsamer sein als Rotkäppchen und immer tun, was Du mir sagst, dann frißt mich kein Wolf und Du hast stets Freude an Deinem guten gehorsamen Mädi.« Es war bekanntlich noch lange üblich, unfolgsame Kinder mit dem bösen Wolf zu drohen. Die Erzieherinnen von kleinen Prinzessinnen machten da keine Ausnahme. Die Kinderbriefe an die Eltern, die sich etwa in Paris oder Possenhofen befanden, kommen in den siebziger und achtziger Jahren meist aus Baden-Baden, gelegentlich aber auch aus Franzensbad, der Schweiz oder Badeorten an der Atlantikküste. Sie sind in Deutsch, Französisch oder Englisch, an den »Carissimo Papà« in Italienisch gerichtet und drücken große Sehnsucht nach den Abwesenden aus. Ob die kleine Mädi wirklich so empfand oder solche Briefe mehr von den Erzieherinnen beeinflußt wurden, bleibt unbekannt. Alle Briefe, auch die fremdsprachigen, sind in perfekter Orthographie verfaßt. Offensichtlich wurden sie sorgfältig korrigiert und danach von Mädi in Schönschrift übertragen. Graf Trani schrieb an sein Töchterchen ebenfalls auf Italienisch, an seine Gattin, die er wie in der Familie üblich mit »Chère Spatz« anspricht, auf Französisch.

Graf Luigi Trani starb im Alter von nur 48 Jahren am 8. Juni 1886 in Paris. Man sagt, daß er Selbstmord beging, eine Version, die sich hartnäckig hielt. Offiziell wurde allerdings bekanntgegeben, daß er schon seit einigen Monaten krank gewesen war. Selbstmorde waren immer schon anrüchig, da in einem solchen Fall eigentlich ein kirchliches Begräbnis verweigert werden mußte. Wie aus einem Pressebericht hervorgeht, könnte es sich auch um eine Verwechslung mit dem jüngeren Bruder des Grafen Trani, Gaetano Graf von Girgenti, handeln, der 1871 in Luzern Selbstmord beging. Graf Trani fand in Baden-Baden seine – zunächst – letzte Ruhestätte. In der dortigen Stiftskirche wurde für den langjährigen Gast, der mit seiner Familie gewissermaßen bereits zum Stadtbild gehörte, eine große Trauerfeier abgehalten, an der nicht nur seine beiden Brüder, Ex-König Franz II. und Graf Caserta teilnahmen, sondern auch die Honoratioren der Stadt. Auch das österreichische und das deutsche Kaiserhaus und andere Länder schickten ihre Beauftragten.

Wie eine Baden-Badener Zeitung berichtete, wurde der Sarg des Grafen Trani zunächst in die Krypta der Badener Friedhofskapelle gebracht. Dort blieb er bis zum 14. Juli 1890. Nach einer Notiz im Beerdigungsbuch wurde er damals »ausgebracht«. Wohin konnte das Blatt nicht herausfinden. Gräfin Mathilde Trani und ihre Tochter seien der Kurstadt Baden-Baden weiterhin treu geblieben. Sie lebten dort längere Zeit, denn Prinzessin Maria Theresia war als junges Mädchen Schülerin des »Victoria-Pensionats« am Schloßberg.

Mathilde wird Schwiegermutter – Hochzeit Mädis in Sigmaringen

Mädis Verbundenheit mit der Kurstadt beweist auch ein Gedicht, das im *Badeblatt* vom 24. Juni 1889 als »Abschiedsgruß an Ihre Königliche Hoheit Prinzessin Maria Theresia von Bourbon« anläßlich ihrer bevorstehenden Vermählung erschien. Darin heißt es zum Schluß: *Und an seiner Seite blühe / Du als Fürstin hochbeglückt, / die Du als Prinzeß Marie / uns so manches Jahr entzückt.*

Im Baden-Badener Photoatelier Jungmann und Schorn war kurz vorher das Brautbild der Prinzessin mit dem Erbprinzen Wilhelm von Hohenzollern-Sigmaringen aufgenommen worden. Auch der Ehevertrag wurde in Baden-Baden aufgesetzt. Aber nicht nur mit einem Gedicht nahm die Stadt Baden-Baden, wo »Höchstdieselbe fast ihre ganze Jugendzeit verlebt hatte«, von ihr Abschied. Die deutsche Kaiserin Augusta, ebenfalls eine treue Besucherin von Baden-Baden, gab ein Abschiedsdiner und abends »war Tee von 20 Personen«, und auf Anordnung des Stadtrats brachte das Kurorchester ein »Abschiedsständchen mit sehr gut gewähltem Programm. Viel Publikum war vor dem Haus Werderstraße 4 versammelt. Prinzessin von Bourbon dankte persönlich dem Dirigenten Könnemann in huldvollster Weise«. Schließlich meldete noch das *Badeblatt,* daß die Prinzessin »in Begleitung ihrer hohen Mutter, Gräfin Trani, mit dem Kurierzug bis Konstanz fahren und von dort mit einem Extrazug nach Sigmaringen geleitet wird«. Der Bräutigam hatte sogar eine sehr enge Beziehung zum Großherzogtum Baden. War er doch ein Enkel von Prinzessin Josephine von Baden und ein Urenkel von Großherzogin Stephanie, einer Nichte der französischen Kaiserin Joséphine, die von Napoleon adoptiert und mit dem späteren Großherzog von Baden verheiratet worden war. Folgen wir einem Bericht aus der *Hofchronik* der Freiin von Redwitz: »Das großartige Schloß von Sigmaringen beherrscht die Gegend. Es steht auf hohem Felsen und ist mit den vielen Nebenbauten selbst eine kleine Stadt, äußerst interessant und musterhaft gehalten. Auf Schritt und Tritt begegnet man Kostbarkeiten.«

Die Fürsten von Hohenzollern-Sigmaringen gehören dem schwäbisch-katholischen Zweig der Familie an. Hohenzollern-Hechingen und Hohenzollern-Sigmaringen wurden unter dem Eindruck der Revolution 1849 dem Königreich Preußen unterstellt und bildeten von 1850 bis 1945 den preußischen Regierungsbezirk Sigmaringen. Wie Freiin von Redwitz weiter berichtet, war »die Gesamtfamilie Hohenzollern nebst badischer Verwandtschaft anwesend«. Dazu zählte auch der König Carol I. von Rumänien, der zweite Sohn von Fürst Karl Anton von Hohenzollern-Sigmaringen. Nach Freiin von Redwitz war er »ungemein höflich, liebenswürdig, sprach angenehm und anspruchslos und berührte sehr sympathisch«. Seine Gattin Elisabeth, eine Prinzessin zu Wied, ist bekannt unter ihrem Dichternamen »Carmen Sylva«. Sie verfaßte Gedichte und Romane, beschrieb rumänische Landschaften sowie Bräuche, übersetzte ferner rumänische Dichtungen ins Deutsche. Kaiserin Elisabeth verehrte sie sehr und fand in ihr eine verwandte Seele, in der sie ein Vorbild sah. Sie reiste sogar einige Male nach Rumänien:

Nicht den Hof wollt' ich besuchen,
auch zur Königin nicht gehen,
nur die Dichterin zu sehen
kam ich Carmen Sylva suchen.

dichtete sie.

Wie Brigitte Hamann schreibt, hatten die beiden Freundinnen vieles gemeinsam: den Spiritismus, die Liebe zur griechischen Dichterin Sappho, schließlich ihr distanziertes Verhältnis zu weltlichen Würden und zur monarchischen Staatsform. »Ich muß mit den Sozialdemokraten sympathisieren, besonders angesichts der Nichtstuerei und Verworfenheit der Vornehmen ... Die republikanische Staatsform ist die einzig rationelle; Ich begreife immer die törichten Völker nicht, daß sie uns noch dulden«[126], schrieb Carmen Sylva in ihrem Tagebuch.

Was die beiden Frauen außerdem verband, war, daß beide in ihrer Ehe keine Erfüllung fanden. Ein großer Unterschied zwischen ihnen aber war, daß sich die Königin von Rumänien der Verantwortung, die ihre Stellung mit sich brachte, sehr bewußt war und das auch von ihrer

Freundin forderte. Allerdings ging die Verehrung der Kaiserin für Carmen Sylva wieder nicht soweit, daß sie dem nachgekommen wäre... »Sie steht mit den Füßen auf der Erde; sie könnte mich nie verstehen«[127], schrieb Elisabeth ihrer Tochter Valerie, die die Bewunderung ihrer Mutter für die Dichterin durchaus teilte.

Die rumänische Königin erntete mit ihren Werken bei ihren Standesgenossen nicht nur Begeisterung. »In der hiesigen Familie stand man ihrem Literatentum nicht wohlwollend gegenüber, auch ihr Gatte soll sich nicht viel darum gekümmert haben«, schrieb Frau von Redwitz. »Eines Abends gebeten, etwas vorzulesen, war sie schnell dazu bereit, aber das war für viele, und ganz besonders für alle Hohenzollern, ein Zeichen, eiligst in die Trinkstube zu entkommen.«

»Die Ankunft der Braut gestaltete sich zur Ovation. Die Schulen und Vereine empfingen sie am Bahnhof, und alles war begeistert von der hübschen Erscheinung und ihrem liebenswürdig verbindlichen Lächeln, auch die Brautmutter, Gräfin Trani, war voll Vornehmheit und Eleganz.« Inzwischen war auch die königliche Familie von Sachsen eingetroffen, am späten Abend des 26. Juni erwartete man die Ankunft des deutschen Kaisers und der Kaiserin. »Ohne Hetze und Ermüdung gehen solche Festlichkeiten nie ab, besonders störend war das frühe Morgenständchen, das hier am Hochzeitstag selbst gebracht wurde«, kritisierte allerdings die Hofdame, die weiter berichtet: »Den 27. 10 Uhr versammelte man sich am alten Schloß, und von da ging der Zug in die am Fuß des Berges gelegene Kirche. Die kostbaren Toiletten der Damen, die glänzenden Uniformen der Herren boten in der stilvollen Szenerie ein prächtiges, reiches Bild.«

Das junge Paar übersiedelte zunächst nach Berlin, wo Erbprinz Wilhelm zuerst Kommandeur des 2. Garderegiments zu Fuß und später der 3. Gardeinfanteriebrigade war. Es wohnte in einem Palais am Tempelhofer Ufer und spielte eine große Rolle in der Berliner Gesellschaft.

Am 19. August 1890 wurde ihm in Potsdam eine Tochter, Auguste Viktoria, geboren, ein Jahr später am 30. August 1891 folgten in Heiligendamm die Zwillinge Friedrich Viktor und Franz Joseph.

Krankheit und früher Tod der Fürstin von Sigmaringen

Viel Glück war Mädi, seit 1905 Fürstin von Sigmaringen, jedoch nicht beschieden. Ein schweres Rückenmarksleiden suchte sie bereits in jungen Jahren heim, »das allen Anstrengungen der Ärzte widerstand und dem die sorgsamste Pflege und jede Rücksicht auf klimatische Einflüsse keinen Einhalt, geschweige denn Heilung zu bringen vermochte«, schrieb die *Hohenzollernsche Volkszeitung* anläßlich des Todes der Fürstin und führt weiter aus: »Den Sommer verbrachte die Kranke in den letzten Jahren meist in Tölz, dem oberbayerischen Luft- und Badekurort zu, während sie in den Wintermonaten das wärmere Cannes aufsuchte. Das Klima in Sigmaringen bekam ihr nicht so gut; zudem war die hohe Lage des fürstlichen Residenzschlosses ungünstig für ihre Bewegung, die immer mehr erschwert war. Der Fürst besuchte häufig in Tölz und in Cannes die kranke Gemahlin, wie auch die Kinder die Ferien stets benutzten, um an das Krankenlager der Mutter zu eilen.« Über die Art der Erkrankung ist nichts Konkretes bekannt. Die Zeitungsmeldungen schwanken zwischen Lungen-, Rückenmarks- und Nervenleiden oder sprechen von einer »Verkümmerung der Nerven«. Möglicherweise handelte es sich um Multiple Sklerose.

Erzherzogin Marie Valerie schrieb im September 1907 nach einem Besuch in Tölz in ihr Tagebuch: »Autofahrt nach Tölz zu Besuch von Tante Spatz und Mädi. Letztere fand ich in einem trostlosen Zustand zunehmender Lähmung und beginnenden geistigen Nachlassens – dabei ahnungslos über die Hoffnungslosigkeit ihres Zustandes – stets vom Reiten sprechend. Welches Martyrium für die arme Tante. Wie scheint sie mir zu wachsen in stiller frommer Ergebung und wahrer Charaktergröße… ›Ach bete für uns‹, sagte mir die arme Tante in Tränen, als wir einen Augenblick allein waren… Mädi mit schwerer Zunge und dem herzzerreißenden, schon etwas blöden Lächeln: ›Ich glaube mehr an die Medizinen als ans Beten.‹«

Mitte Februar 1909 erhielt die Erzherzogin noch eine beruhigende Nachricht über das Befinden ihrer Cousine. Doch das Ende war nahe. Wie die *Hohenzollernsche Volkszeitung* schrieb, schritt die Lähmung des Körpers immer weiter fort, die Kranke mußte künstlich ernährt werden, bis sie am 1. März 1909 durch eine rasch um sich greifende Lungenentzündung an ihrem letzten Aufenthaltsort Cannes von ihrem Leiden erlöst wurde.

Gräfin Trani, die bis zuletzt ihre Tochter betreut hatte, begleitete den Sarg im Zug nach Sigmaringen, wo die Erlöserkirche Hedingen, die Begräbnisstätte der Fürsten von Hohenzollern-Sigmaringen, bereits für die Trauerfeierlichkeit vorbereitet worden war. Unter Glockengeläute und großer Anteilnahme der Bevölkerung trugen acht fürstliche Förster den Sarg mit den sterblichen Überresten Fürstin Maria Theresias zur Kirche, gefolgt von Fürst Wilhelm, den beiden Söhnen sowie den engsten Verwandten, den Spitzen der Behörden, den fürstlichen Beamten. Feuerwehrmänner mit brennenden Fackeln begleiteten den Trauerzug. In Vertretung Kaiser Franz Josephs war Erzherzog Franz Salvator gekommen, auch der deutsche Kaiser hatte einen Vertreter entsandt. Die Liste der Trauergäste war lang und enthielt viele illustre Namen wie Prinz Georg von Sachsen, Großherzogin Luise von Baden, Prinzessin Gisela von Bayern und Erzherzogin Valerie.

Auffallend war, daß die Verstorbene in den meisten Berichten zwar als Nichte Kaiser Franz Josephs und Königin Maries von Neapel bezeichnet wurde, Kaiserin Elisabeth, die leibliche Tante Maria Theresias, aber kaum eine Erwähnung fand. Es scheint, daß die Kaiserin zehn Jahre nach ihrem tragischen Tod bereits ziemlich vergessen war.

Fürst Wilhelm heiratete in zweiter Ehe Prinzessin Adelgunde von Bayern.

Folgen des Ersten Weltkrieges und Tod Mathilde Tranis

Zwischen 1894 und 1896 verbrachte Mathilde Trani die ersten Monate des Jahres jeweils mit ihrer Schwester Elisabeth auf Cap Martin in Südfrankreich. Als die Kaiserin 1898 in München im Hotel Continental abstieg und Gräfin Trani sie dort besuchte, dürften die Schwestern einander zum letzten Mal gesehen haben. Briefe aus dem Grand Hotel in Genf bezeugen, daß Mathilde das Ende des Ersten Weltkrieges und den Beginn des Jahres 1919 in der Schweiz verbrachte. Die rege Korrespondenz, die sie mit ihrem ehemaligen Schwiegersohn, Fürst Wilhelm von Hohenzollern-Sigmaringen, verband, gibt Aufschluß über die letzten Jahre ihres Lebens, die sie in München zusammen mit ihrer Schwester Marie, der Ex-Königin von Neapel, verbrachte. Die Zeiten haben sich geändert, es gab weder in Deutschland noch in Österreich mehr eine Monarchie, auch keine hohen Apanagen, die ein luxuriöses Leben ermöglichten, und ein großer Teil der Güter wurde zum Eigentum der Republik erklärt. Sparen hieß die Devise. Die beiden Wittelsbacher Schwestern lebten zunächst noch im Hotel »Königshof«. Das Palais an der Ludwigstraße wurde an Banken und Büros vermietet, die Dienerschaft soweit wie möglich entlassen. Erst später kehrten Mathilde und Marie in ihr Vaterhaus zurück.

Der April 1920 brachte eine Einladung von König Friedrich August von Sachsen nach Sybillenort in Schlesien zur Hochzeit seiner Tochter Margarete, die den damaligen Erbprinzen Friedrich von Sigmaringen, also einen Enkel Mathildes, heiratete.

Wie aus einem Brief Mathilde Tranis an den Fürsten von Hohenzollern-Sigmaringen hervorgeht, fuhr die Ex-Königin von Neapel im Jahre 1920 in ihr Haus nach Neuilly bei Paris, das sie bei Kriegsbeginn sechs Jahre zuvor offensichtlich in großer Eile hatte verlassen müssen, kehrte aber nach zwei Monaten wieder nach München zurück.

Ende 1923 oder Anfang 1924 scheint Gräfin Trani einen Unfall gehabt zu haben, denn sie berichtet von einem Klinikaufenthalt. Am 16. Januar 1924 liest man von einem »Apparat«, der ihr angezogen wurde und ihr ein wahres Martyrium verursachte, am 1. März 1924 von schmerzhaften »Gehübungen«, die sie gestützt auf einen Stock und eine Krankenschwester machen mußte. Am 20. April befand sie sich immer noch in der Klinik. Es war zu dieser Zeit Gräfin Trani offensichtlich kaum mehr möglich, eigenhändig zu schreiben, da die Briefe eine andere Schrift aufweisen. Nur Anrede und Unterschrift sowie einige Worte, leider alles so gut wie unleserlich, stammen von Gräfin Trani selbst.

Mathilde starb als letzte der Geschwister fast achtzigjährig am 18. Juni 1925 und wurde neben ihrer 1919 verstorbenen Hofdame Nelly von Schmidt auf dem Münchner Waldfriedhof bestattet. Nach Ablauf des Nutzungsrechtes wurde das Doppelgrab 1977 aufgelöst. Das vom Sigmaringer Hofbildhauer Alois Stehle geschaffene Grabkreuz mit Wappen und allen Titeln wurde nach Sigmaringen gebracht, wo es beim Chor der Hedinger Kirche seinen Platz gefunden hat.

Gräfin Larisch und der Kaiser

Gräfin Larisch in Rottach am Tegernsee

Wegen ihrer zweifelhaften Rolle in der Mayerling-Affäre in Wien von den maßgeblichen Gesellschaftskreisen gemieden, wandte sich Marie Louise ihrer Heimat Bayern zu, denn wenigstens ihre herzoglichen Verwandten waren der Meinung, daß das Kaiserhaus sie zu streng beurteilte. Erschwerend kam hinzu, daß die Kolportageliteratur sich bereits unmittelbar nach der Tragödie des Themas annahm und unzählige »Werke« über die hoffnungslose Liebe des Thronfolgers zu Mary Vetsera erschienen. Sie stammten von angeblich bestens eingeweihten Personen und nannten vielfach unverblümt den Namen der Gräfin Larisch. Das war Wasser auf die Mühlen ihrer Feinde, zu denen nach Mayerling – einem befremdlichen Einstellungswandel zufolge – vor allem die Kaiserin zählte.

In dem der Mayerling-Affäre folgenden Sommer, den Marie Louise in ihrer Villa »Valerie« in Rottach verbrachte, übersiedelte sie in ihr Elternhaus am Haidhausener Hochufer der Isar. Ihr Vater, Herzog Ludwig, von jeher ein großer Theaterfreund, der sich längst von seinen hochadeligen Verwandten zurückgezogen hatte, verkehrte hauptsächlich mit Künstlern und betätigte sich als außerordentlicher Inspizient der Hofoper. Auch ein junger vielversprechender Sänger, Otto Brucks, war dort ein häufiger Gast. Er wird im Leben Marie Louises noch ein große Rolle spielen. Brucks, der 1890 an die Münchner Oper engagiert wurde, machte dort bald Karriere hauptsächlich als Interpret von

Gestalten Richard Wagners und erwies sich in Kürze als eine Stütze des Ensembles.

Tod der Freifrau von Wallersee

Im Palais Herzog Ludwigs stand der Sinn der Bewohner zu dieser Zeit kaum nach Kunst und Künstlern. Henriette von Wallersee war an Unterleibskrebs erkrankt. Auch eine Operation konnte ihr Leben nicht mehr retten. Am 12. November 1891 erlag sie ihrer Krankheit. Die ganze Familie betrauerte den Tod dieser liebenswerten und taktvollen Frau, die immer bescheiden im Hintergrund geblieben war. Kaiser Franz Joseph schrieb dazu an Katharina Schratt: »Die arme Wallersee ist also endlich von ihrem Leiden erlöst worden und sanft verschieden. Ich habe die Nachricht für die Kaiserin nach Corfu telegraphiert... Der Tod der armen Henriette wird die Kaiserin trotz allem, was geschehen ist, doch angreifen, da sie die Verstorbene früher viel sah und sie gerne hatte. Es war eine gute und brave Frau, deren Schicksal aber nicht beneidenswert war...«[128] Er schickte ein prachtvolles Blumengebinde mit weißen Rosen. Dem Trauerzug vom Palais in die Damenstiftskirche zur vorläufigen Beisetzung folgten neben der Familie viele Verwandte und Angehörige des Königshauses. Später dürfte eine Überführung in die herzogliche Gruft in Tegernsee stattgefunden haben.

Wenige Monate später, im Januar 1892, verschied Herzogin Ludovika. Siebzehn Enkel, darunter Gräfin Larisch, und fünfzehn Urenkel, unter ihnen Marie Louises Kinder, folgten, wie das *Salonblatt* berichtete, ihrem Sarg. Im Juni 1893 starb Herzog Max Emanuel, im Jahr darauf seine Gattin Amalie. Ende Dezember 1894 erlag Ex-König Franz II. von Neapel in Arco seiner Zuckerkrankheit. Er wurde dort zunächst begraben, im Jahre 1919, als Arco italienisch wurde, nach Tegernsee überführt, wo auch Königin Marie später ihre letzte Ruhe fand. König Franz sollte nicht in einem Land begraben sein, dessen Einigung er so sehr bekämpft hatte. Erst im Jahre 1938 wurden die sterblichen Überreste des Königspaares zunächst nach Rom in die sizilianische Nationalkirche Santo Spirito dei Napolitani, schließlich in die Kirche der Bourbonen nach Neapel gebracht.

Auch Otto Brucks hatte einen Verlust zu beklagen: Seine Gattin Eda verschied kurz nach dem Tod Henriette Wallersees. An vorstellungsfreien Abenden war er nun wieder oft Gast im Hause des Herzogs. Es wurde musiziert, Marie Louise begleitete den Sänger am Klavier.

Zweite Ehe von Herzog Ludwig in Bayern

Doch das Leben ging weiter und Zwistigkeiten blieben nicht aus, denn noch vor Ablauf des Trauerjahres teilte Herzog Ludwig seiner Tochter in »schroffer« Weise mit, daß er gedenke, wieder zu heiraten. Seine Auserwählte war die Ballett-Elevin des Hoftheaters, Fräulein Antonie Barth. Marie Louise reagierte entsetzt. Ihr Vater war 61 Jahre alt, seine Braut ganze einundzwanzig! Wie Freiin von Redwitz in ihrer *Hofchronik* schreibt, »redete man in München viel über die überraschende Heirat des Herzogs ... Herzog Ludwig heiratete ohne Wissen seiner Brüder, die die Neuigkeit erst aus der Zeitung erfuhren. Niemand von der Familie hat die Gattin je gesprochen. Er machte nur noch selten Besuche im Palais, färbte sich die Haare wenn möglich noch intensiver schwarz ...« Am 19. November 1892 meldete die Presse: »... fand in München die Eheschließung des Herzogs Ludwig in Bayern zur linken Hand mit Fräulein Antonie Barth ... Der jetzigen Gemahlin des Herzogs Ludwig wurde vom Prinzregenten der Titel ›von Bartolf‹

verliehen. Die Ziviltrauung erfolgte vormittags auf dem 2. Münchner Standesamt durch den zuständigen Ratsassessor der Vorstadt Haidhausen ... woselbst dann die kirchliche Trauung vom Stadtpfarrer vollzogen wurde. Seine Gemahlin hat noch eine Schwester... Beide waren Mitglieder des Hoftheater-Balletts bis zum Schluß der vorigen Woche.«

Die neue Frau von Bartolf, deren größte Rolle die des Trommelhasen in Bayers Ballett »Die Puppenfee« war, entstammte bescheidenen Verhältnissen. Ihr Vater war Magazineur, die Mutter Stickerin, die Geschwister erfreuten sich aber allgemeiner Achtung. Trotzdem hagelte es Kritik. Marie Louise verließ das Haus ihres Vaters, in dem der Herzog mit seiner Frau noch einige Zeit wohnte, bis das Palais schließlich verkauft wurde und Herzog Ludwig eine Villa in der Möhlstraße in Bogenhausen bezog. Seine Tochter erfuhr davon nichts. Einiges Interesse an der neuen »Schwägerin« nahm seltsamerweise Kaiser Franz Joseph. »Ein oder zwei Tage vor der Hochzeit bat Louis den Regenten um die Erlaubnis zu heiraten, oder, wenn das nicht ginge, seine Auserwählte in sein Haus nehmen zu können. Der Regent meinte, daß da schon heiraten besser sei und so erfolgte die Hochzeit augenblicklich. Mutter und Schwester zogen auch mit bei Louis ein«, schrieb der Kaiser an seine Frau und wünschte sich ein Bild vom »Trommelhasen«, dessen Äußeres durchaus seine Billigung findet. Weniger begeistert ist er einige Zeit später vom Aussehen des Schwagers: »Louis hat die Haare stark verloren, er ist womöglich noch magerer als früher, blaß, alt und sieht mit seinem kohlschwarz gemalten Schnurrbart nicht vorteilhaft aus.«

Marie Louise lebte nun ganzjährig in Rottach. Ihr Mann, Graf Georg Larisch, war nach dem Verkauf seines Besitzes in Pardubitz nach Schlesien übersiedelt und hat offensichtlich keine Verbindung mehr zu seiner Gattin. Es ist also anzunehmen, daß das am 5. September 1894 in München geborene Kind, Friedrich-Karl Graf Larisch-Moennich nicht der Sohn ihres Gatten, sondern eher der von Karl-Ernst von Otto-Kreckwitz ist, dem Herausgeber der Zeitschrift für *Hundesport und Jagd,* mit dem sie sich angefreundet hat. Sie schien offensichtlich der Meinung, daß sie einer Ehe, die sie nicht gewollt hat, nicht zur Treue verpflichtet war.

Scheidung der Gräfin Larisch und Heirat mit dem Opernsänger Brucks

Wie das *Fremdenblatt* berichtete, wurde die Ehe von Graf und Gräfin Larisch in einer außerordentlichen Sitzung der ersten Zivilkammer am Landgericht München geschieden. Marie Louise wurde schuldig erklärt und die beiden jüngeren Kinder Mary und Georg wurden dem Vater zugesprochen, der er dem Gesetz nach war. Die beiden Älteren waren damals schon erwachsen. Nur Baby Karl blieb bei der Mutter, die eine jährliche Rente von 12000 Mark erhielt. Graf Larisch verkaufte 1898 seinen Besitz Schönstein und übersiedelte nach Preußisch-Schlesien, wo er die deutsche Staatsbürgerschaft annahm und in Sakrau ein Schloß baute. Später ging er eine zweite Ehe mit einer Bürgerlichen ein. Ein Kapitel im Leben Marie Louises, die sich jetzt Frau von Wallersee-Larisch nannte, war endgültig zu Ende gegangen.

Doch offensichtlich schätzte sie die Freiheit doch nicht so sehr und zog eher die Geborgenheit einer Ehe vor. Denn es dauerte nicht lange, und sie machte dem inzwischen zum bayrischen Kammersänger ernannten und ob des unerwarteten Angebots höchst überraschten Otto Brucks einen Heiratsantrag! Angeblich hatte es ihrem Vater nicht gepaßt, daß sie »ohne männlichen Schutz« lebe und ihre Musikstunden mit Brucks bereits Inhalt so manchen Klatsches waren. Am 15. Mai 1897 fand in München die Trauung des Paares statt. Laut *Münchner Neuesten Nachrichten* eine Sensation! Aus der Tochter eines Herzogs, Nichte einer Kaiserin und ehemaligen Gräfin war eine einfache Frau Brucks geworden! So spielt das Leben. Kein Wunder, daß die Wittelsbacher Verwandten nicht gerade begeistert waren. Auch Kaiser Franz Joseph bemerkte dazu, daß der Mensch doch sehr tief sinken kann!

Das Ehepaar Brucks wohnte abwechselnd in der Villa »Valerie« und in München. Brucks hatte sein Engagement an der Oper gekündigt und beschränkte sich auf Gastspiele. Einen bisher umjubelten Sänger mußte es allerdings stören, daß das Publikum sich nicht nur für ihn, sondern mehr noch für jene ehemalige Gräfin interessierte, die vor gar nicht so langer Zeit im Mittelpunkt eines Skandals gestanden hatte. Eine psychosomatische Erkrankung, die sich durch häufige Heiserkeit Ausdruck verschaffte, war die Folge. Obwohl Georg Larisch die Rente weiter bezahlte, kam es bald zu finanziellen Schwierigkeiten. Wie schon so oft in ihrer ersten Ehe kam Marie Louise auch jetzt mit ihrem Geld keineswegs aus. Dabei war es in ihrer Jugend gar nicht üppig zugegangen. Man nagte zwar in ihrem Elternhaus nicht gerade am Hungertuch, dennoch hatte Herzog Ludwig infolge seiner Liebesheirat auf bedeutende Einkünfte verzichten müssen. Aber dann nahm Tante Sisi die Nichte unter ihre Fittiche und das junge Mädchen hatte erlebt, daß in den Kreisen, in denen sie nun verkehrte, Geld keine Rolle spielte. Man sprach nicht darüber. Man hatte es. Graf Larisch war zwar nicht immer ein sehr bequemer Partner gewesen, erwies sich aber in den ersten Jahren ihrer Ehe als durchaus großzügig. Um so schwerer fiel es ihr nun, sich an veränderte Verhältnisse zu gewöhnen. Erst viel später wird sie lernen, sich nach der Decke zu strecken. Um Ideen war Marie Louise allerdings nie verlegen.

Nach dem Tod ihrer Mutter fand Gräfin Larisch jene Schriften wieder, die sie einst für ihre Tante Sisi abgeschrieben hat. Das Paket war damals versiegelt und der Freifrau von Wallersee zur Aufbewahrung übergeben worden. Allerdings hatte die Kaiserin es nach deren Tod nie zurückverlangt. Und jetzt weilte Elisabeth selbst nicht mehr unter den Lebenden.

Man kann sich daher vorstellen, wie groß das Entsetzen am Kaiserhof war, als Gerüchte auftauchten, Marie Louise als intime Kennerin der Materie schreibe einen Roman über die Kaiserin und Mayerling! Kaiser Franz Joseph war außer sich. Hatte man nicht schon genügend Ärger mit dieser Gräfin Larisch gehabt? Und nun schrieb diese Person gar ein Buch!

Für den Kaiser bestand kein Zweifel daran, daß sie eine Menge wußte. Schließlich war sie in Gödöllö monatelang Elisabeths Vertraute gewesen und später noch einige Male in England mit dabei. Sie hatte Andrassy kennengelernt und Bay Middleton, den die Kaiserin unnötigerweise sogar nach Ungarn eingeladen hatte. Der liebe Gott allein wußte, was sich diese ehemalige Gräfin Larisch da zusammengereimt, was sie erdichtet und erfunden hatte, welche Lappalien da aufgebauscht worden waren und aus welcher Mücke ein Elefant gemacht wurde! Der Gedanke, daß das, was er die »Wolkenkraxeleien« der Kaiserin nannte, ihre Dichtungen, ihre Vorliebe für Heine, ihren Hang zum Spiritismus, alles das, was sein nüchterner Sinn nie verstanden hatte, nun in der Öffentlichkeit breitgetreten werden würde, war ihm unerträglich. Das Schlimme daran war, daß die Leute alles für wahr halten, daß sie glauben würden, was diese Frau da zusammenschrieb! Und daß ein Buch diesen Inhalts auf breites Interesse stoßen würde. Das mußte um jeden Preis verhindert werden. Als ob man keine anderen Sorgen hätte, mochte sich der Kaiser erbittert gedacht haben.

Schwierigkeiten im Kaiserhaus – Der Sprachenstreit

In Böhmen und Mähren gab es einen Sprachenstreit, der immer mehr eskalierte, denn Ministerpräsident Badeni hatte verfügt, daß jeder Bürger bei Ämtern und Gerichten von seiner Muttersprache Gebrauch machen könne. Das hieß tschechisch auch in deutschen Gebieten, und außerdem mußte jeder Beamte beide Sprachen beherrschen. Drei Jahre sollte er Zeit haben, die Fremdsprache zu lernen. In der Praxis hieß das allerdings hauptsächlich, daß alle deutschen Beamten Tschechisch lernen mußten, derweil fast alle tschechischen Beamten des Deutschen ohnehin mächtig waren.

Die Empörung unter den Deutschen war ungeheuerlich. Es wurde demonstriert, geprügelt, schließlich geschossen. Militär griff ein. In Wien glich das Parlament einem Irrenhaus. Abgeordnete wurden tätlich angegriffen, niedergeschrien, mit Pultdeckeln getrommelt. An einen normalen Sitzungsbetrieb war nicht zu denken. Tschechisch lernen sollte man? In einem Land, in dem Deutsche seit Menschengedenken ihre Heimat hatten? Waren sie denn nicht die staatstragende Nation? Waren denn die Tschechen etwas anderes als kleine Handwerker, Schneider oder Schuster, ihre Töchter Köchinnen und Kindermädchen! Dienstbotenvolk! Die Deutschnationalen revoltierten. Aber auch die sogenannten »Jungtschechen«, Studenten und Intellektuelle, forderten ihre Rechte. Es schien keinen anderen Ausweg mehr zu geben als die föderalistische Aufgliederung der österreichischen Reichshälfte. Obwohl Kaiser Franz Joseph sich selbst als einen »deutschen Fürsten« bezeichnete, wäre er unter Umständen sogar dazu bereit gewesen. Aber da legte Ungarn sein Veto ein. Zu ansteckend hätte das Beispiel auf die anderen Nationen, die Kroaten und Serben, die Rumänen und Slowaken, gewirkt. Die Ungarn in ihrem fanatischen Magyarentum, mit dem sie die anderen Völker ihrer Reichshälfte unterdrückten, sorgten dagegen dafür, daß das slawische Element nicht zuviel Gewicht bekam. Eine Föderation hätte die slawischen Nationen in der Monarchie aufgewertet, das vorhandene Gleichgewicht – besser gesagt: Ungleichgewicht – gestört.

Viele Slawen waren schon ihrer Herkunft wegen russenfreundlich eingestellt. In Kaiser Wilhelms Augen bedeutete eine Machterweiterung der slawischen Nationen eine Schwächung der österreichisch-ungarischen Monarchie. Das lag nicht in seinem Sinn, weil er einen starken Bündnispartner im Dreibund brauchte. Denn wenn Deutschland gegen Frankreich kämpfte, und das war irgendwann einmal zu erwarten, würde Österreich gegen Rußland antreten müssen. Und da mußte die deutsche Bevölkerung die Oberhand behalten. Sie vor allem war der Garant des Bündnisses. Jede Stärkung der slawischen Position war also zu vermeiden, lautete die Parole für Botschafter Fürst Eulenburg.

Der Sprachenstreit wurde zum Kampf der Nationalitäten. Graf Badeni demissionierte. Die Sprachenverordnung mußte zurückgezogen werden.

Die aufmüpfigen Erzherzöge

Aber auch die jungen Erzherzöge bereiteten dem Kaiser Sorgen, vor allem diejenigen aus der Nebenlinie Toscana. Da war einerseits Leopold, der Sohn von Großherzog Ferdinand IV., mit seinen anrüchigen Liebschaften. Und andererseits gar die Geschichte mit Ferdinands jüngstem Bruder Johann. Dieser hatte ihm, Franz Joseph, seinem

Kaiser und Souverän, die Mitgliedschaft zum erhabenen Erzhaus aufgekündigt und ihm damit Titel und Würden gewissermaßen vor die Füße geworfen.

Anschließend kaufte er als einfacher Johann Orth ein Schiff, um damit Handel zu treiben. Er ist allerdings nicht weit gekommen. Das Schiff war in einem Sturm vor Kap Horn mit Mann und Maus gesunken. Johann galt seither als verschollen, obwohl immer wieder Gerüchte besagten, er lebe irgendwo in Südamerika. Obendrein diese Neffen, Söhne seines Bruders Karl Ludwig! Otto, der immer wieder durch seine Eskapaden von sich reden machte. Vor allem aber Franz Ferdinand, Gott sei es geklagt, nach Rudolfs Tod der nächste in der Thronfolge, ein wenig umgänglicher, eigenwilliger Mann! Hatte er es sich doch in den Kopf gesetzt, eine Gräfin Chotek zu heiraten! Böhmischer Uradel zwar, aber sonst ganz und gar nicht ebenbürtig. Sollte er, das Oberhaupt der Familie, dem zustimmen und es gegen alle Tradition und die Statuten des Familiengesetzes erlauben?

Der Kaiser war ratlos. Denn Franz Ferdinands Starrsinn bot wenig Aussicht, daß er nachgeben würde. Er zeigte auch nicht die geringste Absicht, von der Thronfolge zurückzutreten. Er wollte beides: Kaiser werden und die Chotek heiraten. Was war nur in alle diese jungen Leute gefahren? Galt ihnen denn die Würde des Hauses gar nichts mehr? Die Ehre, einer der ältesten und ruhmreichsten Familien Europas anzugehören?

Stephanie, die Kronprinzessin-Witwe, wollte, anstatt sich standesgemäß ein zweites Mal zu vermählen, unbedingt einen einfachen ungarischen Grafen heiraten. Franz Joseph wird die einstige Schwiegertochter, wie er ihr schriftlich ankündigte, zwar »nie mehr sehen«, die Verbindung blieb dennoch in seinen Augen ein schlimmer Fauxpas.

Man kann sich vorstellen, daß ein zutiefst in Traditionen wurzelnder Mann wie Kaiser Franz Joseph manchmal die sich wandelnde Welt nicht mehr verstand. Und zu all dem jetzt noch die bevorstehenden, erwartungsweise skandalösen Enthüllungen dieser Frau, welche die Nichte der Kaiserin, seine eigene Nichte war!

Das Buch »jener Gräfin Larisch«

Jenes Buch der jetzigen Frau Brucks, so stand es für Kaiser Franz Joseph fest, durfte niemals erscheinen! Mit den Verhandlungen über die heikle Angelegenheit wurden die beiden Vertrauten von Katharina Schratt, Graf Hanns Wilczek und der Direktor der Länderbank, Palmer, betraut. »Heute Abend also soll Palmer nach München fahren. Gott gebe seinen Segen zu seinem Unternehmen«, schrieb der Kaiser am 18. Januar 1898 an die »liebe Freundin«. Er wünschte sämtliche Papiere, die mit dem Buch im Zusammenhang stehen, wie Manuskripte oder Druckfahnen zu erwerben. Mit der Bezahlung beauftragt wurden die Privat- und Familienfonds. Der Familienfonds bestand aus dem Nachlaß der Witwe Kaiser Karls VI. sowie dem von Kaiserin Maria Theresia gestifteten Familienversorgungsfonds und stand unter der Verwaltung des Familienoberhaupts. Daraus wurden außergewöhnliche Ausgaben bestritten, wie Abfindungen für so manches erzherzogliche Liebesabenteuer, Schulden der jungen Herren und die Rechnungen für die Kaiserin. Aus seiner Privatschatulle deckte der Kaiser auch das Defizit der Staatstheater und die nicht geringen Zuwendungen für Frau Schratt.

Zwischen 1903 und 1915 gingen über 3 Millionen Kronen allein aus den Fonds an die Tochter des Kronprinzen Rudolf und Kaiserenkelin Elisabeth, verehelichte Prinzessin Windisch-Graetz.

Die Apanagen der Mitglieder des Kaiserhauses wurden dagegen aus dem Staatsvermögen bezahlt, da laut Familienstatut jedem Mitglied ... »ein seiner erhabenen Würde und Abstammung« entsprechender Unterhalt sowie eine angemessene Ausstattung gebührte und der »standesgemäße Unterhalt ... eine Obliegenheit des Staates war«.[129]

Otto Brucks wurde also zu einem Ehrengastspiel an die Wiener Hofoper eingeladen. Bei dieser Gelegenheit gab Marie Louise das Originalmanuskript und dessen Kopie, aber auch alles Material für das Buch ab. Der Drucksatz mußte zerstört werden. Dafür erhielt sie eine sofortige Abfertigung von 150000 Mark und eine lebenslange jährliche Rente von 10000 Mark, ihr Co-Autor Otto-Kreckwitz 50000 Mark für entgangene Honorare und eine lebenslange Rente von 2400 Mark. Brucks sang am 22. März 1898 in der Hofoper den Hans Sachs für ein Honorar von 250 Gulden, einige Tage später den Wotan in »Siegfried«. Er bekam gute Kritiken, die Hofloge war jedoch leer. Die Anwesenheit der ehemaligen Gräfin Larisch wurde gar nicht erwähnt. Der Aufenthalt in Wien aber wurde wegen »Unpäßlichkeit« des Sängers vorzeitig abgebrochen. Wenn indes jemand glaubt, daß damit die Geldforderungen Marie Louises für immer gedeckt waren, der sollte sich getäuscht haben.

Schloß »Wotansquell«

Zunächst besaß Marie Louise nun genügend Geld, um ihre drückendsten Schulden zu bezahlen, aber auch um Otto Brucks Häuschen oberhalb von Rottach auszubauen. Noblesse oblige. »Schloß Wotansquell«, wie es genannt wurde, verfügte über einen großen Park mit Fischwasser und einem künstlichen Wasserfall, und war pompös eingerichtet. Und natürlich wurde das Personal vergrößert und ein Diener angestellt. Das glaubte man wohl dem »Schloß« schuldig zu sein. Am 10. März 1899 wurde dem Ehepaar Brucks in Rottach ein Junge geboren, der auf den Namen Friedrich Josef Otto getauft wurde. Schloß »Wotansquell« war inzwischen fertiggestellt und wurde zum Mittelpunkt glanzvoller Feste, in denen es entsprechend hoch herging. Man trank Champagner aus den Schuhen der Damen, das Beste war gerade gut genug, der Sekt floß buchstäblich in Strömen, so daß man die Teppiche am nächsten Morgen zum Trocknen aufhängen mußte. Kein Wunder, daß die Stimme von Brucks unter diesen Trinkorgien litt.

Seit Marie Louise ihre Rente aus Wien bezog, ließ Brucks' Engagement in der Oper nach, und die Ausgaben waren weit größer als die Einnahmen. Der »Schotter« reichte wieder einmal nicht... Was lag also näher als die Ankündigung eines neuen Buches, diesmal über die »Liebesaffären« der Kaiserin! Ein Buch, das »im Gegensatz zu ihren Verpflichtungen recht unangenehm und bedenklich werden dürfte«, schrieb der Kaiser an Frau Schratt. Wieder wurde Palmer ausgeschickt, um einen neuen Vertrag mit Frau Brucks auszuhandeln, diesmal über 107000 Mark. Auf Brucks wirkten sich jene Erpressungsmanöver verheerend aus. Er verkraftete es nicht, daß er nicht mehr der begnadete Sänger war, sondern nur mehr der Gatte einer berüchtigten Frau. Wie Brigitte Sokop darstellt, »wurde der Gesellschaftstrinker zum Alkoholiker«, den seine Stimme immer öfter im Stich ließ. Am 15. Oktober 1900 schrieb die *Breslauer Zeitung* über ein Gastspiel Brucks: »Unser Opernkritiker hat... bereits darauf hingewiesen, welch merkwürdige und unkünstlerische Töne der Kehle des Gastes... entströmten und wie seltsam sein ganzes Spiel war. Kritik und Publikum schienen übereinstimmend der Ansicht zu sein, daß eine derartige Leistung nur das Resultat eines zu starken Alkoholgenusses sein könnte.« Da Brucks jedoch gar keinen Alkohol getrunken hatte, schloß der Kritiker daraus, daß »der bedauernswerte Künstler das Opfer nervöser Störungen« infolge »eines unregelmäßigen Lebens«

sei. Es kam soweit, daß Otto Brucks sich als Opfer seiner Frau sah und es sie spüren ließ, indem er sie gelegentlich sogar verprügelte. Und das Geld reichte immer noch nicht, genauer gesagt, nicht mehr. Daher wurden auf »Wotansquell« Hypotheken aufgenommen, Renten verpfändet, österreichische Beamte, Münchner Anwälte und Bankfachleute waren mit dem Fall Brucks beschäftigt.

Brucks als Theaterdirektor – Die Memoiren Marie Louises

Im Jahre 1906 schien sich im Leben des Sängers eine Besserung abzuzeichnen. Es wurde ihm die Direktion des Stadttheaters in Metz angeboten. Doch auch dafür benötigte man Geld. 85000 Mark genau für Kostüme und Bühnenausstattung. Flehentliche Bitten gingen an Palmer, an den Kaiser selbst, der sich letztlich doch erweichen ließ. Der Fall Larisch hatte das Kaiserhaus bis 1907 schon weit über eine halbe Million Kronen gekostet. Das Stadttheater Metz verfügte über 1200 Sitze, man spielte Oper und Schauspiel auf Deutsch, zeitweise auch auf Französisch. Brucks begann am 23. September 1906 mit der Oper »Lohengrin«.

Als Marie Louises Tochter Marie Henriette an Blattern starb, lebten die alten Geschichten um »jene« Gräfin Larisch wieder auf. Marie Louise trug sich erneut mit dem Gedanken, ihre Memoiren zu schreiben. Nach langem Tauziehen wurde der Kaufvertrag über das Manuskript zu den von Frau Marie Brucks, geb. Baronin von Wallersee, verfaßten Memoiren abgeschlossen. Das Entgelt betrug die stolze Summe von 334000 Mark! Auch in Metz veranstalteten die Brucks große Feste, wieder floß der Champagner, wieder mußten die Teppiche zum Trocknen ins Freie gehängt werden. Es wiederholte sich alles, auch die Diskrepanz zwischen Einnahmen und Ausgaben, die Verpfändungen, die Schulden. In den Jahren 1898 bis 1911 bezahlte das Kaiserhaus an die ehemalige Gräfin Larisch sage und schreibe 1 072 000 Mark!

»My Past« bei Countess Marie Larisch, née Baroness von Wallersee, Niece of the Late Empress of Austria and daughter of Duke Ludwig of Bavaria erschien im Frühjahr 1913 in London. Denn Marie Louise hatte trotz aller Zahlungen eine Veröffentlichung ihrer Memoiren nie ganz aus dem Auge verloren. »My Past« entstand mit Hilfe der Journalistin Maude Mary Chester Foulkes, die auch etwa zur gleichen Zeit bei den Erinnerungen der ehemaligen Kronprinzessin von Sachsen, Luise von Toscana, mitwirkte. Beide Memoiren erschienen beim Verlag Eveleigh Nash.

Im Unterschied zu dem von Kaiser Franz Joseph angekauften Werk über die Kaiserin handelt »Meine Vergangenheit« von den Vorkommnissen in Mayerling. Schon im Juni erschien »Meine Vergangenheit« bei Fontane in Berlin. Doch nur die englische Ausgabe und die ersten Exemplare der deutschen konnten von Agenten des Kaiserhauses aufgekauft werden. In Hamburg wurden Tausende Exemplare, wohl als Raubkopie, gedruckt. Um nicht in Schwierigkeiten zu kommen, verkauften die Buchhändler das Werk heimlich, denn es wurde eifrig gelesen.

Wie Brigitte Sokop in ihrer Larisch-Biographie schreibt, wußte die Verfasserin genau, was sie dem Hof an Diskretion schuldig war. »Man kann ihr eine gewisse Rücksicht auf damals noch lebende Personen nicht absprechen, und ihre Verehrung für die Kaiserin ist durchaus spürbar.«[130] Dennoch wurden Marie Louises finanzielle Hoffnungen nicht erfüllt. Es scheint, daß sie von ihren Verlegern ziemlich übervorteilt wurde. Die Hofdamen der Kaiserin gingen scharf mit der Autorin ins Gericht. »Undankbare Treulose, hat sie (Elisabeth) das um dich verdient?« schrieb sich Gräfin Festetics Zorn und Verachtung über die Frevlerin von der Seele. »Elisabeth ... überschüttete dich mit Rücksicht und Güte, beschenkte dich. Du hast sie hintergangen. Das aber genügte dir nicht. Du reißest die Toten aus den Gräbern, verzerrst das Engelsbild der Kaiserin zur Fratze ... und zitterst nicht vor der Strafe des Himmels. Willst du mit deinem Gifthauch das Licht verdunkeln, in dem ihr edles Wesen vor uns erstrahlt...«[131]

Otto Brucks Theaterdirektion in Metz verlief durchaus erfolgreich, gesundheitlich ging es ihm jedoch immer schlechter. Eine fortschreitende Leberzirrhose, Hochdruck und Herzbeschwerden verschlimmerten sich zusehends. Die Zeit der großen Feste im Hause Brucks war längst vorbei. Das Leben verlief jetzt in ruhigen Bahnen.

Scheidung Herzog Ludwigs und Tod Otto Brucks'

Als Marie Louise noch in Rottach lebte, hatte sie sich mit ihrem Vater zerstritten. Es kann sein, daß dem Herzog die ständigen Erpressungen des Kaiserhauses Grund boten, seine Tochter »zurechtzuweisen«, es ist aber auch möglich, daß Marie Louise sich zu sehr in seine Ehe mischte und dadurch Partei für ihre junge Stiefmutter nahm. Ludwig, bekanntlich vierzig Jahre älter als seine zweite Frau, soll dieser nämlich zunehmend mit Eifersuchtsanfällen das Leben schwergemacht haben. Der Herzog überschüttete daraufhin seine Tochter mit einem »Vokabularium wie auf dem Exerzierplatz« und verbot ihr sein Haus.

Am 11. Juli 1913 wurde die Ehe Herzog Ludwigs gerichtlich geschieden. So sehr der Herzog durch das Schwarzfärben von Haar und Bart sein Aussehen zu verjüngen versuchte, die Natur hatte dem bereits Achtzigjährigen Grenzen gesetzt. Es war sowieso ein Wunder, daß die Ehe über zwanzig Jahre bestanden hatte. Nun aber hatte sich der »Trommelhase« in den königlich bayrischen Hauptmann Maximilian Mayr verliebt. Baronin Bartolf wurde nach kurzer Verhandlung, die unter Ausschluß der Öffentlichkeit stattfand, der Untreue bezichtigt und schuldig gesprochen. Herzog Ludwigs einzige Tochter hatte schon lange keine Verbindung mehr zu ihm. Sie erfuhr von seiner Scheidung aus der Zeitung.

Im Januar 1914 erkrankte Otto Brucks an einer Lungenentzündung, von der er sich nicht mehr erholte. Er starb kurze Zeit darauf am 15. Januar. Niemand war bei ihm. Seine Frau war in England und kam nicht einmal zur Beerdigung. Der Trauerzug war lang, Brucks hatte sich großer Sympathien erfreut.

Ein Ende in Armut

Wirren am Balkan – ein Attentat und seine Folgen

Der Tod Otto Brucks' bedeutete einen tiefen Einschnitt im Leben Marie Louises. Wieder einmal mußte sie auf eigenen Füßen stehen. Inzwischen hatte sich die Weltlage entscheidend verschlechtert. Im Jahre 1908 hatte die österreichisch-ungarische Monarchie die bisher immer noch nominell zur Türkei gehörigen Provinzen Bosnien und Herzegowina annektiert und dadurch eine Krise am Balkan ausgelöst. Die Westmächte waren empört. Serbien und damit seine Schutzmacht Rußland sahen dem Machtzuwachs Österreichs am Balkan nur zähneknirschend zu. Wenn das türkische Reich zerfiel, was früher oder später eintreten würde, wollte Italien nicht leer ausgehen. Im Jahre 1908 konnte ein Krieg noch verhindert werden. Erst 1912 kam es zum sogenannten Balkankrieg. Die Annexion Libyens durch Italien hatte zum Krieg mit der Türkei geführt. Die Balkanstaaten beschlossen darauf, das türkische Mazedonien unter sich aufzuteilen. Das Ergebnis war, daß die Türkei fast alle ihre Besitzungen am Balkan verlor. Österreich war daran unbeteiligt. Doch die Lage blieb explosiv. Das aggressive Flottenprogramm Kaiser Wilhelms II. trug ebenfalls dazu bei. Es rief die Seemacht England auf den Plan.

Schritt für Schritt schlitterte die Welt in den Krieg. Das Attentat bosnischer Nationalisten auf den österreichischen Thronfolger Franz Ferdinand am 28. Juni 1914 in Sarajewo war nur mehr der letzte Anlaß, der die Katastrophe auslöste. Nach langem Ringen hatte Kaiser Franz Joseph seinem Thronfolger eine Ehe »zur linken Hand« erlaubt und Gräfin Chotek zuerst zur Fürstin, dann zur Herzogin von Hohenberg erhoben. Franz Ferdinand mußte allerdings viele Einschränkungen auf sich nehmen und die Vereinbarung mit einem feierlichen Eid beschwören. Nun war das meiste davon hinfällig, denn die Herzogin war ebenfalls durch das Attentat ums Leben gekommen.

Viele Stimmen erhoben sich für den Krieg. Dazu gehörte vor allem Generalstabschef Conrad von Hötzendorf, der sich schon seit langem für einen Präventivkrieg gegen Serbien ausgesprochen hatte, das hinter dem Attentat steckte. Mit ihm waren auch viele andere Politiker der Meinung, daß Österreich als Großmacht ausgespielt hätte, wenn es sich von dem kleinen Land, das hinter dem Attentat stand, diese Provokation gefallen ließ. Niemand bedachte, daß die Dreibundmächte von allen Seiten eingekreist waren und Italien ein ziemlich unzuverlässiger Partner war. Wie sehr sollte sich 1915 erweisen. Ein Dreifrontenkrieg drohte, der womöglich zu einem Vierfrontenkrieg eskalieren würde. Vorläufig noch ein Schreckensszenarium, das jedoch nur zu bald Wirklichkeit werden wird. Als sich Österreich 1915 weigerte, die italienischen Forderungen zu erfüllen, brach Italien seine Bündnisverpflichtungen und trat an der Seite der Entente in den Krieg ein. Und man unterschätzte gründlich das kleine Serbien. Das Ultimatum an Serbien, das die Kriegspartei schließlich durchsetzte, enthielt so scharfe Forderungen, daß es für einen souveränen Staat tatsächlich unannehmbar war. Wie gewünscht, lehnte Serbien es ab. Das bedeutete Krieg.

»Serbien muß sterbien«, reimten jedoch die Leute, und die meisten Soldaten waren davon überzeugt, zu Weihnachten schon wieder zu Hause zu sein. Ein folgenschwerer Irrtum! Das kleine Serbien wird nämlich den siegessicheren Truppen einen schmählichen Rückzug bescheren, und erst viel später wird es mit massivem deutschen Einsatz gelingen, das Land zu unterwerfen.

Der Erste Weltkrieg

Am 28. Juli 1914 unterschrieb Kaiser Franz Joseph die Proklamation »An meine Völker«. »Ich habe alles geprüft und erwogen«, hieß es darin. Nach einem halben Jahrhundert Frieden herrschte in der österreichisch-ungarischen Monarchie und in Deutschland Krieg. Er wird zunächst als der »Weltkrieg«, schließlich als der »Erste Weltkrieg« in die Geschichte eingehen. Der Kaiser wird sein Ende, das zugleich das Ende der Monarchie und damit der über 600 Jahre währenden Habsburgerherrschaft bedeutete, nicht mehr erleben. Franz Joseph starb am 20. November 1916 im Alter von 86 Jahren nach fast 68jähriger Regierungszeit.

Rotkreuzschwester Marie Louise – Das Ende des Krieges

Im Juli 1914 wurde Marie Louise nach Lausanne gerufen, wo ihre Tochter Marie Valerie schwerkrank in einer Klinik lag. Sie hatte als Krankenschwester in einem Missionsspital in Afrika gearbeitet und sich dort an einer unheilbaren Krankheit infiziert.

Es ist möglich, daß der Entschluß Marie Louises, sich in dem nun unmittelbar bevorstehenden Krieg als freiwillige Helferin beim Roten Kreuz zu melden, auf den Wunsch der todkranken Tochter zurückgeht. Marie Valerie von Larisch-Moennich starb am 31. Oktober 1907 in Lausanne. Marie Louises erster Einsatzort war Mühlhausen im Elsaß, dann arbeitete sie in einem Lazarett in Baden-Baden. Nach einer neuerlichen Schulung in München ging sie den Chirurgen im Operationssaal zur Hand, betreute Kranke in Infektionsbaracken und Verwundetentransporte von der Front in die Heimat. Im Oktober 1918 floh sie mit ihrer Truppe aus Frankreich und erreichte im November München. Alles, was sie an Hab und Gut besessen hatte, war verloren. Das schwer verschuldete »Wotansquell« wurde bereits 1916 verkauft, vermutlich wurde es versteigert. Die Lebensrente von Georg Larisch fiel der Inflation zum Opfer.

Marie Louise stand vor dem Nichts. Der Militärarzt, dem sie in der Praxis assistierte, verließ München. Sie war inzwischen 61 Jahre alt, hatte keine Arbeit, keine Wohnung und weder Einkommen noch Vermögen. Da kam ihr eine Zeitungsmeldung, wonach eine Stummfilmfirma ein Werk über Mayerling plante, zu Hilfe. Tatsächlich erhielt sie den Auftrag für das Drehbuch. Der Plan zu einem Film über Ludwig II. entstand. Auch ein Elisabeth-Film mit Marie Louise nicht nur als Drehbuchautorin, sondern auch als Darstellerin der Rolle der Gräfin Larisch wurde vorbereitet. Sie erhielt gute Gagen, aber wie immer rann ihr das Geld durch die Finger. Sie konnte sich noch eine bessere Wohnung leisten, dann endete ihre Arbeit als Drehbuchautorin und Dramaturgin. Die Firma machte Pleite.

Im November 1920 erfuhr Marie Louise aus der Zeitung, daß ihr inzwischen 89 Jahre alter Vater, Herzog Ludwig in Bayern, gestorben war. Er war die letzten Tage bettlägerig, schließlich setzte eine Herzlähmung seinem Leben ein Ende. An seinem Sterbebett befand sich seine Schwägerin Marie José, die Witwe seines Bruders Carl Theodor, und der langjährige Adjutant Düring. Seine Tochter wurde nicht verständigt. Es ist gut möglich, daß der Herzog es nicht wünschte. Herzog Ludwig wurde auf dem Münchner Ostfriedhof beerdigt. Seinem Wunsch entsprechend sollte niemand zugegen sein. Auch bei der stillen Messe in der Bogenhausener Kirche hatte er nur die Anwesenheit seiner Geschwister gewünscht. Dennoch kamen seine Nichten Sophie und Gisela sowie seine Enkel aus der Ehe seiner Tochter mit Graf Larisch.

Herzog Ludwig, der nur noch selten bei seinen Verwandten erschienen war, lebte in den letzten Jahren sehr zurückgezogen in seiner Villa in der Möhlstraße. Noch im hohen Alter machte er Spazierritte im Englischen Garten oder in der Umgebung der Stadt. Das Volk mochte ihn. Offensichtlich war er nach seiner Scheidung in eine üble Gesellschaft geraten, seine Villa wurde zum Treffpunkt zwielichtiger Leute, die den alten Mann völlig beherrschten und richtiggehend ausnahmen. Marie Louise erbte zwar die Villa, aber alle Wertgegenstände waren daraus verschwunden, das Haus selbst ganz verwahrlost. Steuern und Inflation machten den Wert ganz zunichte. An eine Restaurierung war nicht zu denken. Heute wäre allein das Grundstück ein Vermögen wert.

In ihrer Verzweiflung nahm die ehemalige Gräfin und Tochter eines Herzogs in Berlin eine Stelle als »Stütze der Hausfrau« an, wo sie weidlich ausgenützt wurde. Ein wenig Geld brachte ein Artikel in einer amerikanischen Zeitung, den ihr Mary Chester Foulkes vermittelte, die aber wohl einen Gutteil des Honorars für sich verbuchte.

Marie Louise in der Neuen Welt – eine neue Ehe

Diesen Zeitungsartikel las ein Farmer belgischer Abstammung, William Henry Meyers, und nahm daraufhin Verbindung mit der Autorin auf. Er sei reich, habe eine Farm in Florida und machte Marie Louise den Vorschlag, zusammen mit einem Kapitalgeber ein »First-Class«-Sanatorium zu errichten, wo sie die Leitung der Schwesternschaft übernehmen solle. Dem Brief waren ein Scheck und eine Karte für eine Luxuskabine auf der »Bremen« beigelegt. Marie Louise fuhr also nach New York, trotz ihrer 66 Jahre voller Hoffnung auf eine positive Wende ihres Lebens. Sie wurde bitter enttäuscht. Der Millionär war in Wirklichkeit weit davon entfernt, einer zu sein, die Farm war ein ödes Stück Land und so gut wie wertlos und das homöopathische Kurhaus erwies sich als Luftschloß. Aber auch Meyers hatte sich die Gräfin aus Europa wohl anders vorgestellt. Statt einer ranken, schlanken jungen Frau, mit der er Aufsehen erregen konnte, erwartete ihn eine ältere Dame, die zwar immer noch gut aussah, aber eben doch ihre Jahre nicht ganz verleugnen konnte.

Dennoch heiratete sie Meyers kurz nach ihrer Ankunft am 24. September 1924. Geschah es, weil sie völlig mittellos und auf ihn angewiesen war? Oder weil sie dadurch Amerikanerin wurde? Der Grund der überstürzten Heirat blieb unklar. Vielleicht gab es wirklich keine Alternative für sie. Jedenfalls war die ganze Aktion ein schwerer Fehler. Meyers zögerte nicht, seine Enttäuschung an seiner Frau auszulassen. Sie bekam nur Milch und Maisgerichte zu essen, er versteckte ihre Kleider, damit sie nicht ausgehen konnte, sie hätte sich aber auch sonst nichts kaufen können, da sie über kein Geld verfügte und oft sperrte er sie sogar ein. »... Ich bin vor Unterernährung und Tropenfieber ganz heruntergekommen, ich habe mich in eine Bretterhütte geflüchtet... Sie hat keine Tür, ich habe mir eine alte Decke vorgenagelt, und der Boden hat Risse, ich verstopfe sie mit Papier, dennoch wimmelt es vor Ratten und Ungeziefer. Ich habe kein Licht, nur eine Kerze ... und ein großes Messer zur Verteidigung«[132], schrieb sie an eine Freundin in München, die Verbindung zu den Wittelsbachern hatte. Es scheint, daß sie sich damals eine Malariainfektion zuzog, an der sie noch lange krankte. Auf ihre flehentlichen Bitten bekam sie von den Behörden endlich 1926 eine im Rahmen der öffentlichen Fürsorge ausgestellte Fahrkarte nach New York und 20 Dollar für dringend benötigte Bekleidung.

In New York arbeitete und wohnte sie zunächst in einer Art Obdachlosenasyl, einem Heim für Hilflose und Verlassene, wo sie sich ihren Unterhalt mit Putzen, Kochen und Waschen verdiente. Die Bekanntschaft mit einer österreichischen Baronin, die mit einem amerikanischen Komponisten verheiratet war, veranlaßte sie, nach Hoboken am Hudson River überzusiedeln, wo sie mit vielen Leuten zusammenkam und Einlaß in den Salon einer Multimillionärin in der New Yorker Park Avenue fand, deren Gäste die ehemalige Gräfin und leibliche Nichte Kaiserin Elisabeths neugierig herumreichten. Alter europäischer Adel hatte eben in Amerika immer noch seinen Reiz. Paul Maerker Branden, ein Deutsch-Amerikaner und Herausgeber der Zeitschrift *American Monthly* verhalf Marie Louise gelegentlich zu etwas Verdienst und ebnete ihr den Weg zu literarischem Schaffen. Ihre drückendsten Sorgen sind damit behoben. Dennoch will sie zurück nach Europa.

Rückkehr nach Deutschland – literarische Tätigkeit

Im Mai 1929 kam sie in ihrer Geburtsstadt Augsburg an. Um kein Aufsehen zu erregen, lebte sie dort unter dem bürgerlichen Namen Meyers. Ihr Bevollmächtigter wurde Direktor Friedrich Eisenberger. Mühsam schlug sie sich mit schriftstellerischer Arbeit durch. »Her Majesty Elizabeth of Austria-Hungary, the Beautiful Tragic Empress of Europe's Most Brillant Court« by Marie Louise Countess Larisch of Wallersee-Wittelsbach in collaboration with Paul Maerker and Elsa Branden, erschien 1934 in New York, ein Jahr später auch in Paris und London, bald darauf im deutschen Goten-Verlag. Im selben Jahr arbeitete sie an einem Projekt für einen Film über Ludwig II. Ein Jahr später kam in Leipzig »Kaiserin Elisabeth und ich« sowie »Die Heldin von Gaeta« heraus.

Doch Marie Louise hatte wie schon so oft in ihrem Leben in finanzieller Hinsicht wenig Glück. In Amerika schöpfte Branden den Großteil des Gewinns ab, in Deutschland übervorteilten sie diverse Vermittler und Verleger und nützten ihre Unerfahrenheit aus. Oft bekam sie nicht einmal Honorar, war nicht am Verkauf ihrer Werke beteiligt, sondern erhielt nur drei- oder viermal im Jahr 200 Mark. Und es gab keinen Kaiser mehr, der ihr mit seiner Privatschatulle aus der Patsche geholfen hätte. Trotz ihres Alters – sie ist inzwischen fast achtzig – war sie immer noch voller Pläne. Sie verfaßte ein »Mystisches Drama« um »Johann Orth« und eine etwas veränderte Neuauflage von »Meine Vergangenheit«. Im Herbst 1937 brachte die *Augsburger Zeitung* die Serie: »Mein Leben mit zwei Herrscherinnen«. Dennoch wollten die finanziellen Sorgen kein Ende nehmen. Aufgrund ihrer Bücher, die sich durchaus gut verkauften, hätte sie eigentlich ein sorgenfreies Alter haben müssen. Aber der Goten-Verlag, der ihr sowieso viel zu wenig bezahlte, ließ sie warten, wieder stand sie da ohne Geld. Die kleine Rente, die sie von den Wittelsbachern erhielt, reichte nur für das Nötigste. Völlig verarmt, bezog sie am 22. März 1939 im St. Servatiusstift das Zimmer 45. Solange sie noch konnte, verbrachte sie die Zeit mit Lesen im Bett. Ein gutes Jahr später, am 4. Juli 1940, starb Marie Louise geborene Mendel Freiin von Wallersee, Gräfin Larisch-Moennich, Frau Brucks, Mrs. Meyers an rasch fortschreitendem Kräfteverfall. Sie wurde nach München überführt und neben ihrem Vater auf dem Ostfriedhof beerdigt. Sie überlebte alle ihre Kinder, mit Ausnahme ihres Sohnes Otto Brucks, der erst 1977 starb.

Einige Tage nach ihrem Tod wies das Finanzamt Augsburg ihren Einkommensteuerbescheid für das Jahr 1939 aus: Gewinn aus selbständiger Arbeit 82 RM, aus sonstigen Einkünften 885 RM, die fällige Steuer betrug 14 RM, dazu 1,12 RM Kirchensteuer. Eine fürwahr traurige Bilanz eines

Lebens, das durchaus vielversprechend begonnen und eine Zeitlang so glanzvoll verlaufen war.

Sie hätte weiterhin eine brave Ehefrau bleiben können. Graf Larisch hätte bestimmt niemals von sich aus auf eine Scheidung gedrängt. Dazu war er zu konservativ und scheute einen Skandal. Sie hätte ein geruhsames Leben gelebt, bequem, aber langweilig an der Seite eines bisweilen lästigen Gatten. Doch das hat sie nicht gewollt. Sie hat statt dessen das Abenteuer gewählt mit seinem prickelnden Reiz.

Würde sie anders entschieden haben, hätte sie gewußt, wie ihr Leben verlaufen und wie schwierig es sich manchmal gestalten würde? Marie Louise Larisch verschweigt es uns.

Das Ende aller Wege

Wien im Jahre 1898

Wir sind der Zeit einige Jahrzehnte vorausgeeilt und schreiben das Jahr 1898. In Wien hatte Kaiser Franz Joseph ein Jahr zuvor endlich die Wahl des populären Bürgermeisters Lueger bestätigt, die er wegen dessen Antisemitismus dreimal abgelehnt hatte. Die Regierung handelte weiterhin nach dem Prinzip des »Fortwurstelns«. Gustav Mahler war Hofoperndirektor geworden, Arthur Schnitzler schrieb seine melancholischen Stücke, die den Geist der Wiener Gesellschaft um die Jahrhundertwende widerspiegeln. Im ganzen Reich erhoben die Minderheiten ihre Stimmen, die Wahlrechtsreform hatte auch den ärmeren Bürgern, wenigstens denjenigen, die mindestens 5 Gulden im Jahr Steuern bezahlten, das Wahlrecht erteilt. Es bedeutete eine Stärkung der Christlich-Sozialen Partei Luegers. Aber auch die Sozialdemokraten hatten sich formiert und zogen bereits am 1. Mai mit roten Fahnen durch den Prater. Am 20. April 1896 wurden zum ersten Mal »bewegte Bilder« am »Cinematographen« gezeigt. 1898 gab es in der Metropole Wien zwanzig Autos. Nicht einmal der Kaiser, Neuerungen im allgemeinen nicht besonders zugetan, ließ sich die Sensation entgehen. Eine neue Zeit war angebrochen.

Kaiserin Elisabeth war inzwischen 60 Jahre alt. Nach wie vor verbrachte sie die meiste Zeit auf Reisen, hauptsächlich im Mittelmeerraum oder in den Kurbädern Kissingen, Nauheim oder Karlsbad, immer auf der Suche nach etwas, was sie selbst nicht benennen konnte, während in Wien der Kaiser wie schon seit Jahren darauf wartete, daß sie ihr ruheloses Wanderleben endlich aufgeben würde. Er wartete vergeblich. Drei aufeinanderfolgende Winter verbrachte Elisabeth in Cap Martin an der französischen Riviera, wo der Kaiser sie für zwei Wochen besuchte. Denn auch dort mußte sich sein Adjutant morgens um 6 Uhr zum Dienst melden. Zu dieser Stunde hatte Franz Joseph schon eine Menge Telegramme gelesen und Antworten aufgesetzt. Wie er dem deutschen Botschafter gegenüber erwähnte, habe der ganze Aufenthalt durch die Sorge über den Gesundheitszustand der Kaiserin und ihre Nervosität sehr gelitten.

Selbst Elisabeths Lieblingstochter Valerie wußte nicht viel mit ihr anzufangen. »Oft wissen wir kaum, was wir zusammen reden sollen«, notierte sie in ihrem Tagebuch. Und wenn sie sprach, dann nur über die traurigsten Dinge. »Wollte sie nur herauskommen aus dieser großen Einsamkeit, sich für irgend etwas interessieren, um auf andere Gedanken zu kommen ... es würde viel zu ihrer Besserung beitragen. So aber hängt sie nur ihren trüben Gedanken nach, und kommt sie mit jemandem zusammen, so wird nur von der Gesundheit gesprochen.«[133] Die natürlich beklagenswert war: Kopf- und Gliederschmerzen, Ischias, Schlaflosigkeit. Was aber keineswegs bedeutete, daß sie ihre Hungerkuren aufgab.

In der Hofburg ließ sich Elisabeth nur sporadisch und jeweils für kurze Zeit sehen. Die Wiener vermißten sie nicht mehr. Sie hatten sich längst an die fast ständige Abwesenheit ihrer Kaiserin gewöhnt.

Das letzte Mal, daß Kaiserin Elisabeth in offizieller Mission auftrat, war in Budapest anläßlich der Millenniumsfeiern Ungarns am 2. Mai 1896. Kaum jemand erkannte sie. Wie immer seit Rudolfs Tod war sie völlig schwarz gekleidet, durch ihre Magerkeit machte sich ihr Alter besonders bemerkbar. »... ein schwarzes, weibliches Haupt, ein neues, ein unbekanntes tieftrauriges Antlitz, dessen Lächeln bloß wie ein schwacher Reflex wirkte. Ihr Gruß ist freundlich, doch mechanisch«, schrieb die ungarische Zeitung *Magyar Hirlap* am 3. Mai 1896. Wann immer es möglich war, hatte Elisabeth sowieso ihr Gesicht hinter ihrem Fächer versteckt.

Fürst Eulenburg, der deutsche Botschafter, schildert den Eindruck der Feierlichkeiten, besonders den der großen Messe in der Mathias-Kirche: »Über allen Eindrücken des Zaubers dieser Messe, die sich wohl kaum jemals zu solchem Bild der Schönheit und des Glanzes wiederholen wird, bleibt jedoch der tragische Eindruck einer unter vielen schwarzen Schleiern verborgenen Frau bestehen – der Kaiserin Elisabeth. Umgeben von dem bunten strahlenden Glanz des versammelten Erzhauses in der erhöhten Loge, da diese verschleierte vollkommen schwarze Gestalt.« Und Eulenburg fügt noch wenig galant hinzu: »Profan ausgedrückt: wie ein Tintenfleck auf einem sehr schönen bunten Gemälde.«[134] Aber das »Eljen«, in das die Menschen dennoch immer wieder ausbrachen, war trotzdem auch jetzt der Beweis, wie sehr Elisabeth in Ungarn verehrt wurde. »Die Königin beugt das Haupt. Das schneeweiße Antlitz beginnt sich zu färben. Ihre Augen öffnen sich weit, der alte Glanz schimmert hervor. Sie, die einst so berückend zu lächeln wußten, ... füllen sich mit Tränen. Die Fühlung ist hergestellt. Ein glückliches Land hat die Königin zu trösten verstanden, aber es dauert bloß einen

Augenblick. Aus dem Antlitz der Königin weicht langsam die Röte des Lebens, und bald sitzt an der Seite des Königs wieder die in Trauer gehüllte Frau: die Mater dolorosa«[135], schrieb ein Augenzeuge. Die Ungarn sahen ihre Königin nie wieder.

Einige Monate später bekam Elisabeth einen entstellenden Ausschlag im Gesicht. Von da ab schloß sie sich noch mehr von der Umwelt ab. Der grausame Tod ihrer Schwester Sophie in Paris trug ebenfalls nicht zu einer Besserung ihres Zustandes bei, sondern stürzte sie in einen erneuten Schub von Trauer und Melancholie. Im Februar 1898 schrieb sie an den Kaiser, »daß sie lebt und sich fühlt als ob sie 80 Jahre alt wäre«.[136]

Und Valerie vermerkte nach einem Besuch bei ihrer Mutter in Nauheim klagend am 13. Mai 1898 in ihr Tagebuch: »Mama sieht furchtbar schlecht aus ... Nach allem, was ich hier höre, war ihr Winter noch schlechter als wir wußten ... Die tiefe Traurigkeit, die Mama doch nur zeitweilig umfing, verläßt sie jetzt nie mehr. Alles ist düster, trostlos. Die beiden Worte: hoffen und sich freuen hat sie für immer aus ihrem Leben gestrichen.«[137] Es scheint, daß mit dem Nachlassen ihrer körperlichen Kräfte auch der letzte Rest von Lebensfreude schwand. Es war das letzte Mal, daß sie ihre Mutter lebend sah. Elisabeth selbst stellte fest, daß ihr die Kuren keineswegs geholfen hatten: »Schlecht gelaunt und traurig bin ich, und die Familie kann froh sein, daß sie von mir weit entfernt ist. Ich habe das Gefühl, daß ich mich nicht mehr zusammenklauben werde«[138], schrieb sie Ende Juli an Valerie.

Nie wollte Elisabeth jedoch wahrhaben, daß ihre verrückten Hungerkuren und das krankhafte Bewahren eines viel zu niedrigen Gewichtes große Schuld an ihrem schlechten Gesundheitszustand trugen. Sie ist diesem Teufelskreis ein Leben lang nie entronnen. Denn noch immer war die Waage maßgebend für ihre täglichen kargen Mahlzeiten. Noch immer wollte sie nicht verstehen, daß ihr faltiges Gesicht, das sie ängstlich hinter einem Lederfächer verbarg, vor allem ein Ergebnis ihrer Hungerkuren war.

Genf

Von Nauheim reiste sie in die Schweiz. Sie liebte die Stadt Genf und den See, weil sie fand, daß er dem Meer sehr ähnelte. In diesem September erhoffte sie sich viel von Sonne und Wärme und dem milden Klima der Gegend. In Caux bei Montreux, wo sie schon einige Male gewohnt hatte, beabsichtigte sie, eine vierwöchige Kur zu machen. Am 9. September fuhr sie mit ihrer Hofdame, Gräfin Irma Sztaray, nach Pregny zu einem Besuch bei Baronin Rothschild. Sie tat es hauptsächlich ihrer Schwester Marie zuliebe, die sich von den Rothschilds sehr unterstützen ließ und diese dafür mit ihrer Freundschaft beehrte. Man kann sich vorstellen, wie geehrt sich die Baronin durch den Besuch der Kaiserin fühlte. Die Tafel war verschwenderisch mit Orchideen geschmückt, die Gerichte wurden auf Meißner Porzellan serviert, leise Tafelmusik klang aus dem Nebenzimmer. Ausnahmsweise fand Elisabeth sogar an den Speisen so großen Gefallen, daß sie einiges auf der Speisekarte ankreuzte und ihre Hofdame beauftragte, sie dem Kaiser zu senden. Nach dem Essen ließ sie sich durch den Park führen, bewunderte die Aquarien und Volieren sowie die Glashäuser, in denen die seltensten Blumen gezogen wurden. Nach drei Stunden Aufenthalt in Pregny fuhren die Kaiserin und Gräfin Sztaray nach Genf, wo Elisabeth im Hotel »Beau Rivage« eine Suite bezog. Wie schon so oft reiste sie unter dem Pseudonym einer Gräfin von Hohenems. Sie hatte es seit langem gewählt, weil für eine Gräfin der »große Bahnhof«, also sämtliche Empfangsfeierlichkeiten entfielen, die für eine Kaiserin unumgänglich waren. Auch über dem Hotel brauchte in diesem Fall keine österreichisch-ungarische Flagge zu wehen. Dort allerdings, wo man sie seit langem kannte, wußte man um ihre wahre Identität, respektierte jedoch ihr Pseudonym. Der Hotelier ahnte nicht, daß durch eine Indiskretion eine Meldung in die Zeitung gelangt war, die mitteilte, daß sich die Kaiserin von Österreich in Genf befand. Damit war ihr Schicksal besiegelt. Der Mörder hatte sein Opfer gefunden.

Elisabeth besuchte ihre Lieblingskonditorei, aß mit großem Vergnügen eine Portion Eis und kaufte für ihre Enkel Spielsachen und für Valerie in einem Antiquitätengeschäft einen Intarsientisch. Als sie zum Hotel zurückgingen, war es schon dunkel, und Gräfin Sztaray wurde ein unheimliches Gefühl nicht los. Zwei Frauen allein in den einsamen Straßen dieser Stadt, von der bekannt war, daß sie ein Treffpunkt von Anarchisten und allerhand Gesindel war! Doch die Kaiserin lachte sie aus. Sie hatte keine Angst. Polizisten zu ihrem Schutz lehnte sie überhaupt ab. Auch der Kaiserhof bestand nicht darauf. Wer sollte schon einer alten Dame, die politisch völlig uninteressiert war, etwas antun?

Am nächsten Tag schickte sie ihr Gefolge – es bestand immerhin aus zwölf Personen – mit dem Zug nach Caux zurück. Sie selbst wollte mit Gräfin Sztaray erst in den frühen Nachmittagsstunden mit dem Schiff nach Territet fahren, um von dort mit der Zahnradbahn Caux zu erreichen. Die beiden Damen gingen in die Stadt, wo sich Elisabeth in einem Geschäft ein Orchestrion vorführen ließ, das Opernmelodien von Bizet, Wagner und Verdi wiedergab. Das wollte sie für Valerie kaufen. Obwohl der Besitzer gar nicht wußte, wer seine Kundschaft war, bat er sie, sich ins Gästebuch einzutragen. Sie unterschrieb mit »Königin Elisabeth«, allerdings auf Ungarisch, und meinte zu ihrer Hofdame, daß das sowieso niemand verstehen würde. Elisabeth und ihre Begleiterin kehrten ins Hotel zurück, um sich dort noch ein wenig auszuruhen. Es war recht heiß geworden. Wie so oft trank die Kaiserin zu Mittag nur ein Glas warme Milch. Sie hatte es nicht eilig. Gräfin Sztaray hatte Mühe, sie diskret daran zu erinnern, daß es höchste Zeit wäre, zum Schiff zu gehen. Niemand ahnte, daß der Mörder sie bereits den ganzen Tag beobachtete, aber noch keine Gelegenheit gehabt hatte, zuzuschlagen.

Luigi Lucheni

Luigi Lucheni war damals 25 Jahre alt. Er war in Parma geboren und in einem Heim für Findelkinder aufgewachsen. Ein Familienleben kannte er nicht, denn die Leute, die ihn später aufnahmen, taten es nur wegen des Pflegegelds, das sie für ihn bekamen. Kaum, daß er notdürftig lesen und schreiben gelernt hatte, mußte er für seinen Unterhalt sorgen. Er schlug sich als Hilfsarbeiter durch, die Arbeit war schwer, die Bezahlung dürftig, auch in der Schweiz und in Frankreich ging es ihm kaum besser. Seine schönste Zeit waren die Jahre, die er beim Militärdienst in Caserta und Neapel verbrachte. Dort gab es regelmäßiges Essen und geheizte Unterkünfte, er konnte sich jeden Tag satt essen und brauchte sich keine Sorgen um Kleidung und Schuhe zu machen. Er sah die Armee zwar auch nur als ein Werkzeug der herrschenden Klasse, aber er versah seinen Dienst so gut, daß ihn der Chef der Escadron, der Prinz von Aragon, nach seiner Abmusterung als Diener bei sich anstellte. Jetzt lernte er jenes Leben kennen, von dem er gar nicht gewußt hatte, daß es überhaupt existierte: den Luxus der Reichen, ihr verschwenderisches Dasein auf Kosten der Armen, die oft nicht einmal das Nötigste für ihren Lebensunterhalt besaßen. Was waren sie denn anderes als Schmarotzer und Parasiten der arbeitenden Menschen! Obwohl es Lucheni in den Diensten des Prinzen von Aragon besser ging als je zuvor, hielt er es dort nicht länger aus. Haß auf den Adel, aber auch auf alle anderen Reichen erfüllte ihn. Die allgemeine Befreiung erblickte er nur in der Anarchie.

Um seinen Ideen Nachdruck zu verleihen und die Weltöffentlichkeit auf die unmöglichen sozialen Zustände aufmerksam zu machen, entschloß Lucheni sich zu einer spektakulären Tat: dem Mord an einem prominenten Mitglied einer der herrschenden Familien. Eigentlich sollte es ja der Herzog von Orléans sein, aber der hatte seine Pläne geändert und war nicht nach Genf gekommen. Aber die Kaiserin von Österreich, von deren Anwesenheit er nun erfuhr, war immerhin ein akzeptabler Ersatz. Ihr Tod würde mindestens ebensoviel Aufsehen erregen und ihm ein Forum für seine Gedanken bieten. Die Mordwaffe, eine dreikantige Feile, die er mit einem Holzstiel versah und scharf zuschliff, hatte er vorsorglich schon einige Tage vorher bei einem Trödler erstanden.

Mit raschen Schritten gingen die Kaiserin und ihre Hofdame den Quai de Montblanc entlang zur Anlegestelle des Schiffes, dessen Abfahrt unmittelbar bevorstand.

Das Attentat

Gräfin Sztaray berichtete in ihren Erinnerungen, was damals geschehen war: »In diesem Moment erblicke ich in ziemlicher Entfernung einen Menschen, der, wie von jemandem gejagt, hinter einem Baum am Wegrand hervorspringt und zum nächststehenden anderen läuft, kreuz und quer über das Trottoir huschend, sich uns naht. ›Daß der uns nun auch noch aufhalten muß!‹ denke ich unwillkürlich, als er schräg auf uns losstürmt. Unwillkürlich tat ich einen Schritt vorwärts, wodurch ich die Kaiserin vor ihm deckte, allein der Mann stellt sich nun wie einer, der arg strauchelt, dringt vor und fährt im selben Augenblick mit der Faust gegen die Kaiserin. Als ob der Blitz sie getroffen hätte, sank sie lautlos zurück und ich, meiner Sinne nicht mächtig, beugte mich mit einem einzigen verzweifelten Aufschrei über sie hin. Die Kaiserin schlug die Augen auf und sah um sich ... Dann erhob sie sich von mir gestützt langsam vom Boden. Mit erstickter Stimme, da die Freude den Schrecken überwand, fragte ich sie:

›Was fühlen, Majestät? Ist Ihnen nichts geschehen?‹

›Nein‹, antwortete sie lächelnd. ›Es ist mir nichts geschehen.‹

›Sagen Sie, was wollte eigentlich dieser Mensch?‹ fragte sie unterwegs.

›Ich weiß es nicht, Majestät. Aber er ist gewiß ein verworfener Bösewicht.‹

›Vielleicht wollte er mir die Uhr wegnehmen‹, sagte sie nach einer Weile.

Als ich antwortete und sie ansah, bemerkte ich, daß sich ihre Züge schmerzlich veränderten.

›Ich glaube, die Brust schmerzt mich ein wenig‹, sagte sie, ›doch bin ich dessen nicht sicher.‹

Wir gelangten in den Hafen. Auf der Schiffsbrücke ging sie noch leichten Schrittes vor mir her, doch kaum hatte sie das Schiff betreten, als ihr plötzlich schwindelt.

›Jetzt Ihren Arm! Schnell, bitte‹, stammelte sie mit erstickter Stimme.

Mit Hilfe zweier Herren trugen wir sie auf das Verdeck und legten sie auf eine Bank. Matrosen brachten Wasser. Ich benetzte ihr Gesicht und Schläfen.

Die Kaiserin öffnete langsam die Augen und lag einige Minuten mit umherirrenden Blicken, als wollte sie sich orientieren. Dann setzte sie sich langsam auf. Obwohl sie sich aus eigener Kraft sitzend hielt, sah sie doch sehr gebrochen aus. Ihre Augen waren verschleiert ... Vor der Kaiserin kniend beobachtete ich mit Spannung ihre Züge und flehte zum Himmel um Barmherzigkeit. Ihre Blicke suchten den Himmel, dann blieben sie an der ›Dent du Midi‹ haften und, von da langsam herabgleitend, ruhten sie auf mir, um sich für ewig meiner Seele einzuprägen.

›Was ist denn jetzt mit mir geschehen?‹ Das waren ihre letzten Worte, dann sank sie bewußtlos zurück.

Die Kaiserin trug ein kleines schwarzes Seidenfigaro, das ich, um ihr Erleichterung zu verschaffen, über der Brust öffnen wollte. Als ich die Bänder auseinanderriß, bemerkte ich auf dem darunter befindlichen Batisthemd in der Nähe des Herzens einen dunklen Fleck in der Größe eines Silberguldens. Im nächsten Augenblick stand die lähmende Wahrheit klar vor mir. Das Hemd beiseite schiebend, entdeckte ich in der Herzgegend eine kleine, dreieckige Wunde, an der ein Tropfen gestockten Blutes klebte. Die Kaiserin war erdolcht worden.«[139]

Als Gräfin Sztaray den Kapitän über die Identität der Sterbenden aufklärte, ließ er sofort das Schiff wenden. Elisabeth wurde auf einer improvisierten Tragbahre zurück ins Hotel »Beau Rivage« gebracht. Zwei Ärzte bemühten sich um sie, doch jeder Versuch, sie zu retten, war umsonst. Nur noch ein Priester konnte gerufen werden, um ihr die Sterbesakramente zu erteilen. Um 14.40 Uhr wurde ihr Tod bekanntgegeben. Kaiserin Elisabeth war rasch und schmerzlos verschieden.

»Ihre Majestät die Kaiserin wurde schwer verwundet. Bitte dies Seiner Majestät dem Kaiser schonungsvoll zu melden«, hatte die Gräfin Sztaray an Graf Paar, den Generaladjutant Franz Josephs, nach Wien kurz vor drei Uhr telegraphiert. Kurze Zeit später folgte ein zweites: »Ihre Majestät die Kaiserin ist entschlummert.«

Franz Joseph verharrte minutenlang unbeweglich an seinem Schreibtisch. »Sie wissen nicht, wie ich diese Frau geliebt habe«[140], soll er dann zu Graf Paar gesagt haben.

Auch der berühmte Ausspruch »Mir bleibt auch nichts erspart«, soll damals gefallen sein.

Kaiser Franz Joseph mag ein nüchterner Mensch gewesen sein, der für das Schweben in höheren Sphären, in denen sich Elisabeth oft bewegte, nichts übrig hatte. Seine Welt war der Schreibtisch, die Akten, deren Erledigung er als seine wichtigste Verpflichtung ansah. Lange Erklärungen liebte er nicht. Er wollte lieber alles schwarz auf weiß sehen und legte auf eine ordentliche Handschrift großen Wert. Zeit seines Lebens stand er um vier Uhr früh auf und arbeitete mit kurzen Unterbrechungen bis neun Uhr abends. Auch das Diner, das er meist im Familienkreis einnahm, benötigte nicht viel Zeit. Seine wenigen Freuden bestanden in Truppenparaden und gelungenen Manövern und in den kurzen Stunden bei Frau Schratt, manchmal auch in einem Theaterbesuch, wobei er leichte Stücke bevorzugte. Der Kaiser war kein musischer Mensch. Trotzdem war er seiner Frau in rührender Weise ergeben. Als er sie kennengelernt hatte, war er dreiundzwanzig Jahre alt, Sisi fünfzehn. Nun war er 68. In diesen 45 Jahren stand sie in seinem Gefühlsleben immer an erster Stelle. Noch im letzten Brief, den er an sie gerichtet hatte, bemerkte er, wie glücklich er war, daß sie sich nach der Hermesvilla sehnte, dem Haus, das er für sie mitten im Wald bauen ließ und das trotzdem nicht imstande war, sie in Wien zu halten. Wie gewöhnlich hatte er auf Ungarisch an »meine süße, geliebte Seele« geschrieben und den Brief mit den Worten »Adieu, geliebter Engel« beendet. Es war keine Floskel, er meinte es so. Elisabeth hat ihn nicht mehr erhalten. Nun kehrte sie zu ihm zurück, aber nicht nach Hause nach Schönbrunn oder in die Hermesvilla, sondern als Tote in die Kapuzinergruft. Er hätte viel dafür gegeben, würde sie leben, selbst wenn sie das ganze Jahr auf Reisen wäre!

Als Frau Schratt, die sich im Salzburgischen aufhielt, vom Tod der Kaiserin erfuhr, reiste sie auf schnellstem Weg nach Wien zurück, wo sie am 11. morgens eintraf. Der Kaiser wurde von ihrer Ankunft verständigt. Trotz aller Aufregungen fand er Zeit für ein paar Zeilen: »Teuerste Freundin, das ist schön von Ihnen, daß Sie gekommen sind, mit wem kann ich besser von der Verklärten sprechen als mit Ihnen? Ich erwarte Sie von 11 Uhr an und bitte nicht durch den Garten, sondern durch meine Kammer zu kommen. Auf Wiedersehen! Ihr Franz Joseph.«[141]

Aus Genf fragte man offiziell an, ob er die Erlaubnis zu einer Obduktion der Leiche erteilen würde. Franz Joseph antwortete, man solle so verfahren, wie es in der Schweiz üblich sei. Bei der Obduktion der Leiche stellten die Ärzte fest, daß Lucheni die Kaiserin mit einer geradezu unwahrscheinlichen Präzision ins Herz getroffen hatte. »Die dreieckige Mordwaffe war mit Gewalt durch die Thoraxwand gedrungen, hatte eine Rippe frakturiert und den linken Herzventrikel durch und durch perforiert ... Der Tod wurde ohne Zweifel durch das fortschreitende und langsame Ausfließen einer Blutmenge verursacht, deren Quantität das Herz komprimierte und seine Funktion unterbrach«, stand im Protokoll. Das schmale Werkzeug, mit dem er das Attentat verübt hatte, und die dadurch entstandene kleine Wunde erklärt, wieso die Kaiserin noch selbständig gehen konnte und noch verhältnismäßig lange lebte. Hans Bankl gibt dazu die medizinische Erklärung: »Wird, etwa durch einen Stich, die Herzmuskulatur durchstoßen, so spritzt bei jedem Herzschlag Blut aus dieser Wunde und füllt allmählich den Herzbeutel. Das nennt man Herzbeuteltamponade. Die Zeit, die zwischen Verletzung und Herzstillstand vergehen kann, ist unterschiedlich lang und dauert bei einer einfachen Stichwunde ungefähr 20 bis 30 Minuten. Innerhalb dieser Zeitspanne müßte ein Chirurg die Herzwunde vernähen. Wenn der Blutverlust nicht allzugroß ist, erholt sich der Kreislauf danach wieder und der lebensgefährlich Verletzte ist gerettet. Die erste derartige Operation wurde in

Frankfurt am Main am 9. September 1896 durchgeführt. Kaiserin Elisabeth starb ebenfalls an einer Herzbeuteltamponade, ausgelöst durch eine Stichverletzung. Die Zeit zwischen Attentat und Tod betrug etwa 20 Minuten. Sie verspürte keine größeren Schmerzen, sondern zunehmende Schwäche und wurde schließlich bewußtlos.«[142] Es hätten also auch schon damals Chancen bestanden, ihr Leben zu retten, wäre sie rechtzeitig in berufene Hände gekommen. »Ich möchte dieser Welt entschwinden wie der Vogel der auffliegt und im Äther verschwindet«, sagte Elisabeth einmal zur Gräfin Sztaray. »Nun ist es gekommen, wie sie es immer wünschte, rasch, schmerzlos, ohne ärztliche Beratungen, ohne lange, bange Sorgentage für die Ihren«[143], bemerkte Erzherzogin Valerie beim Tod ihrer Mutter. Über das Wiedersehen mit ihrem Vater kurz nach der Todesnachricht schrieb Valerie, daß er zwar geweint habe, »aber fassungslos war er auch da nicht, und bald darauf wieder ruhig wie damals nach Rudolfs Tod«.[144]

Die Leiche der Kaiserin wurde einbalsamiert und in den Sarg gelegt, der von Wien in einem Hofzug gekommen war. »Sie sieht aus wie eine Frau von dreißig Jahren. Weiß wie Marmor ist die vom Tod geglättete Haut, leichte Röte umspielte die Lippen, so fein, so anmutig wie sie im Leben gewesen. Ich mußte bei diesem Anblick an die Sappho-Statue denken, welche Ihre Majestät in Lainz besaß und die sie so sehr liebte«[145], beschrieb sie ihr englischer Vorleser, Frederic Barker. Wenn er nicht sehr übertrieb, dann hatten der Tod und die Kunst der Balsamierung der Kaiserin das wiedergegeben, woran ihr am meisten lag: ihre jugendliche Schönheit.

Lucheni war gleich nach dem Attentat von Passanten festgehalten und verhaftet worden. Er war ohne jede Reue und rühmte sich seiner Tat, die er ohne einen Komplizen begangen habe. Auch die Kaiserin von Österreich habe jener Klasse angehört, die es zu vernichten galt, denn »nur wer arbeitet, darf essen«. Man zeigte dem Mörder die Feile, die in einem Torweg gefunden worden war, wo Lucheni sie hingeworfen hatte. »Natürlich, ich habe mit dieser Feile die Kaiserin erstochen. Ich habe dieses Werkzeug gewählt, weil es die verläßlichste und unfehlbarste Waffe ist. Ich habe sie mir eigens zu diesem Zweck vorbereitet«, erklärte er. Denn »wenn alle Anarchisten ihre Pflicht tun würden, wie ich die meine getan habe, dann würde die bürgerliche Gesellschaft schon verschwunden sein«.

Am 14. September schrieb Lucheni an die Prinzessin von Aragon: »Mit diesen Zeilen bekenne ich, unwürdig zu sein, Ihnen überhaupt noch zu schreiben. Ich tue es trotzdem, weil ich die niederträchtigen Gemeinheiten bekämpfen muß, die Leute Ihrer Klasse Ihren Mitmenschen antun... Als wahrer Kommunist kann ich die Schmach dieser Ungerechtigkeit nicht mehr ertragen. Und als wahrer Menschenfreund teile ich Ihnen mit, daß die Stunde nicht mehr fern ist, wo eine neue Sonne ohne Unterschiede auf alle scheinen wird... Frau Prinzessin, ich versichere Ihnen von ganzem Herzen, daß ich nie im Leben so zufrieden war, wie ich es jetzt bin, und ich sage offen, wenn es möglich ist, mich nach den Gesetzen des Kantons Luzern zu richten, worum ich gebeten habe, werde ich die Stufen der geliebten Guillotine raufspringen und keine Helfer brauchen, die mich stoßen...«[146]

»Die Kaiserin ruht in einem Eckzimmer des ersten Stockwerks des Hotels ›Beau Rivage‹. Man tritt durch das Vorzimmer in das Gemach, dessen Decke und Wände mit schwarzem Tuch ausgeschlagen sind … Mitten im Gemach erhebt sich der schwarze Katafalk, auf dem der Sarg ruht«, stand in der Spätausgabe der *Neuen Zürcher Zeitung.*

Heimkehr der toten Kaiserin und ihre Bestattung in der Kapuzinergruft

Noch im Hotel segnete der Bischof von Fribourg die Tote ein. Dann wurde sie mit großem Zeremoniell zum Bahnhof gebracht. »Es war ein sogenannter ›Hof-Salonleichenwagen‹, der vom kaiserlichen Haushalt bei der ›1. Eisenbahn-Leichen-Wagengesellschaft‹ angemietet worden war. Er wiegt neun Tonnen und ist schwarz-grün lackiert. Sein Innenraum besteht aus zwei Abteilen, einem größeren Raum für die Aufnahme der Leiche und einem kleineren für die Begleitung. Wände und Decke sind mit schwarz-grünem Tuch ausgeschlagen, schwarzseidene Vorhänge verschließen die Fenster. Den Boden bedecken schwarze Teppiche mit weißem Dessin. In der Mitte des größeren Abteils stand der Katafalk. Der Sarg wurde in den Werkstätten der Hofburg hergestellt. Er stand auf sechs goldenen Füßen, hatte einen Überzug aus schwarzem Samt, und auf seiner Decke prangte ein großes Kreuz aus echtem Goldstoff«, beschrieb der *Generalanzeiger der Haupt- und Residenzstadt München* am 15. September 1898 den Wagen mit der toten Kaiserin. Der Sonderzug kam nur langsam vorwärts. An allen Stationen hatte sich eine Menschenmenge angesammelt, das Militär stand Spalier, Trauergeläute erklang. An der Grenze in Buchs hatte sich das rumänische Königspaar eingefunden, welches gerade in Bad Ragaz zur Kur war und legte zwei Kränze auf den Sarg. »In Innsbruck standen Tausende Menschen, um der geliebten Kaiserin den letzten Gruß zu entbieten«, gab die *Neue Freie Presse* am gleichen Tag bekannt. »Die Damen knieten nieder zum Gebet, die Herren salutierten, die Ehrenwache leistete zum letzten Mal die Ehrenbezeigung... Unter dem feierlichen Geläute der Glocken fuhr der Zug aus der Stadt.« Am Freitag, dem 16. September um 10 Uhr abends traf er schließlich am Wiener Westbahnhof ein. »Ernste Menschenmassen bewegten sich seit dem frühen Nachmittag über die Ringstraße. Am lebhaftesten entwickelte sich das Treiben in der Mariahilferstraße, durch welche der Trauerzug zur Hofburg gehen mußte. Von allen Giebeln wehten mächtige schwarze Fahnen, Balkone, Geschäftsportale, die Laternen, alles war mit Trauerstoffen verkleidet. Büsten der Kaiserin, von prächtigen Trauerarrangements umgeben, waren in den Auslagen zu sehen... Als aber die Dämmerung hereinbrach, ergoß sich von allen Richtungen her ein stets mehr anschwellender Menschenstrom über die Straße. Der Verkehr geriet zeitweise ins Stocken. Um halb sieben tauchte sich die Straße in eine Flut von Licht, die Gasfackeln wurden angezündet... Die kleinen Vorgärtchen der Cafés und Restaurants sind überfüllt, eng aneinandergepreßt sitzen die Leute da, um einen Blick auf den Trauerzug zu erhaschen... Um halb acht rückte die Sicherheitswache in großer Zahl zu Fuß und zu Pferde an und bildete auf dem weiten Weg Spalier. Um acht Uhr marschierten die Truppen an und faßten die Straße zu beiden Seiten ein...«

Inzwischen hatte sich die Menge auf der Mariahilferstraße verfünffacht. Die einzigen, die sich durch die Menge Bahn brachen, waren Kellner aus den verschiedenen Gasthäusern, die sich mit immer frisch gefüllten Gläsern durch das Menschenknäuel wanden und ihre Waren absetzten.

Die Wiener haben schon von jeher eine makabre Vorliebe für eine »schöne Leich« gehabt. Es soll sogar Menschen geben, die zu einer Beerdigung gehen, auch wenn sie den Toten kaum kennen. Das »Bestattungsmuseum« in der

Goldegg-Gasse in Wien, in dem die Begräbniskultur im Lauf der Zeiten manifestiert wird, gibt davon Zeugnis. Hier fand ja nun der Auftakt zu einer besonderen Leich' statt, bei der das ehrwürdige spanische Hofzeremoniell voll zur Geltung kam, ungeachtet dessen, daß gerade Sisi es ein Leben lang gehaßt hatte. Das durfte man sich nicht entgehen lassen. Aber darauf zu warten macht bekanntlich Hunger und Durst. »In langer Wagenreihe fahren die Hofchargen und die Mitglieder der Generalität und des Offizierskorps die Straße entlang. Dann kommt in einer Reihe einspänniger Karossen die Hofdienerschaft, später die berittene Arcierengarde ... Auch der Westbahnhof trug Trauergewand ... Um 9 Uhr waren alle zum Empfang bestimmten Personen auf dem Bahnhof versammelt ... In einer Gruppe standen acht Edelknaben in schwarzer altspanischer Tracht. Dann sah man die acht Lakaien, welche den Sarg tragen sollten. Unterdessen hatten sich viele hundert Offiziere eingefunden, eine große Anzahl Generäle, die Hofgeistlichkeit, der Bürgermeister und das Hofgefolge.«

Zwischen den Bahnarbeitern und Schaffnern, die ein bis zur Schönbrunner Brücke reichendes Spalier mit brennenden Fackeln bildeten, fuhr der Trauerzug langsam in den Bahnhof ein. »Als es von den Türmen 10 Uhr schlägt, geht tiefe Bewegung durch die Menge draußen. Der Zug mit der toten Kaiserin fährt in die Halle ein. Der Hauptmann der Ehrenkompanie gibt das Kommando zum gedämpften Trommelwirbel. Kein Auge wendet sich von dem düsteren Leichenzug ab, aus dessen Fenstern kein Licht schimmerte. Der Burgpfarrer bestieg den Totenwagen, um den Sarg einzusegnen. Den übrigen Waggons entstiegen die das Geleite der toten Kaiserin bildenden Persönlichkeiten. Dann wurde der Sarg langsam herausgeschoben, acht Diener hoben ihn und trugen ihn auf den Perron. Da er auf den Schultern getragen wurde, schwebte er gleichsam in der Luft und war weithin sichtbar. Voran schritt die Trabanten-Leibgarde, dann kamen die Edelknaben mit brennenden Wachskerzen und der Hofburgpfarrer. Hinter dem Sarg ging der Obersthofmeister mit den ganz in Trauerschleier gehüllten Damen, ihnen schlossen sich nach Rang und Stand alle zum Empfang Erschienenen an.

Mittlerweile war vor dem Bahnhof der Leichenwagen vorgefahren. Er ist nur für Kaiser und Kaiserinnen bestimmt, ist schwarz und prächtig geschnitzt. Auf dem Dach ruht die Kaiserkrone, während an den Seiten zweiköpfige Adler Schnüre und Quasten in den Schnäbeln halten. Auf dem Bock sitzt der Kutscher in Dreispitz und weißer Perücke. Bespannt ist der Wagen mit 8 schwarzen Rappen. Der Sarg wurde herausgetragen und mittels einer Winde auf den Leichenwagen gehoben... Die Geduld der harrenden Menge wurde auf eine harte Probe gestellt, doch verhielt sich alles schweigsam und ruhig. Erst gegen drei Viertel elf nahte der Kondukt. Die Truppen nahmen Stellung zur Ehrenbezeigung... Als man den hohen Leichenwagen herannahen sah, ging eine Bewegung durch die Menge. Alle Häupter wurden entblößt. In dreifachen Reihen schritten die Offiziere der Trabanten und Leibgardereiter zu beiden Seiten des Wagens. Man sah zunächst das Gespann der 8 schwarzbehängten Rappen mit den nickenden schwarzen Federn auf den Köpfen, und dann erkannte man unter dem bekrönten Baldachin des Leichenwagens die Formen des mit einer schwarzen Samtdecke verhüllten Sarges der Kaiserin. Wie eine nächtliche Vision zog dieses düstere Trauergepränge geheimnisvoll und lautlos vorüber, indem man nicht einmal den Hufschlag der Pferde auf dem zuvor mit Sand bestreuten Boden vernahm... Es war etwa 11 Uhr, als die Leiche der Kaiserin in die Hofburg gebracht wurde, wo der Kaiser und die Familienangehörigen sie erwarteten.«

Erzherzogin Valerie schrieb darüber in ihr Tagebuch: »... In den Radetzkyzimmern warteten wir... bis der Zeremonienmeister gegen 11 Uhr das Nahen des Zuges verkündete. Dann gingen wir hinunter, um am Fuß der Säulenstiege zu warten. Ich mußte mich an Gisela anhalten, und fast zum ersten Mal brach ich in lautes Schluchzen aus. Und nun kamen Wagen um Wagen die gewesenen Hofdamen … und die von Genf kommenden … Schluchzend lag ich in Irma Sztarays Armen, die sie zuletzt umfangen.

Papa ging in aufrechter Haltung dem Sarg nach in die Burgkapelle. Wir folgten. Dort konnte man doch endlich auf die Knie sinken … Gebete kurzer Aussegnung. Dann erhob sich Papa, kniete nieder am Kopfende des geschlossenen Sarges und küßte ihn. Wir folgten. O Mutter, wüßtest du es in diesem Augenblick, daß dein Kind dich liebt mit einer Liebe, wie sie wohl früher nie gefühlt.«[147]

Die immerwährenden Streitigkeiten und Eifersüchteleien zwischen den Nationalitäten machten nicht einmal angesichts des Todes halt. Es war nämlich nur ein Wappen zu sehen, das die Aufschrift trug: »Elisabeth, Kaiserin von Österreich.« Sofort reklamierten die Ungarn, sie war doch Königin von Ungarn, und natürlich wollten die Tschechen nicht zurückstehen, denn eigentlich war sie auch eine Königin von Böhmen.

»Wien ist heute zeitig erwacht. Wer frühmorgens um 5 Uhr einen Blick auf die Straße warf, konnte dort schon lebhafte Bewegung wahrnehmen, und von 6 Uhr morgens an zogen bereits aus allen Bezirken Kolonnen einem gemeinsamen Ziel zu: der Hofburg.« So beginnt die Reportage in der *Neuen Freien Presse* vom Tag der Bestattung der Kaiserin Elisabeth.

»Das Gros der zur Burg Strömenden besteht aus Frauen. Mit staunenswerter Zähigkeit und Energie fassen sie in der Menge Posto, sie wanken und weichen nicht, und die Schrecken des Gedränges, die von den Männern weit mehr gemieden werden, scheinen für sie nicht zu existieren.«

Inzwischen waren die illustren Trauergäste in Wien angekommen, um der Kaiserin, mit der sie vielfach verwandt waren, die letzte Ehre zu erweisen: Prinzregent Ludwig von Bayern, das Königspaar von Rumänien, Großfürst Alexius von Rußland, um nur einige zu nennen. Genau schilderten die Reporter, wer jeweils zum Empfang der Fürstlichkeiten am Bahnhof bereitstand und welche Uniform der betreffende Erzherzog trug. Die Hüter des Protokolls hatten ein Meisterwerk an Takt in der Abstimmung zwischen der Wichtigkeit des zu erwartenden Monarchen und dem Rang des Empfangskomitees vollbracht. So wurde Großfürst Alexius von Thronfolger Erzherzog Franz Ferdinand begrüßt, der für diese Gelegenheit aus Höflichkeit die Uniform des 26. russischen Dragoner-Regiments gewählt hatte und mit dem Großkreuz des Andreas-Ordens geschmückt war. Der Kaiser empfing die Vertreter der fremden Höfe, die ihr Beileid aussprachen, in der Hofburg. »Um 11 Uhr hatte der Andrang zur Burg schon überaus große Dimensionen angenommen, und namentlich an der Albrechtsrampe, die von Tausenden besetzt ist, herrscht lebensgefährliches Gedränge.« Der Berichterstatter versäumte nicht zu erwähnen, daß viele sich in weiser Voraussicht mit »Mundvorrat versehen haben, was den Neid jener hervorruft, die nicht so praktisch waren, ein gleiches zu tun«.

Am Josefsplatz war eine Ambulanz der »Freiwilligen Rettungsgesellschaft« errichtet worden, denn es war anzunehmen, daß man sie brauchen würde. Um 1 Uhr wurde auf dem Nordbahnhof der ranghöchste Gast erwartet, zu dessen Empfang Franz Joseph persönlich gekommen war: der deutsche Kaiser, dem Anlaß entsprechend in österreichischer Generalsuniform.

Am Neuen Markt, Schauplatz des letzten Aktes, hatte die *Neue Freie Presse* vorsorglich ein Zimmer im Hotel »Krantz« gemietet, von dessen Fenster der Reporter alles genau überblicken konnte. Das Blatt wußte, was es seinen Lesern schuldig war. Der Platz, an dem sich die Kapuzinerkirche befand, war um 2 Uhr abgesperrt worden, dennoch drängten sich vor den beiden Hotels die Schaulustigen, die sich schon sehr früh einen Platz gesichert hatten. »Fenster und Balkons aller Häuser waren voller Menschen. Nach 2 Uhr marschierten mehrere Bataillone Infanterie auf und bildeten vor der Kirche ein großes Karree, in welchem sich die Generale und Offiziere aller Waffengattungen versammelten. Die Generale erschienen in großer Gala und man sah etwa 20 Generale der Kavallerie in ihren prunkvollen roten und weißen Uniformen. Hier fanden sich auch zahlreiche Mitglieder der ungarischen Deputation ein, alle in schwarzer Galatracht. Von ihnen stachen die Husaren und Heiducken der Magnaten in ihren reichverschnürten, blauen, roten und gelben Uniformen... Die Ritter des Malteser-Ordens trugen über ihren roten Waffenröcken die lang herabwallenden schwarzen Samtmäntel mit dem weißen Kreuz. Die deutschen Ordensritter erschienen in der weißen Ordenstracht mit dem schwarzen Kreuz auf der Brust. Viele pensionierte Offiziere trugen noch den alten, längst verschwundenen weißen Waffenrock... Durch das Spalier, welches die Offiziere, Generale und Ordensritter bildeten, zogen Franziskaner, barhäuptig in ihren braunen Kutten, mit dem weißen Strick gegürtet, und die Dominikaner, welche die Kapuzen ihrer schwarzen Mäntel tief ins Gesicht gezogen hatten, mit vorangetragenen Kreuzen zur Kapuzinerkirche«, wußte der Journalist von seinem bevorzugten Platz aus zu berichten.

Inzwischen war der Burgplatz vollkommen für das Publikum gesperrt worden. Denn um halb 4 Uhr begann die Auffahrt der Trauergäste zur Kirche, an der Spitze die beiden Kaiser.

»Unheimliches Schweigen lagert über dem Raum«, beginnt der Reporter von dort zu beschreiben. »Wenige Minuten nach 4 Uhr tritt Graf Hunyady aus der Tür zur Rechten des Hochaltars. Das ist das Zeichen, daß die Trauergäste in die Kirche einziehen. Gleich darauf wird die schlanke Gestalt des deutschen Kaisers sichtbar, neben ihm erscheint Kaiser Franz Joseph. Ihm folgen die Souveräne der Länder, die herbeigeeilt waren, dem erlauchten Bundesgenossen in seiner schweren Stunde ihre Sympathien zu bezeugen.« Es folgen die Töchter der Kaiserin, Prinzessin Gisela und Erzherzogin Valerie, und die anderen Verwandten.

Die Anordnung der Gäste erfolgte genau nach Protokoll. Vorne auf den für ihn reservierten Betschemel Kaiser Franz Joseph. In geringer Entfernung auf einer schwarz verhüllten Bank der deutsche Kaiser und die übrigen Souveräne. Hinter dem Kaiser knieten die weiblichen Verwandten. Von draußen ertönten kurze Kommandos, dann ein Trommelwirbel. In der weitgeöffneten Kirchentür erschien der Zeremonialdirektor, hinter ihm 8 Edelknaben mit brennenden Kerzen, dahinter die Garden, die den Sarg auf den Katafalk hoben, der vor dem Altar stand. Ein Priester sprach den Trauersegen, die Sänger stimmten das »Libera« an. Nun begab sich der Obersthofmeister zum Kaiser und kündigte ihm an, daß der letzte, schwerste Augenblick gekommen sei. Die Träger hoben den Sarg, der Kaiser folgte ihm mit seinen Schwiegersöhnen und den nächsten männlichen Verwandten zum Tor der Kapuzinergruft. Gemäß dem uralten Ritual klopfte der Zeremonienmeister an das geschlossene Tor. »Wer begehrt Einlaß?« fragte der Pater Guardian. Der Zeremonienmeister antwortete, indem er die vierzig Würden von Elisabeths »Großem Titel«, von der Kaiserin von Österreich bis zur Königin von Jerusalem und Herrin von Triest nannte. Der Kapuzinermönch antwortete, daß er sie nicht kenne. Erst beim dritten Anklopfen, dem das demütige Bekenntnis folgte: »Elisabeth, ein sterblicher, sündiger Mensch«, wurde das Tor geöffnet und der Sarg konnte hineingetragen und in der Gruft neben dem ihres

Sohnes beigesetzt werden. Der Sarg der Kaiserin war der 127. in der Kapuzinergruft. In der selben Reihenfolge, wie die Trauergäste in die Kirche gekommen waren, verließen sie sie wieder: Kaiser Franz Joseph neben Kaiser Wilhelm, dem er an der Tür den Vortritt ließ.

Die Zeremonie war zu Ende, die Menschen gingen auseinander. Den Reportern blieb die Pflicht, über profanere Vorfälle zu erzählen: »Nicht weniger als 92 Fälle, zumeist schwere Ohnmachten von Frauenspersonen, Fälle von Sonnenstich, Epilepsie etc. Vielen Damen wurde unwohl. Eine alte Frau erschien mit einer Wasserkanne und einem Glas. Hunderte der stundenlang Harrenden verlangten nach einem Trunk, und die Alte erzielte augenscheinlich eine große Einnahme ... im Augenblick waren sämtliche Kaffeehäuser auf der Ringstraße und der Kursalon im Stadtpark dicht besetzt. Eine stürmische Menge kämpfte hier um einen erfrischenden Trunk.«

Nach der Bestattung der Kaiserin erließ der Kaiser folgendes Manifest:

»An meine Völker! Die schwerste und grausamste Prüfung hat Mich und Mein Haus heimgesucht. Meine Frau, die Zierde Meines Thrones, die treue Gefährtin, die Mir in den schwersten Stunden Meines Lebens Trost und Stütze war, an der Ich mehr verloren habe, als Ich auszusprechen vermag, ist nicht mehr. Ein entsetzliches Verhängnis hat sie Mir und Meinen Völkern entrissen. Eine Mörderhand, das Werkzeug des wahnsinnigen Fanatismus, der die Vernichtung der bestehenden gesellschaftlichen Ordnung sich zum Ziel gesetzt, hat sich gegen die edelste der Frauen erhoben und in blindem, ziellosem Haß das Herz getroffen, das keinen Haß gekannt und nur für das Gute geschlagen hat. Indem ich Mich der göttlichen Fügung, die so Schweres und Unfaßbares über Mich verhängt, in Demut beuge, muß ich der Vorsehung Dank sagen für das hohe Gut, das Mir verblieben: für die Liebe und Treue der Millionen, die in der Stunde des Leidens Mich und die Meinen umgibt. Aus den Tiefen Meines bekümmerten Herzens danke ich allen für dies neue Pfand hingebungsvoller Teilnahme ... Die Gemeinsamkeit unseres Schmerzes schlingt ein neues inniges Band um Thron und Vaterland. Aus der unwandelbaren Liebe Meiner Völker schöpfe Ich nicht nur das verstärkte Gefühl der Pflicht, auszuharren in der Mir gewordenen Sendung, sondern auch die Hoffnung des Gelingens... Ich bete zu dem Allmächtigen, daß Er Meine Völker segne und erleuchte, den Weg der Liebe und Eintracht zu finden, auf dem sie gedeihen und glücklich werden mögen. Schönbrunn, den 16. September 1898. Franz Joseph.«[148]

Obwohl so viele Schaulustige sich in den Straßen gedrängt hatten, um einen Blick auf den Leichenwagen mit dem Sarg der Kaiserin zu erhaschen, die allgemeine Trauer hielt sich in Grenzen. Zu fremd war der Bevölkerung die Frau geworden, die seit fast einem halben Jahrhundert ihre Kaiserin war. Sie hatte sich wenig um die Menschen in ihren Ländern gekümmert, von denen so viele zählten, die bittere Not litten, und sie hatte nichts getan, um die Gegensätze unter den Nationen zu vermindern. Das Mitgefühl der Menschen galt hauptsächlich dem Kaiser, der einen weiteren schweren Schicksalsschlag erlitten hatte.

Verurteilung und Tod Luchenis

Lucheni wurde von den Geschworenen einstimmig für schuldig erklärt, die Kaiserin von Österreich am 10. September 1898 vorsätzlich ermordet zu haben.

Da es in Genf keine Todesstrafe mehr gab, lautete das Urteil auf lebenslanges Zuchthaus. Dem Ersuchen der österreichischen Behörden, ihn auszuliefern, wurde nicht stattgegeben.

Lucheni erhob sich und rief: »Es lebe die Anarchie! Tod der Aristokratie!« Dann ließ er sich widerstandslos abführen. Die Welt nahm das Urteil mit Befriedigung auf. Die meisten verurteilten den sinnlosen Mord an einer alternden Frau. »Luigi Lucheni! Durch den Mord an der schönen tapferen und edlen Kaiserin Elisabeth von Österreich haben Sie eine Probe beispielloser Feigheit abgelegt ... und Ihre anarchistische Bewegung der Mißbilligung und Verachtung der ganzen Welt ausgesetzt ... Für Menschen wie Sie sollte die Folter wieder eingeführt werden. Sie haben den schweizerischen Boden beschmutzt«, schrieb ein Arbeiter, »der die Gerechtigkeit liebt, aber nicht der einzige ist, der energisch gegen die anarchistischen Mordtaten protestiert«.[149]

Gleich nach dem Attentat war es in Triest zu Ausschreitungen gegen Italiener gekommen, in Wien begann man die italienischen Arbeiter zu verfolgen. Für das Volk war offensichtlich jeder Italiener ein Anarchist. Und die Schweiz war in Mißkredit gekommen, weil sie solchen Leuten Asyl gewährte.

In Anarchistenkreisen hingegen feierte man Lucheni als Helden. Viele Glückwünsche und anerkennende Briefe trafen im Gefängnis ein.

»In wenigen Tagen wirst Du, edles Opfer des Befreiungskampfes der Menschheit, vor den Richtern erscheinen müssen. Sie maßen sich das Recht an, Dich für Deine Handlungen zur Verantwortung zu ziehen. Sie werden Dich mit Beleidigungen und Beschimpfungen überschütten, sie werden Dich einen Mörder, einen Verbrecher, einen Feigling ... nennen ... Gut, so redet denn, meine Herren! Hängt das arme Luder auf! Aber wir, wir die Kinder des leidenden Volkes, wir verachten euch! Lucheni! Gehe Deinen Kalvarienberg, als sei es ein Triumph, den Kopf hoch, den Blick stolz, das Herz ruhig. Man wird Deinem Beispiel folgen! In allen Ecken der Welt werden sich die Verteidiger der Armen und Geschlagenen mit Dir verbünden! ... Lucheni, ich küsse Deine Hände, Du bist tausendmal nobler als alle lächerlichen Majestäten der Welt! Es lebe die Anarchie!«[150]

Nach der Verurteilung Luchenis wurde es zwar still um ihn, ein einfacher Gefangener war er jedoch nicht. Nie zeigte er Reue über seine Tat. Immer wieder hatte er Anfälle von Gewalttätigkeit, die sich gegen die Gefängniswärter und sogar einmal gegen den Gefängnisdirektor richteten, die er beide zu töten versuchte. Das Ergebnis war, daß man den Tobenden dann für einige Tage in eine in den Kellerräumen gelegene Dunkelzelle sperrte. Dennoch zeitigte die zwölfjährige Haft ihre Wirkung. Am 19. Oktober 1910 erhängte er sich in seiner Zelle mit seinem Gürtel.

Der Mythos Elisabeth

LUCHENIS TAT ABER sollte weit über seinen Tod hinaus nachwirken. Obwohl der Attentäter eigentlich nur den Wunsch Elisabeths nach einem raschen und schmerzlosen Tod erfüllt hatte, war sie durch ihn zur Märtyrerin geworden, zum Opfer eines ruchlosen Anarchisten, der eine hilflose Frau ermordet hatte. Die sich mit Ausnahme eines kurzen politischen Gastspiels zugunsten Ungarns nie für ihr Land eingesetzt hatte, nie für Gerechtigkeit unter den Nationalitäten, sondern nur ihre Schönheit pflegte und ihr vermeintliches Unglück kultivierte. Sie verachtete die Monarchie, wußte aber die Vorteile ihres hohen Standes durchaus zu schätzen. Lucheni hatte sie nicht nur zur Märtyrerin gemacht, sie war darüber hinaus zum Mythos geworden.

Die harten Jahre, die den Friedensverträgen von Saint Germain und Versailles gefolgt waren, die Zerschlagung der österreichisch-ungarischen Monarchie zu einem winzigen Restösterreich hatten in vielen Menschen eine gewisse Nostalgie geweckt. Unzählige waren nicht mehr aus dem Krieg zurückgekehrt, viele Frauen hatten ihre Männer und Söhne, so mancher Rang und Stellung verloren. Die Inflation hatte nicht nur große Vermögen, sondern auch die Notgroschen der kleinen Leute aufgezehrt. Die Stunde der Schwarzhändler und Schieber war gekommen. So wurde die Vergangenheit im Gedächtnis vieler Menschen zur »guten alten Zeit«, zur »Backhendelzeit«. Vor allem der Kaiser mutierte bei ihnen zu einem gütigen Vater, der weise und gerecht über seine Kinder geherrscht und für Frieden gesorgt hatte. Daß es mit der Gerechtigkeit nicht so weit her war, der Unterschied zwischen Reich und Arm enorm, und sich auch die damals angeblich so billigen Preise viele nicht leisten konnten, hatte man ebenso vergessen wie die Tatsache, daß der Kaiser zuletzt zwar nach eigener Aussage »alles erwogen und geprüft«, aber trotzdem dazu beigetragen hatte, einen Weltkrieg zu entfesseln, der letztendlich an allem Elend die Schuld trug.

Auch der Erinnerung an die Kaiserin kam jene Nostalgie, die sich um die entschwundene Monarchie zu ranken begann, zugute. Der Mythos von der wunderschönen und ach so unverstandenen Frau entstand.

Aus Kaiserin Elisabeth wurde Sisi, die Sisi der unter der Regie von Ernst Marischka in den Jahren 1955 bis 1957 gedrehten Filme »Sissy«, »Die junge Kaiserin« und »Schicksalsjahre einer Kaiserin« mit Romy Schneider und Karlheinz Böhm sowie einer Fülle anderer bekannter und beliebter Schauspieler. Natürlich war die Liebesgeschichte von der fünfzehnjährigen Elisabeth und dem jungen Kaiser Franz Joseph schon früher Gegenstand von literarischen Werken aller Art gewesen. Der Musiker Fritz Kreisler hat eine Operette daraus gemacht, es gibt Lustspiele und Romane. Egon Cäsar Conte Corti hat über den Kaiser und die Kaiserin ausführliche Biographien geschrieben, und in den Zwanzigerjahren erschienen jede Menge mehr oder minder ernstzunehmende Memoiren von Zeitzeugen. Den Durchbruch aber schafften die »Sissy-Filme« Ernst Marischkas. Historische Wahrheit, versetzt mit viel Gefühl und einer Prise Humor, fürs Auge die Bergwelt Ischls und die ungarische Pußta, nicht zu vergessen die farbenprächtigen Toiletten und Uniformen. Aber vor allem Romy Schneider als Sisi begeisterte die Zuschauer, ließ sie Glück und Schmerz miterleben und manchmal auch ein paar Tränchen vergießen. Sie spielte nicht nur Sisi. Sie war Sisi. Sisi, wie das Publikum sich die junge Kaiserin vorstellte, herzlich, lieb und hübsch, ein unverbildetes süßes Naturkind.

Man freute sich mit ihr und man litt mit ihr und man war mit ihr einig, daß Erzherzogin Sophie eine böse Schwiegermutter war. Die Mischung traf ins Schwarze, die Filme wurden ein Riesenerfolg, nicht nur in Deutschland und Österreich, auch in Frankreich, Italien und Spanien. Nichtsdestoweniger gehörte es zum guten Ton aller wirklichen oder selbsternannten Experten, die »Sissy-Filme« als üble »Schnulzen« zu bezeichnen und den primitiven Geschmack derer zu belächeln, denen so etwas gefiel. Romy Schneider selbst hat sich später von ihnen distanziert, obwohl sie dieser Rolle eigentlich den Beginn ihrer Karriere zu verdanken hatte. Noch heute macht sich das Fernsehen den Triumph von »Sissy« zunutze. Pünktlich in der Weihnachtszeit werden die Filme wiederholt. Auch noch nach beinahe einem halben Jahrhundert. Es scheint, daß sie noch immer ihr Publikum finden. Der Mythos Sisi war zur Grundlage eines gigantischen Geschäfts geworden.

Der Erfolg des Musicals »Elisabeth« beweist, daß das Thema seine Aktualität nicht verloren hat, daß Elisabeths Emanzipation von der traditionellen Rolle der Frau durchaus moderne Züge hat. Heute würde man es »Selbstverwirklichung« nennen, wobei sie in der glücklichen Lage war, die Mittel dafür zu besitzen und ihr Gatte in seiner Ergebenheit alle ihre Eskapaden duldete.

Die Industrie zieht nach. Das berühmte Gemälde von Winterhalter, das Elisabeth mit ihren Diamantsternen im Haar zeigt, prangt nicht nur auf unzähligen Ansichtskarten, sondern auch auf Kaffeetassen und Aschenbechern und vielen anderen Gegenständen mehr oder weniger nützlichen Gebrauchs. Aber ohne die Faszination von Sisi wären weder die kaiserlichen Appartements in der Hofburg und in Schönbrunn noch die »Hermesvilla« im Lainzer Tiergarten oder die Kaiservilla in Ischl solche Publikumsmagneten, als die sie sich in den letzten Jahrzehnten erwiesen. Auch das »Achilleon«, das sich Elisabeth auf der

Insel Korfu erbauen ließ und das inzwischen dem griechischen Staat gehört, ist dank der Kaiserin eine Touristenattraktion geworden. Die Literatur und das Fernsehen, die österreichische Andenkenindustrie und die Finanzämter profitieren davon. Der Autor des Buches *Die kranken Habsburger,* Hans Bankl, der der Kaiserin ein Kapitel widmet, erklärt die Wirkung Elisabeths mit folgenden ironischen Worten:

Sie hungerte wie Lady Di,
sie ritt und focht wie d'Artagnan,
sie turnte wie Jane Fonda,
sie wurde ermordet wie J. F. Kennedy,
und sie sah aus wie Romy Schneider.

Jedenfalls: Ihr Mythos lebt.

Weit weniger bekannt wurden ihre Geschwister, obwohl Elisabeths Schwestern ihr an Schönheit kaum etwas nachstanden und manche ihrer Schicksale ebenfalls bemerkenswert verliefen. Zwar haben sich auch einige Autoren mit ihnen beschäftigt, und in letzter Zeit gab es einen Fernsehfilm über Prinzessin Sophie, Herzogin von Alençon, aber die Popularität der Kaiserin haben sie nicht erlangt.

Möge dieses Buch dazu beitragen, auch Elisabeths Geschwister und ihre vielfach tragischen Schicksale einem breiten Leserkreis nahezubringen.

ANHANG

Zeittafel

1805	Geburt von Prinzessin Sophie von Bayern
1808	Geburt von Herzog Max in Bayern Geburt von Prinzessin Ludovika von Bayern
1824	Heirat von Prinzessin Sophie mit Erzherzog Franz Karl von Österreich
1828	Heirat Prinzessin Ludovikas mit Herzog Max in Bayern
1830	Geburt von Kaiser Franz Joseph
1831	Geburt von Herzog Ludwig in Bayern
1834	Geburt von Herzogin Helene in Bayern (Néné)
1835	Tod Kaiser Franz I., sein Sohn Ferdinand besteigt den Thron
1837	Geburt von Elisabeth, Herzogin in Bayern (Sisi)
1839	Geburt von Carl Theodor, Herzog in Bayern (Gackel)
1841	Geburt von Marie, Herzogin in Bayern
1843	Geburt von Mathilde, Herzogin in Bayern (Spatz)
1847	Geburt von Sophie, Herzogin in Bayern
1848	Revolutionen in Ungarn und Österreich Kaiser Ferdinand dankt ab, sein Neffe Franz Joseph besteigt den Thron
1849	Geburt von Max Emanuel, Herzog in Bayern (Mapperl) Niederschlagung des ungarischen Aufstands
1853	Verlobung von Kaiser Franz Joseph und Elisabeth in Ischl
1854	Heirat von Kaiser Franz Joseph und Elisabeth
1855	Geburt von Sophie, 1. Tochter des Kaiserpaares
1856	Geburt von Gisela, 2. Tochter des Kaiserpaares
1857	Sophie stirbt im Alter von zwei Jahren

1858	Franz Joseph befielt die Demolierung der Basteien Heirat von Herzogin Helene mit Erbprinz Maximilian von Thurn und Taxis Geburt von Thronfolger Erzherzog Rudolf Geburt von Marie Louise Mendel, Tochter von Herzog Ludwig
1859	Heirat von Marie Herzogin in Bayern mit Kronprinz Franz von Neapel, noch im selben Jahr König von Neapel
1860	Garibaldi erobert Sizilien und marschiert gegen Neapel Kaiserin Elisabeth fährt nach Madeira
1861	Mathilde Herzogin in Bayern heiratet Luigi Graf Trani, Prinz von Bourbon
1861	Im Mai Rückkehr der Kaiserin aus Madeira, Reise nach Korfu Fall Gaetas und Ende des Königreichs Neapel
1862	Nach 2 Töchtern Geburt von Prinz Maximilian Maria von Thurn und Taxis Rückkehr der Kaiserin von Korfu nach Venedig Morganatische Heirat von Herzog Ludwig in Bayern mit Henriette Mendel, jetzt Freifrau von Wallersee Schwangerschaft Maries, Königin von Neapel und Geburt einer unehelichen Tochter
1866	Krieg Österreich – Preußen, Schlacht bei Königgrätz, Verlust Venetiens
1867	Ausgleich mit Ungarn, Krönung Franz Josephs als König von Ungarn Ende des mexikanischen Kaiserreichs, Tod von Kaiser Maximilian von Mexiko, Bruder Franz Josephs Geburt von Prinz Albert von Thurn und Taxis Tod des Erbprinzen Maximilian Anton von Thurn und Taxis (1831–1867) Ungarn schenkt dem Kaiserpaar Schloß Gödöllö Geburt von Erzherzogin Valerie Heirat von Herzogin Sophie in Bayern mit dem Herzog von Alençon
1870/71	Krieg zwischen Deutschland und Frankreich, Ausrufung der Republik Frankreich, Proklamation des Kaiserreiches Deutschland

1872	Tod von Erzherzogin Sophie, Heirat von Erzherzogin Gisela mit Prinz Leopold von Bayern
1873	Weltausstellung in Wien, Einladung von Herzog Ludwig und Marie Louise Freiin von Wallersee nach Wien und Gödöllö, Marie Louise wird die Vertraute Elisabeths
1874–82	Reisen Elisabeths nach England und Irland
1875	Tod Kaiser Ferdinands, Franz Joseph wird Universalerbe
1878	Berliner Kongreß, Besetzung Bosniens und Herzegowinas
1879	Zweibund Österreich – Deutschland, 1882 erweitert zum Dreibund mit Italien
1880	Heirat von Kronprinz Rudolf mit Stephanie von Belgien Geburt von Rudolfs Tochter Elisabeth (Ercsi)
1888	Tod von Herzog Max in Bayern
1889	Tod von Kronprinz Rudolf und Mary Vetsera in Mayerling
1890	Tod von Helene von Thurn und Taxis
1892	Tod von Herzogin Ludovika
1896	Millenniumsfeier in Budapest – Scheidung von Gräfin Larisch
1897	Tod von Herzogin Sophie von Alençon Scheidung und neue Heirat der Gräfin Larisch mit Otto Brucks
1898	Tod Kaiserin Elisabeths in Genf
1900	Morganatische Ehe von Thronfolger Erzherzog Franz Ferdinand mit Sophie Gräfin Chotek
1908	Annexion Bosniens und Herzegowinas
1909	Tod von Herzog Carl Theodor
1914	Tod von Thronfolger Franz Ferdinand und der Herzogin von Hohenberg in Sarajewo – Beginn des Ersten Weltkriegs
1916	Tod Kaiser Franz Josephs

1920	Tod Herzog Ludwigs in Bayern
1924	Heirat Marie Louise Brucks mit William Meyers in USA
1925	Tod Ex-Königin Maries und Gräfin Tranis in München
1940	Tod Marie Meyers (ehem. Gräfin Larisch) in Augsburg

Literaturverzeichnis

Adalbert von Bayern	Die Wittelsbacher, München 1979
Andics Helmut	Die Frauen der Habsburger, Wien 1985
Andics Helmut	Gründerzeit, Wien 1981
Andics Helmut	Ringstraßenwelt, Wien 1983
Andics Helmut	Luegerzeit, Wien 1984
Bankl Hans	Woran sie wirklich starben, Wien 1989
Bankl Hans	Die kranken Habsburger, Wien 1998
Bourcet Marguerite	Un couple de tragédie, o. O. o. J.
Brook-Shepherd Gordon	Europas Monarchien, Wien 1988
Corti Conte Egon	Elisabeth, die seltsame Frau, Salzburg 1934
Crankshaw Edward	Der Niedergang des Hauses Habsburg, Wien 1967
Dallmeier Martin/Martha Schad	Das fürstliche Haus Thurn und Taxis, Regensburg 1996
Dreyer Alois	Herzog Maximilian in Bayern, München 1909
Gebhardt Heinz	König Ludwig II. und seine verbrannte Braut, Pfaffenhofen 1986
Größing Sigrid-Maria	Kaiserin Elisabeth und ihre Männer, Wien 1998

Größing Sigrid-Maria	Zwei Bräute für einen Kaiser, Regensburg 1999
Größing Sigrid-Maria	Mord im Hause Habsburg, Wien 2001
Größing Sigrid-Maria	Amor im Hause Habsburg, o. O. o. J.
Hamann Brigitte	Elisabeth, Kaiserin wider Willen, Wien 1982
Hamann Brigitte	Rudolf, Kronprinz und Rebell, Wien 1978
Hamann Brigitte (Hg.)	Majestät, ich warne Sie, München 1987
Hamann Brigitte (Hg.)	Meine liebe, gute Freundin, Briefe Kaiser Franz Josephs an Katharina Schratt, Wien 1992
Hamann Brigitte (Hg.)	Die Habsburger, Biographisches Lexikon, Wien 1988
Haslip Joan	Elisabeth von Österreich, München 1966
Haslip Joan	Die Freundin des Kaisers, Stuttgart 1985
Herre Franz	Franz Joseph, Köln 1964
Holler Gerd	Sophie, die heimliche Kaiserin, Wien 1993
Holler Gerd	Mayerling, die Lösung des Rätsels, Wien 1980
Lermann Hilde	Die Braut des Märchenkönigs, Sophie von Wittelsbach, München 1995
Loehr Clemens	Mayerling, Frankfurt/Berlin 1989
Markus Georg	Katharina Schratt, Wien 1982

Matray Maria/Krüger Answald	Die Liaison, Bern 1973
Matray Maria/Krüger Answald	Das Attentat, Frankfurt/Berlin 1991
Praschl – Bichler Gabriele	Gott gebe, daß das Glück andauere, Liebesgeschichten im Haus Habsburg, Wien 1997
Redwitz Marie Freiin von	Hofchronik 1888–1921, München 1924
Reger Karl-Heinz	Bayerns verkaufte Prinzessinnen, Pfaffenhofen 1988
Reiser Rudolf	Die Thurn und Taxis, Regensburg 1998
Reiser Rudolf	Sisi, München 1997
Reisinger Brigitte	Elisabeth Kaiserin von Österreich, St. Pölten/Wien 1998
Schiel Irmgard	Stephanie, Stuttgart 1992
Sexau Richard	Fürst und Arzt, Graz 1963
Sokop Brigitte	Jene Gräfin Larisch, Wien 1985
Stephanie Prinzessin von Belgien	Ich sollte Kaiserin werden, Leipzig 1935
Wallersee Marie Louise von	Meine Vergangenheit, Berlin 1913
Wallersee Marie Louise von	Die Heldin von Gaeta, Leipzig 1936
Weissensteiner Friedrich	Frauen auf Habsburgs Thron, Wien 1998
Weissensteiner Friedrich	Liebeshimmel und Ehehöllen, Regensburg 1999

PRESSE

Münchner Neueste Nachrichten
Neue Freie Presse, Wien
Augsburger Zeitung
Fortschrittsglaube, München
Wiener Salonblatt
Regensburger Morgenpost
Badeblatt Baden-Baden
Hohenzollernsche Zeitung, Sigmaringen
Schwäbische Zeitung

Anmerkungen

1 Bled, Franz Joseph, S. 88/89
2 Herre, Franz Joseph, S. 80
3 Hamann, Elisabeth, S. 20
4 Andics, Das österreichische Jahrhundert, S. 122
5 Hamann, Elisabeth, S. 34
6 Hamann, Elisabeth, S. 35
7 Hamann, Elisabeth, S. 37
8 Größing, Zwei Bräute für einen Kaiser, S. 76
9 Neue Freie Presse, 26. 4. 1854
10 Münchner Neueste Nachrichen, 27. 4. 1854
11 Hamann, Elisabeth, S. 76
12 Sokop, Jene Gräfin Larisch, S. 15
13 Sokop, Jene Gräfin Larisch, S. 18
14 Hamann, Elisabeth, S. 134
15 Hamann, Elisabeth, S. 120
16 Hamann, Elisabeth, S. 156
17 Hamann, Elisabeth, S. 158
18 Münchner Neueste Nachrichten, 26. 9. 1860
19 Münchner Neueste Nachrichten, 4.–9. 9. 1860
20 Münchner Neueste Nachrichten, 12. 9. 1860
21 Münchner Neueste Nachrichten 7. 2. 1861
22 Münchner Neueste Nachrichten 18. 2. 1861
23 Hamann, Elisabeth, S. 156
24 Münchner Neueste Nachrichten, 14. 2. 1861
25 Hamann, Elisabeth, S. 126
26 Hamann, Elisabeth, S. 170
27 Hamann, Elisabeth, S. 170
28 Hamann, Elisabeth, S. 170
29 Sokop, Jene Gräfin Larisch, S. 28
30 Sokop, Jene Gräfin Larisch, S. 29
31 Größing, Kaiserin Elisabeth und ihre Männer, S. 151/152
32 Andics, Das österreichische Jahrhundert, S. 192

33 Haslip, Elisabeth, S. 232
34 Hamann, Elisabeth, S. 276
35 Gebhardt, Die verbrannte Braut, S. 71
36 Gebhardt, Die verbrannte Braut, S. 73
37 Gebhardt, Die verbrannte Braut, S. 85
38 Gebhardt, Die verbrannte Braut, S. 112
39 Gebhardt, Die verbrannte Braut, S. 139
40 Gebhardt, Die verbrannte Braut, S. 140
41 Hamann, Elisabeth, S. 417
42 Gebhardt, Die verbrannte Braut, S. 144
43 Hamann, Elisabeth, S. 417
44 Hamann, Elisabeth, S. 302
45 Hamann, Elisabeth, S. 302
46 Hamann, Elisabeth, S. 311
47 Bankl, Die kranken Habsburger, S. 116
48 Hamann, Elisabeth, S. 312
49 Hamann, Elisabeth, S. 305
50 Hamann, Elisabeth, S. 306
51 Hamann, Elisabeth, S. 320
52 Sokop, Jene Gräfin Larisch, S. 55
53 Hamann, Elisabeth, S. 329
54 Hamann, Elisabeth, S. 328
55 Sokop, Jene Gräfin Larisch, S. 87
56 Sokop, Jene Gräfin Larisch, S. 92
57 Hamann, Elisabeth, S. 334
58 Hamann, Elisabeth, S. 450
59 Reger, Bayerns verkaufte Prinzessinnen
60 Conte Corti, Elisabeth, S. 195
61 Gebhardt, Die verbrannte Braut, S. 167
62 Hamann, Elisabeth, S. 405
63 Gebhardt, Die verbrannte Braut, S. 181
64 Bourcet, Un couple de tragédie
65 Gebhardt, Die verbrannte Braut, S. 192
66 Größing, Zwei Bräute für einen Kaiser, S. 97
67 Größing, Zwei Bräute für einen Kaiser, S. 98
68 Münchner Neueste Nachrichten, 26. 8. 1858
69 Größing, Zwei Bräute für einen Kaiser, S. 130
70 Größing, Zwei Bräute für einen Kaiser, S. 137

71 Größing, Zwei Bräute für einen Kaiser, S. 176
72 Größing, Zwei Bräute für einen Kaiser, S. 214
73 Größing, Zwei Bräute für einen Kaiser, S. 216
74 Größing, Zwei Bräute für einen Kaiser, S. 219
75 Größing, Zwei Bräute für einen Kaiser, S. 239
76 Hamann, Rudolf, S. 17
77 Hamann, Rudolf, S. 19
78 Hamann, Elisabeth, S. 183 nach Corti
79 Hamann, Briefe Kaiser Franz Josephs an Katharina Schratt, S. 215
80 Hamann, Briefe Kaiser Franz Josephs an Katharina Schratt, S. 237
81 Hamann, Elisabeth, S. 514
82 Hamann, Rudolf, S. 109
83 Hamann, Rudolf, S. 108
84 Hamann, Rudolf, S. 109
85 Hamann, Rudolf, S. 111
86 Stephanie, Ich sollte Kaiserin werden, S. 64
87 Hamann, Rudolf, S. 157
88 Hamann, Rudolf, S. 158
89 Hamann, Elisabeth, S. 364
90 Festetics, Gespräch vom 6. 3. 1913
91 Hamann, Rudolf, S. 162
92 Hamann, Rudolf, S. 162
93 Wallersee, Meine Vergangenheit, S. 91
94 Hamann, Rudolf, S. 165
95 Hamann, Rudolf, S. 161
96 Hamann, Rudolf, S. 163
97 Stephanie, Ich sollte Kaiserin werden, S. 53
98 Hamann, Rudolf, S. 165
99 Stephanie, Ich sollte Kaiserin werden
100 Hamann, Rudolf, S. 389
101 Sokop, Jene Gräfin Larisch, S. 151
102 Sokop, Jene Gräfin Larisch, S. 165
103 Sokop, Jene Gräfin Larisch, S. 168
104 Hamann, Rudolf, S. 438
105 Hamann, Elisabeth, S. 556
106 Sokop, Jene Gräfin Larisch, S. 172

107 Sokop, Jene Gräfin Larisch, S. 174
108 Hamann, Rudolf, S. 436
109 Holler, Die Lösung des Rätsels, S. 96
110 Sokop, Jene Gräfin Larisch, S. 178
111 Sokop, Jene Gräfin Larisch, S. 174
112 Hamann, Rudolf, S. 451
113 Hamann, Rudolf, aus Neues Wiener Journal, 27. 1. 1929
114 Sokop, Jene Gräfin Larisch, S. 178
115 Sokop, Jene Gräfin Larisch, S. 187
116 Hamann, Rudolf, S. 448
117 Hamann, Rudolf, S. 460
118 Hamann, Rudolf, S. 460
119 Hamann, Rudolf, S. 461
120 Hamann, Rudolf, S. 456
121 Hamann, Rudolf, S. 468
122 Hamann, Rudolf, S. 468
123 Sokop, Jene Gräfin Larisch, S. 212
124 Sokop, Jene Gräfin Larisch, S. 190
125 Hamann, Briefe Kaiser Franz Josephs an Katharina Schratt, 5. 2. 1889
126 Hamann, Elisabeth, S. 463
127 Hamann, Elisabeth, S. 464
128 Hamann, Briefe Kaiser Franz Josephs an Katharina Schratt, S. 256
129 H. H. St. A. Wien
130 Sokop, Jene Gräfin Larisch, S. 259
131 Sokop, Jene Gräfin Larisch, S. 362
132 Sokop, Jene Gräfin Larisch, S. 409
133 Hamann, Elisabeth, S. 531
134 Hamann, Elisabeth, S. 594
135 Haslip, Elisabeth, S. 469
136 Hamann, Elisabeth, S. 595
137 Hamann, Elisabeth, S. 595
138 Hamann, Elisabeth, S. 597
139 Bankl, Die kranken Habsburger, S. 124
140 Hamann, Elisabeth, S. 603
141 Hamann, Briefe Kaiser Franz Josephs an Katharina Schratt, 11. 9. 1898

142 Bankl, Die kranken Habsburger, S. 125
143 Hamann, Elisabeth, S. 602
144 Hamann, Elisabeth, S. 602
145 Größing, Zwei Bräute für einen Kaiser, S. 246
146 Größing, Kaiserin Elisabeth und ihre Männer, S. 216
147 Größing, Zwei Bräute für einen Kaiser, S. 247
148 Hamann, Elisabeth, S. 604
149 Größing, Kaiserin Elisabeth und ihre Männer, S. 232
150 Matray/Krüger, Das Attentat, S. 164

Maximilian I. Joseph
1756–1825
seit 1799 Kurfürst, seit 1805 König von Bayern
Großvater mütterl.

Aus 1. Ehe mit
Marie Wilhelmine Auguste
von Hessen-Darmstadt

Ludwig I.
1786–1868
Stiefonkel
König von Bayern
1825–1848
verm. mit Therese
von Sachsen-Hild-
burghausen

Ein zweiter Sohn
und zwei Töchter

Maximilian II.
1811–1864
König von Bayern
1848–1864
Vetter 1. Grades
verm. mit Marie
von Preußen

Otto
König von
Griechen-
land
1815–1867

Luitpold
Prinzregent
von Bayern
1821–1912

Weiters
noch
ein Sohn
und vier
Töchter

Ludwig II.
1845–1886
König von Bayern
1864–1886
Vetter 2. Grades

Otto
1848–1916

Aus 2. Ehe mit der Prinzessin
Karoline von Baden
Großmutter mütterl.

Erstes Zwillingsschwesternpaar

Elisabeth
1801–1873
verm. 1823 mit König
Friedrich Wilhelm IV.
von Preußen
(reg. 1840–1861)
Tante
und Taufpatin

Amalie
1801–1877
verm. 1822 mit
König Johann
von Sachsen
(reg. 1854–1873)

Zweites Zwillingsschwesternpaar

Sophie
1805–1872
verm. 1824 mit
Erzherzog Franz
Karl von Österr.
Tante und
Schwiegermutter

Marie
1805–187
verm. 1833 m
König Friedri
August II. vo
Sachsen
(reg. 1836–18

Franz Joseph
1830–1916
Gatte

Ferdinand
Max von Mexiko
1832–1867

Karl Ludwig
1833–1896

Ludwig V
1842–1

Maria Anna
Schwester des Königs
Maximilian I. Joseph
1753–1824
1780 verm. mit Wilhelm v. Birkenfeld-Gelnhausen,
erstem Herzog in Bayern
Urgroßeltern väterl.

Pius August
Herzog in Bayern, verm. 1807 mit Luise Julie
Prinzessin von Arenberg
Großeltern väterl.

Ludovika
genannt Luise
1808–1892

Max
Herzog in Bayern
1808–1888
Vetter seiner Gemahlin

vermählt 1828

Mutter **Vater**

udwig
1–1920
m. 1859
Henriette
Mendel
Wallersee)

Wilhelm
geb. u. gest.
1832

Helene
genannt Nené
1834–1890
verm. 1858
mit Erbprinz
Maximilian
von Thurn u.
Taxis

♛
Elisabeth
genannt Sisi
geb. 24. XII. 1837
gest. 10. IX. 1898
verm. 24. IV. 1854
mit Kaiser Franz
Joseph I. von
Österreich
(1830–1916)

Karl Theodor
genannt
Gackel
1839–1919
verm. in
1. Ehe 1865
m. Sophie v.
Sachsen; in
2. Ehe 1874
mit Marie José
Infantin von
Portugal

♛
Marie
1841–1925
verm. 1859
m. Franz II.
König
v. Neapel

Mathilde
genannt
Spatz
1843–1925
verm. 1861
m. Graf
Ludwig
v. Trani

Sophie
1847–1897
verm.
1868 m.
Herzog von
Alençon

Max
Emanuel
1849–1893
verm. m.
Amalie von
Sachsen-
Coburg

Marie
allersee
n Larisch

Sophie
geb. 1855
gest. 1857

Gisela
1856–1932
verm. 1873 m.
Leopold Prinz
von Bayern

Rudolf
1858–1889
verm. 1881 m.
Stephanie
Prinzessin
von Belgien

Marie Valerie
1868–1924
verm. 1890 m.
Erzherzog Franz
Salvator
von Österreich

Personenregister

Adelgunde, Przn. v. Bayern 250
Albach-Retty, Rosa 253
Albrecht, Erzhzg., Feldmarschall 93, 96, 208, 214, 216
Alexander II., russ. Zar 124, 144
Alexius, russ. Gfst. 297
Alfons, Prz. v. Bayern 170
Amalie Auguste, Przn. v. Bayern, Kgn. v. Sachsen 13, 76
Amalie, Przn. v. Coburg 118, 120, 253
Amélie, Hzgn. in Bayern 76, 135, 159, 169
Andrassy, Gyula, Gf. 94–97, 99f., 103, 258
Angeli, Heinrich 204
Angerer, Fanny 115
Arenberg, Amalie Luise v. 15
Augusta, dt. Ksn. u. Kgn. v. Preußen 245
Auguste Amalie Ludovika, Przn. v. Bayern 33

Bach, Alexander 96
Badeni, Kasimir, Gf. 259f.
Baird, Charlotte 144
Bankl, Hans 114, 220, 289, 307
Baltazzi, Alexander 132, 139, 238
Baltazzi, Heinrich, 132, 139, 150ff., 222
Barker, Frederic 290
Bartolf, Antonie v. (Antonie Barth) 254f., 267
Batthyany, Elemer, Gf. 132f.
Benedek, Ludwig August v. 93
Billroth, Theodor 155
Bismarck, Otto Fst. v. 56, 93, 98, 145, 188
Böhm, Karlheinz 305
Bombelles, Charles, Gf. 208
Braganza, Marie José v. 272
Branden, Paul Maerker 275
Bratfisch, Leibkutscher 218, 227, 232, 234
Braun, Kaspar 157
Brucks, Friedrich Josef Otto 264
Brucks, Otto 252, 254, 256, 263, 265, 267ff.

Carl Theodor, Hzg. in Bayern 11, 16, 58, 62, 75–79, 135, 155–160, 165, 193
Carol I., Kg. v. Rumänien 246
Caspar, Mizzi 218, 224, 233f.
Cavour, Camillo, Gf. Benso di 56

Chambord, Gf. Henri v. 166
Charlotte, Przn. v. Belgien 64
Chester Foulkes, Maude Mary 266, 273
Chotek, Gf. 210
Chotek, Sophie, Gfn. (Herzogin v. Hohenberg) 261, 270
Corti, Egon Caesar, Conte 162, 305

Deak, Franz 96

Eisenberger, Friedrich 275
Elisabeth, Hzgn. in Bayern 78
Elisabeth (Ercsi), Erzhzgn. 215, 262
Elisabeth, Przn. zu Wied (Carmen Sylva), Kgn. v. Rumänien 246f.
Elisabeth (Sisi) Amalie Eugenie, Ksn. v. Österreich, Kgn. v. Ungarn 9, 14, 16, 18, 28–42, 46, 52, 58–63, 85, 94, 96f., 99–103, 113–117, 119f., 122, 124, 126, 128, 130–144, 152, 158, 161, 164, 178, 182f., 186f., 196, 201, 204, 206, 223, 240, 247, 250, 279–290
Elisabeth Maria Auguste, Przn. v. Bayern 120
Elisabeth Ludovika, Przn. v. Bayern, Kgn. v. Preußen 13
Emanuel, Hzg. v. Nemours 170
Eugénie v. Montijo, frz. Ksn. 186f.
Eulenburg-Hertefeld, Philipp, Fst. 260, 280

Ferdinand I., Ks. v. Österreich 20, 21ff., 25, 140
Ferdinand II., Kg. v. Neapel u. beider Sizilien 49, 52f., 55
Ferdinand IV., Ghzg. V. Toscana 260
Ferdinand Maximilian, Erzhzg., Ks. v. Mexiko 56, 64f.
Ferenczy, Ida v. 96, 204
Fernand Philippe-Marie, Hzg. v. Alençon 161–167, 172f.
Festetics, Marie, Gfn. 102, 118f., 120f., 124, 134f., 139f., 209, 224, 266
Franz I., Ks. v. Österreich 20, 23f., 26f., 30
Franz II., Kg. v. Neapel u. beider Sizilien 49, 53ff., 66f., 69, 78, 80f., 88, 159, 253
Franz Ferdinand, Erzhzg. 261, 269f., 297
Franz Joseph, Ks. v. Österreich 10f., 20, 22ff., 31ff., 34, 39, 41f., 57–65, 86, 92f., 99f., 103, 115, 118, 121ff., 139, 144, 158, 178, 182f., 184, 186f., 203–207, 210, 214, 229, 238, 253f., 257–262, 264, 271, 278, 287f., 297, 299f.
Franz Joseph, Hzg. in Bayern 156

Franz Karl Johann, Erzhzg. 13, 20ff.
Franz Salvator, Erzhzg. 230, 249
Friedrich August II., Kg. v. Sachsen 13

Garibaldi, Giuseppe 58, 66, 68
Georg Karl, Hzg. v. Sachsen-Anhalt 29
Gisela, Erzhzgn. 11, 58, 61, 118ff., 158, 200, 240, 299
Girgenti, Gaetano, Gf. v. 244
Glaser, Dr. 167
Gondrecourt, Leopold, Gf. 200f.
Gregorovius, Ferdinand 82
Grillparzer, Franz 199
Gudden, Johann v. 78
Gyulai, Franz Gf. v. 57

Hamann, Brigitte 34, 103, 139, 206, 210, 226, 229, 230, 246
Hanfstaengel, Edgar 109f
Haynau, Julius, Frh. v. 95
Heine, Katharina 110
Helene (Néné), Karoline Therese, Hzgn. in Bayern, Erbprzn. v. Thurn und Taxis 10, 16, 17, 26ff., 31, 34f., 41f., 63, 86, 157, 159, 164, 174–197
Henri, Prz. v. Orléans 9f.
Henriette, Przn. v. Belgien 170
Hohenlohe-Schillingsfürst, Fst. Chlodwig zu 108, 162
Hohenzollern-Sigmaringen, Auguste Viktoria, Przn. v. 248
Hohenzollern-Sigmaringen, Franz Joseph, Prz. v. 248
Hohenzollern-Sigmaringen, Friedrich, Prz. v. 190
Hohenzollern-Sigmaringen, Friedrich Viktor, Prz. 248
Hohenzollern-Sigmaringen, Wilhelm, Prz. v. 245, 248ff.
Holler, Gerd 236, 240
Holnstein, Ludwig, Gf. v. 186
Hötzendorf, Conrad v. 270
Hoyos, Joseph, Gf. 232, 234, 237
Hunyady, Koloman, Gf. 298

Iwanow, Alexander v. 155

Jahoda, Agnes 225f.
Johann, Erzhzg. (Johann Orth) 260f.
Johann I., Kg. v. Sachsen 13, 76
Johann Karl, Pfalzgf. v. Birkenfeld-Gelnhausen 13
Joseph, Erzhzg., Palatin v. Ungarn 194

Karl VI., röm.-dt. Ks. 198
Karl Ludwig, Erzhzg. 158, 261
Karl Theodor, Prz. v. Bayern, Generalfeldmarschall 45
Kendeffy, Katinka 96
Khevenhüller, Karl, Fst. 211
Kiss v. Ittebe, Nikolaus 203f., 207

Klenze, Leo v. 16
Kobell, Franz v. 157
Krafft-Ebing, Richard v. 168
Kreisler, Fritz 305

Larisch-Moennich, Franz Joseph, Gf. 148
Larisch-Moennich, Friedrich-Karl, Gf. 256
Larisch-Moennich, Georg, Gf. 134–138, 148–151, 255f.
Larisch-Moennich, Georg Heinrich, Gf. 151, 256
Larisch-Moennich, Marie Henriette, Gfn. 151, 256, 265
Larisch-Moennich, Marie Valerie, Gfn. 148, 271
Latour v. Thurmburg, Joseph, Gf. 201, 208
Lavayss, Gf. Armand de 73, 80, 83f., 89, 242
Leopold, Prz. v. Bayern 118
Leopold II., Kg. v. Belgien 210
Liszt, Franz 99
Löffler, Geistlicher 189
Loschek, Diener v. Kronprz. Rudolf 232, 234, 239
Louis Philippe, Hzg. v. Orléans, »Bürgerkönig« 161
Louise, Przn. v. Coburg 168, 209, 229
Louise Viktoria Sophie, Hzgn. v. Alençon 164, 170
Lucheni, Luigi 9f., 42, 173, 284f., 289, 291, 301ff., 304
Ludovika Wilhelmine, Przn. v. Bayern, Hzgn. in Bayern 11, 12, 16–19, 27f., 32f., 36–42, 75, 84f., 104, 112, 127, 158f., 162, 174ff., 190, 253
Ludwig, Prinzregent v. Bayern 297
Ludwig I., Kg. v. Bayern 45, 107
Ludwig II., Kg. v. Bayern 104–111, 152, 185f.
Ludwig Viktor, Erzhzg. 104f.
Ludwig (Louis) Wilhelm, Hzg. in Bayern 11, 16, 43–47, 52, 58, 76, 86, 126ff., 130f., 135, 149, 252,254, 267, 272f.
Ludwig Wilhelm, Hzg. in Bayern 156
Lueger, Karl 146, 278
Luise v. Toscana 235, 266
Luitpold, Prz. v. Bayern 50f.
Lumière, Gebrüder 171
Lützow, Gf. 211

Mahler, Gustav 278
Majlath, ung. Gf. 36
Makart, Hans 148f.
Maria Anna, Przn.v. Piemont-Sardinien 21f., 25
Maria Anna Leopoldine, Przn. v. Bayern. Kgn. v. Sachsen 13, 83, 174
Maria Gabriele, Hzgn. in Bayern 78, 160
Maria José, Przn. v. Braganza 78
Maria Theresia, Erzhzgn. v. Österreich, Kgn. v. Ungarn 94, 198

Marie Luise, Hzg. v. Parma 25
Marie Sophie Amalie, Hzgn. in Bayern, Kgn. v. Neapel u. beider Sizilien 11, 16, 48–55, 63, 69, 71, 74, 80–91, 101, 118, 134f., 139f., 142, 159, 161, 164f., 172, 184, 208, 242, 250f., 254, 282
Marie Therese, Kgn. v. Neapel u. beider Sizilien 54f., 65
Marie Valerie, Erzhzgn. s. Valerie
Marischka, Ernst 305
Margarete Klementine, Erzhzgn. 194, 196
Markus, Georg 207
Mathilde Ludovika, Hzgn. in Bayern, Gfn. Trani 11, 16, 62, 75, 81, 84, 88, 101, 135, 164f., 172, 184, 241f., 244f., 247, 249ff.
Maximilian I., röm.-dt. Ks. 175
Maximilian Emanuel, Hzg. in Bayern 17, 118, 120, 159, 195, 253
Maximilian I. Joseph, Kg. v. Bayern 12, 76
Maximilian II. Joseph, Kg. v. Bayern 45f., 89f., 184
Maximilian Joseph, Hzg. in Bayern 11, 12–17, 85f., 110, 128, 157f., 175, 179f., 190
Mayer, Anton 78
Mayr, Maximilian 267
Mendel, Elise 44
Mendel, Henriette, Frfr. v. Wallersee 43f., 46, 127ff., 253, 258
Menger, Carl 208
Metternich, Klemens Lothar Wenzel, Fst. v. 13, 20, 21, 28
Meyers, William Henry 273f.
Middleton, Bay 140–144, 208, 258
Miguel, Prz. v. Braganza 153f., 188, 195
Miller, Therese 236
Montenuovo, Fst. v. 10

Nahowski, Anna 202, 205, 207
Nahowski, Franz 203
Napoleon III., frz. Ks. 56, 58, 64, 69, 117, 166, 186
Nehammer, Karl 239
Nikolaus I., russ. Zar 95

Otto, Erzhzg. 261
Otto-Kreckwitz, Karl-Ernst v. 256, 263

Paar, Eduard, Gf. 287
Palmer, Bankdirektor 262, 264f.
Petzmayer, Zithervirtuose 157
Pfeufer, Obermedizinalrat 185
Philipp, Prz. v. Coburg 232
Philipp »der Schöne«, Sohn Ks. Maximilians I. 175
Pius IX., Papst 73
Pius August, Hzg. in Bayern 14, 163, 190

Radetzky, Joseph, Gf. R. v. Radetz 56, 199
Rauscher, Joseph Othmar v., Kardinal 40
Rechberg, August Gf. v. 87
Redwitz, Marie, Freiin v. 154, 156f., 159, 161, 245ff.
Redwitz, Oskar v. 71
Reiser, Rudolf 102
Renz, Elise 130
Reuß, Heinrich VII., Prz. 229
Rudolf Franz Karl Joseph, Kronprz. v. Österreich 119, 142, 152f., 198–202, 216–221, 223–239, 252

Salvador Bermudez de Castro, Marquis di Lama 84
Scharschmid-Adlertreu, Paula v. 152
Schmidt, Nelly v. 251
Schneider, Romy 305f.
Schnitzler, Arthur 278
Schratt, Katharina 57, 149, 203–207, 238, 253, 262, 264, 288
Schwanthaler, Ludwig v. 16
Schwarzenberg, Friedrich, Fst. 212
Semper, Gottfried 123
Skoda, Arzt Ksn. Elisabeths 63
Sokop, Brigitte 221, 264, 266
Sophie, Erzhzgn. 46, 61
Sophie, Hzgn. in Bayern 78
Sophie, Przn. v. Sachsen 75ff.
Sophie Charlotte Auguste, Hzgn. in Bayern, Przn. v. Orléans u. Hzgn. v. Alençon (Braut v. Kg. Ludwig II.) 17, 104–112, 158f., 161–172, 281
Sophie Friederike, Przn. v. Bayern, Erzhzgn. v. Österreich 13, 20–23, 25f., 28, 30ff., 40f., 45, 59, 61ff., 65, 73, 102, 104, 119, 121f., 177, 219
Sztaray, Irma, Gfn. 282–287, 296
Stehle, Alois 251
Stephanie, Przn. v. Belgien, Kronprzn. v. Österreich 41, 210–214, 217, 219, 224, 229, 233, 261
Sternbach, Nathalie, Baronin v. 109
Stockau, Gf. 238
Stockhausen, Juliane v. 217
Strauß, Eduard 212
Strauß, Johann 212
Szeps, Moritz 209, 214

Taaffe, Eduard, Gf. 214, 230, 239
Taxis, Franz v. 175
Tegetthoff, Wilhelm v., Admiral 93
Thurn u. Taxis, Albert, Erbprz. v. 158, 185, 189, 193–197
Thurn u. Taxis, Albert II., Erbprz. v. 197
Thurn u. Taxis, Elisabeth Maria, Przn. v. 182, 188f.
Thurn u. Taxis, Eugen Alexander Reichsfst. v. 175

Thurn u. Taxis, Franz Joseph, Erbprz. 197
Thurn u. Taxis, Helene s. Helene, Hzgn. in Bayern
Thurn u. Taxis, Johann Baptist, Gf. v. 175
Thurn u. Taxis, Johannes, Fst. 197
Thurn u. Taxis, Karl August, Erbprz. v. 197
Thurn u. Taxis, Luisa Mathilde, Przn. v. 182, 189f.
Thurn u. Taxis, Maria Gloria, geb. Gfn. v. Schönburg-Glauchau 197
Thurn u. Taxis, Maximilian Anton Lamoral, Erbprz. v. 103, 175f., 185f.
Thurn u. Taxis, Maximilian Karl, Fst. v. 177
Thurn u. Taxis, Maximilian Maria Lamoral, Fst. v. 184, 191f.
Tobis, Hermine 225, 227f.
Trani, Luigi, Gf. 68f., 81, 86, 241, 243f.
Trani, Maria Theresia (Mädi), Gfn. 135, 242–249
Trani, Mathilde s. Mathilde Ludovika, Hzgn. in Bayern
Türk, Jakob 45, 89

Umberto, Kg. v. Italien 10

Valerie, Erzhzgn. 11, 101ff., 128, 130f., 136, 139, 193, 195, 207, 242, 247, 249, 279, 281, 290, 295, 299
Vetsera, Hanna, Baronesse 233
Vetsera, Helene, Baronin 132, 140, 150, 153, 209, 226f., 240
Vetsera, Mary, Baronesse 153f., 221–239, 252
Viktor Emanuel v. Piemont-Sardinien, Kg. v. Italien 56, 58, 66ff., 93

Wagner, Richard 105, 107f.
Wagner v. Jauregg, Julius 168
Wallersee, Karl Emanuel, Frh. v. 46
Wallersee (-Larisch), Marie Louise Elisabeth, Freiin v. 45ff., 84, 89, 126–138, 142, 148–151, 153f., 208f., 211, 221–232, 240, 252–277
Wandruszka, Prof. 207
Wilhelm, Pfalzgf. v. Birkenfeld-Gelnhausen, Hzg. in Bayern 12, 14
Wilhelm, Hzg. v. Württemberg 104
Wilhelm I., Kg. v. Preußen u. dt. Ks. 93, 117, 144
Wilhelm II., dt. Ks. 11, 218, 220, 223, 229, 260, 269, 297, 300
Wilczek, Hanns, Gf. 210, 262
Winterhalter, Franz Xaver 306

Zita, Ksn. v. Österreich 234
Zwierzina, österr. Botschafter 87

Bildnachweis

Abbildung 1: Ludovika, Herzogin in Bayern (1808–1892), geb. Prinzessin von Bayern. Mutter der Kaiserin Elisabeth (»Sisi«) von Österreich und ihrer sieben Geschwister. SV-Bilderdienst.

Abbildung 2: Der Vater: Maximilian Joseph, Herzog in Bayern (1808–1888), um 1850. Akg-images.

Abbildung 3: Die Mutter im Alter: Ludovika, Herzogin in Bayern, um 1890. SV-Bilderdienst.

Abbildung 4: Erzherzogin Sophie von Österreich (1805–1872), geb. Prinzessin von Bayern. Mutter von Kaiser Franz Joseph I. von Österreich, Schwester von Sisis Mutter Ludovika. SV-Bilderdienst.

Abbildung 5: Ludwig, Herzog in Bayern (1831–1920) und Baronin Henriette von Wallersee, geb. Mendel, 1859. Foto: Brigitte Sokop.

Abbildung 6: Helene, Herzogin in Bayern (1834–1890), verh. Erbprinzessin von Thurn und Taxis. Zentralarchiv Thurn und Taxis, Regensburg.

Abbildung 7: Kaiserin Elisabeth von Österreich im ungarischen Krönungsornat, 1867. Ö. N. B., Wien.

Abbildung 8: Kaiserin Elisabeth, nach dem berühmten Gemälde von Franz Xaver Winterhalter, 1864. Ö. N. B., Wien.

Abbildung 9: Franz Joseph I., Kaiser von Österreich (1830–1916), Gemälde von Franz Xaver Winterhalter, um 1864. Akg-images/Erich Lessing.

Abbildung 10: Kaiser Franz Joseph I. und Sisi während ihrer Verlobungszeit, 1853. Akg-images.

Abbildung 11: Kronprinz Rudolf (1858–1889), in Honvedeuniform, 1888. Ö. N. B., Wien.

Abbildung 12: Baronesse Mary Vetsera, zur Zeit des ersten Zusammentreffens mit Kronprinz Rudolf, 1888. Ö. N. B., Wien.

Abbildung 13: Gräfin Marie Louise Larisch, Tochter von Herzog Ludwig in Bayern, 1876. Ö. N. B., Wien.

Abbildung 14: Marie, Herzogin in Bayern (1841–1925), verh. Königin von Neapel-Sizilien. SV-Bilderdienst.

Abbildung 15: Maria Josepha, Infantin von Portugal (1857–1943), die zweite Ehefrau von Carl Theodor, Herzog in Bayern. SV-Bilderdienst.

Abbildung 16: Sophie, Herzogin in Bayern (1847–1897), verh. Herzogin von Alençon. Nach einer Fotografie von Angerer.

Abbildung 17: Carl Theodor in Bayern (1839–1909), Augenarzt und Gründer der Carl Theodor Klinik in München, um 1879. Akg-images.

Abbildung 18: Mathilde, Herzogin in Bayern (1843–1925), verh. Gräfin Trani. Foto: Heinz Gauggel.

Abbildung 19: v.l.n.r.: Louise von Alençon, Erzherzogin Marie Valerie, Tochter von Gräfin Mathilde Trani. Foto: Heinz Gauggel.

Abbildung 20: Graf Luigi Trani, Schwager von Kaiserin Elisabeth. Foto: Heinz Gauggel.

Abbildung 21: Schloß Possenhofen am Starnberger See, Sommerresidenz der Wittelsbacher Herzogsfamilie. Stadtmuseum München.